ICH SANG UM MEIN LEBEN

ERINNERUNGEN AN RACHOV, AUSCHWITZ UND DEN NEUBEGINN IN AMERIKA

Editorische Anmerkung

Die englische Fassung *I Sang to Survive. A story of hope and human kindness*, die 2010 im Selbstverlag erschien, wurde von Alexandra Hölscher ins Deutsche übertragen.

Zu diesem Buch wurde die CD *Makh tsu di Eygelekh. Jiddische Lieder / Yiddish Songs* von Helene Schneiderman (Mezzosopran) und Götz Payer (Klavier) mit drei Aufnahmen von Judith und Paul Schneiderman veröffentlicht (Carus-Verlag Stuttgart, CV-Nr.: 83.380/00).

Die Stiftung Denkmal dankt der Stiftung »Erinnerung, Verantwortung und Zukunft« für die finanzielle Förderung der ersten Auflage dieser Publikation.

Die Stiftung Denkmal für die ermordeten Juden Europas wird gefördert durch

 Die Beauftragte der Bundesregierung für Kultur und Medien

aufgrund eines Beschlusses des Deutschen Bundestags

Impressum

Herausgegeben von Adam Kerpel-Fronius und Uwe Neumärker
Stiftung Denkmal für die ermordeten Juden Europas

2. Auflage 2015
V. i. S. d. P. / Redaktion: Uwe Neumärker
Korrektorat: Marianne Emge, Barbara Hoven
Umschlagabbildung: Judith Rosenberg, verheiratete Schneiderman, in Landsberg am Lech, um 1946.
Satz, Gestaltung und Litho: buschfeld.com – graphic and interface design, Berlin
Druck und Bindung: Bonifatius GmbH, Paderborn

Sämtliche Ergebnisse bzw. Informationen beziehen sich auf den Stand vom 28. Februar 2013.
Alle Rechte vorbehalten.

ISBN: 978-3-942240-08-6

Die Deutsche Nationalbibliothek verzeichnet diese Publikation in der Deutschen Nationalbibliografie. Detaillierte bibliografische Daten sind im Internet über ›http://dnb.ddb.de‹ abrufbar.

www.stiftung-denkmal.de

Stiftung
Denkmal für die
ermordeten Juden
Europas

Judith Schneiderman mit Jennifer Schneidermann

ICH SANG UM MEIN LEBEN

ERINNERUNGEN AN RACHOV, AUSCHWITZ UND DEN NEUBEGINN IN AMERIKA

Herausgegeben von Adam Kerpel-Fronius und Uwe Neumärker

Unseren Kindern
Norman, Mark, Helene, David
und deren Kindern
gewidmet.

INHALT

GELEIT

»Warum jetzt, nach all den Jahren?«, fragte Paul Schneiderman im Juni 2001 seine Frau Judith. Sie hatte ihm zuvor spontan eröffnet, nach Jahrzehnten die Erinnerungen an ihr vom Holocaust geprägtes Leben aufschreiben zu wollen. Ihre Antwort: »Da gab es etwas, das seit einer gefühlten Ewigkeit in mir brodelte; da war noch etwas zu erledigen.« So lesen wir es als Motivation gleich zu Beginn ihrer Einleitung zu die-sem Buch. Ich möchte diese Motivation Judith Schneidermans zum Ausgangspunkt meines Geleitwortes nehmen, da sie über die Einzigkeit ihrer ganz persönlichen Lebensgeschichte hinaus gleichermaßen exem-plarisch für viele Holocaustüberlebende und andere Opfer des Natio-nalsozialismus steht. Judith Schneiderman beschreibt ihre individuelle Geschichte – und dies in einer Reichhaltigkeit der Wahrnehmung und sprachlichen Authentizität, die nicht oft zu finden ist. Das Buch erzeugt damit beim Leser gleichermaßen Einfühlsamkeit und Spannung wie eine Vorstellungskraft über das Gewesene.

Judith Schneidermans Leben repräsentiert zugleich aber auch einen fast schon prototypischen Verlauf von Verfolgung, Leid, Unrechtsver-arbeitung, Umgang mit der Geschichte von Unrechtsleugnungen, dem Versuch, nach allem Erlittenen dem Leben neuen Sinn und Erfüllung zu geben, um am Ende des Lebens dennoch mit dem Unrecht abschlie-ßen oder gar Frieden ›mit sich und der Welt‹ finden zu wollen. Dies war eine Aufgabe, die Millionen von Überlebenden des nationalsozia-listischen Regimes, des Holocaust zumal, als ›jahrzehntelange‹ ›Lebens-aufgabe‹ zu bewältigen hatten. Und natürlich hat die von mir hier holz-schnittartig skizzierte ›Typisierung‹ ihre Wurzel insbesondere darin, als Teil eines Kollektivs, in diesem Falle des europäischen Judentums, unabhängig vom eigenen Verhalten, allein aus rassischen Verfolgungs-gründen als Feind identifiziert worden zu sein, den das Regime auslö-schen wollte.

Der eingangs beschriebene Ausgangspunkt, just (oder auch: erst) im Jahre 2001 – also Jahrzehnte nach der Verfolgungserfahrung – die Motivation gefunden zu haben, die eigenen Erinnerungen dokumentie-ren zu wollen, steht symbolisch aber auch noch für einiges Andere: Ich kenne Judith Schneiderman persönlich nicht und auch nicht Mitglieder ihrer Familie. Ich habe sie erst durch die Lektüre dieses Buches ‹kennen-gelernt›. Aber ich habe in meiner nunmehr über 25 Jahre währenden Beschäftigung mit dem nationalsozialistischen Regime und insbesondere mit dessen Opfern viele hundert Überlebende persönlich kennengelernt, die erst nach Jahrzehnten Kraft und Motivation entwickelten, ihr lange währendes Schweigen zu durchbrechen. In einem großen internationalen Interviewprojekt mit annähernd 600 ehemaligen Sklaven- und Zwangsarbeitern, das seit dem Jahre 2000 im Rahmen unserer Stiftung «Erinnerung, Verantwortung und Zukunft» (EVZ) gefördert wurde, wird dieses Urteil umfangreich durch viele Lebensgeschichten bestätigt.

Manche der Interviewten, solche, die in Deutschland verblieben waren, oder solche, die nach 1945 nach Osteuropa zurückkehrten, hatten ihre Verfolgungsgeschichte jahrzehntelang nicht nur vor der Gesellschaft verborgen gehalten, sondern sogar gegenüber der eigenen Familie. Und dies hatte nicht nur individuelle ‹biografische› Gründe, wozu gelegentlich ein ‹Vergessenwollen›, um sein Nachkriegsleben meistern zu können, gehörte. Prägend war vielmehr jene unheilvolle Dynamik, die objektiv über Jahrzehnte eine Unkultur des Schweigens über die nationalsozialistischen Verbrechen erzeugte. Die Opfer konnten oder wollten über das Erlittene aus den verschiedensten individuellen Gründen (wozu etwa die Scham und das psychische Verfolgungstrauma gehörten, nicht selten aber auch die Angst vor neuen Diskriminierungen) nicht ‹frei› und öffentlich sprechen. Vor allem aber: Die Gesellschaft, unsere in Deutschland zumal, wollte diese Leidensgeschichten auch nicht hören. Viele Verlage hätten damals solche Lebensgeschichten aus Desinteresse gar nicht erst publiziert. Mehr noch: Die deutsche Gesellschaft praktizierte über Politik und Justiz aktive Unrechtsverleugnung. Das war ‹verständlich› – hatte diese Gesellschaft doch noch vor Kurzem mehrheitlich einem rassistischen Massenmörder als Führer zugejubelt, aber es ist nicht entschuldbar. Lange Zeit wurde das Unrecht sogar noch verlängert: Viele Millionen Menschen wurden nicht als Opfer des Nationalsozialismus anerkannt und für das Erlittene nicht entschädigt. Umgekehrt gesagt: Die deutsche Gesellschaft (Politik, Zivilgesellschaft, Medien, Institutionen) brauchte Jahrzehnte, die Bereitschaft zu entwickeln, den Überlebenden zuzuhören, das Unrecht als Unrecht anzuerkennen, es in Ursachen und Auswirkungen verstehen zu wollen und für die Opfer Empathie aufzubringen, die als Beweis für Humanität gelten kann. Auf eine ganz andere Weise und aus anderen Gründen existierte eine parallele Schweigekultur über dieses Unrecht ebenso in den vom Stalinismus beherrschten Ländern, die sich erst ab 1989 nach und nach davon befreien konnten.

Was die Mehrheit der Gesellschaft in Deutschland und die mittlerweile vorherrschende Auffassung der Politik anbelangt, können wir uns seit mehr als zwei Jahrzehnten glücklich schätzen, diese ›Verleugnungsspirale‹ weitgehend durchbrochen und umgekehrt zu haben: Die Opfer wollen heute sprechen – und man hört ihnen zu. Gleichwohl kann dieser Prozess der historischen Aufarbeitung und auch im Hinblick auf große Gruppen noch lange nicht als abgeschlossen angesehen werden. Dennoch: Es sind in dieser Zeit Institutionen gegründet worden, die den ausdrücklichen Auftrag erhalten haben, die Erinnerung an das nationalsozialistische Unrecht für nachfolgende Generationen zu bewahren, insbesondere in Würdigung seiner Opfer. Zu ihnen gehören die Stiftungen Denkmal für die ermordeten Juden Europas und EVZ.

Es war darum kein Zufall, dass sich beide als Partner zusammengefunden haben, diese Biografie (wie zuvor einige andere auch) in die deutsche Öffentlichkeit zu bringen. Und so, wie die Stiftung EVZ bei dem oben genannten Interviewprojekt bemüht war, 600 Personen durch ihre Lebensgeschichten ›repräsentieren‹ zu lassen, was Sklaven- und Zwangsarbeit für viele Millionen Menschen aus verschiedenen Ländern bedeutete, so hat auch die Stiftung Denkmal ihren besonderen Zugang, was die von ihr publizierten Schicksale repräsentieren. Es ist im Falle der Judith Schneiderman unter anderem eine exemplarische ›karpato-ukrainische‹ jüdische Verfolgungsgeschichte. Auch diesen regionalen Zugang zur Erschließung von Biografien finden wir wertvoll und hoffen, dass er in der pädagogischen Arbeit mit diesem Zeitzeugnis eine zusätzliche Perspektive eröffnet.

Bei der Publikation auch dieser Biografie haben alle Beteiligten nicht nur eine Ahnung, sondern die beklemmende Gewissheit, dass die damit verbundenen Chancen der Aufklärung und Dichte des Erzählten, also die authentische Weitergabe von Erinnerung an nachfolgende Generationen durch die Überlebenden, endlich ist. Bald gibt es diese Zeitzeugen nicht mehr. Danach treten dokumentierte Zeitzeugnisse an ihre Stelle. Diese Erkenntnis ist schmerzhaft, aber unvermeidlich. Pädagogisch und politisch kommt es deshalb darauf an, nicht möglichst viele Zeitzeugnisse von Überlebenden einzusammeln, sondern ihre Qualitäten zu erkennen und sicherzustellen. Damit gelingt uns vielleicht nicht nur eine späte Würdigung dieser Opfer, sondern auch eine Brücke in eine tatsächliche Kultur des Verstehens. Die vorliegende Biografie Judith Schneidermans steht dafür.

Günter Saathoff
Vorstand Stiftung »Erinnerung, Verantwortung und Zukunft«

VORWORT

Die Erinnerungen von Judith Schneiderman kamen eher zufällig in meine Hände. Eines Tages erwähnte Helene Schneiderman, die gefeierte Kammersängerin am Staatstheater Stuttgart, dass ihre Mutter in New Jersey mit 72 Jahren ihre Lebensgeschichte aufgeschrieben habe. Helene Schneiderman war 2008 die Otto-Hirsch-Medaille der Stadt Stuttgart für christlich-jüdische Zusammenarbeit verliehen worden, und dabei erfuhren viele in Deutschland zum ersten Mal, dass ihre Eltern Überlebende des Holocaust sind. Als ich einige Zeit später in dem Buch mit dem Titel *I sang to survive. A a story of hope and human kindness* blättern konnte, war mir sofort klar, dass diese Erinnerungen aus der großen Zahl schriftlicher und mündlicher Lebenszeugnisse, die die nationalsozialistische Verfolgung, Vertreibung, Versklavung und Ermordung der europäischen Juden hervorgebracht hatte, weit herausragten.

Während meiner beruflichen Tätigkeit war ich vielen hochbetagten Menschen aus Mittel- und Osteuropa begegnet, die Sklaven- und Zwangsarbeit in deutschen Rüstungsbetrieben und später die stalinistischen Filtrationslager überlebt hatten. Hunderte ihrer Berichte und Zeugnisse waren systematisch dokumentiert und für die historisch-politische Bildung aufbereitet worden. Immer wieder bewegte und erstaunte einen, wie wichtig es diesen Zeitzeugen war, nach langem Schweigen nicht nur von den Schrecken und dem entsetzlichen Elend dieser Zeit zu sprechen, sondern auch von den nicht seltenen Augenblicken, in denen ihr Leben unerwartete, rettende Wendungen genommen hatte.

Von solchen rettenden Wendungen aus äußerster Gefahr und unter absurden Umständen berichtet auch Judith Schneiderman. Doch bringt ihr genauer und freimütiger Bericht vor allem zum Ausdruck, welche Kräfte an Geistesgegenwart und seelischer Stärke ihr Überleben und das dreier ihrer Schwestern ermöglichten. Dabei war eine schöne Singstimme nicht das Geringste, was der 16-Jährigen immer wieder half, ihre Bewacher und Vorgesetzten anzurühren und für sie einzunehmen. Judith Schneiderman erzählt nicht nur von Schrecken und Elend ihres jungen Lebens, die auch den Neubeginn und eine schwierige Existenzgründung in Amerika überschatteten. Es gelingt ihr vielmehr, die starken Lebensgefühle in sich wachzurufen und in Worte zu fassen, die sie als Kind unter sieben Geschwistern, als heranwachsendes Mädchen in einer kleinen Stadt in den Karpaten, als umworbene junge Frau im ›DP‹-Lager Landsberg und schließlich als Mutter wie auch als Farmersfrau wider Willen empfunden hat. Oft sucht sie in Gedanken Trost und Rat bei ihren in Auschwitz ermordeten Eltern. Der Zusammenhalt der Geschwister gibt ihr die Kraft, sich in einer zerstörten Welt zurechtzufinden. Und später helfen die Nachbarn und Freunde in New Jersey, meist Überlebende des Holocaust, sich gegenseitig, um in der kleinen jüdischen Gemeinde neue Wurzeln zu schlagen.

Die Geschichte von Judith Schneiderman ist auch eine große Liebeserklärung an ihren Mann Pinek (Paul), den sie im ›DP‹-Lager kennenlernt und in dessen jiddischem Theater *Hazomir* sie Sing- und Tanzrollen übernimmt. Pinek würde gern die Vergangenheit ruhen lassen. Aber schließlich findet er sich zu einem knappen Bericht bereit: fünfeinhalb Jahre lang nichts als Fluchten des jungen polnischen Juden und seiner Freunde zwischen den Fronten, abenteuerliche Verstecke, überfüllte Ghettos und Lager, Hunger, Kälte und Zwangsarbeit für die SS. Er erfährt, dass seine ganze Familie nach Treblinka gebracht worden ist. Vor der heranrückenden sowjetischen Armee wird er im Winter 1944 nach Buchenwald verlegt. Dort verlässt ihn, völlig entkräftet, sein Lebenswille. Sein Freund Yitzchak wickelt ihn in Zementsäcke und rettet ihn so vor dem Erfrieren. Dann sein letzter Einsatz unter mörderischen Bedingungen im Konzentrationslager Mittelbau-Dora und ein wirrer ›Todesmarsch‹ quer durch Deutschland nach Dachau.

Nach seiner Befreiung und Rettung begegnet er der 17-jährigen Judith Rosenberg in Landsberg, heiratet sie und schafft im März 1947 mit Hilfe von Verwandten die Auswanderung nach Amerika. Dort verwirklicht er sich seinen Traum – ein eigenes Stück Erde, eine eigene Familie und eine ganz auf sich gestellte Existenz. Mit ihren vier Kindern schaffen es die Schneidermans, in nicht endender Arbeit und trotz ständiger Geldsorgen eine Hühnerfarm einzurichten und ein *Dairy-Queen*-Restaurant zu betreiben. Rückschläge bleiben nicht aus.

Aber ihr Glück sind die Kinder, der gemeinsame Gesang, die Lieder aus den Lagern, die Mitwirkung im Synagogenchor. Um am meisten freut sie, dass ihre Tochter Helene mit einer Gesangsausbildung in Princeton und Cincinnati (Ohio) sowie einer glanzvollen internationalen Opernkarriere den Weg gehen konnte, der Judith Schneiderman versagt geblieben war. Kritik daran, dass dieser Weg über Deutschland führte, hat ihr Vater stets mit den Worten zurückgewiesen: »I love my daughter more than I could hate the Germans.« Am 30. Januar 2013 ist Pinek (Paul) Schneiderman im Alter von 93 Jahren verstorben.

Der Lebensbericht Judith Schneidermans und Pineks Geschichte sind ein großes und starkes Zeugnis von Menschlichkeit, Liebe und Hoffnung in unmenschlichen Zeiten. Es ist das Verdienst von Uwe Neumärker und Adam Kerpel-Fronius, dieses Zeugnis einem deutschsprachigen Publikum zugänglich gemacht zu haben. In der von ihnen herausgegebenen exemplarischen Reihe wird es im Gedächtnis und Gedenken unseres Landes immer seinen Platz haben. Ihnen und der Stiftung »Erinnerung, Verantwortung und Zukunft«, die das Buch gefördert hat, gebührt besonderer Dank.

Dr. Ulrich Bopp
Stuttgart, im Februar 2013

DANKSAGUNG

Die Liste der Personen, denen ich danken möchte, ist länger als dieses Buch. Ich danke meinen Vorfahren, meinen Eltern und den vielen Menschen, die mir und meiner Familie im Laufe der Jahre geholfen haben. Ich kann auf ein Leben zurückblicken, in dem ich bemerkenswert viel Wertschätzung und Großzügigkeit erfahren habe.

Dieses Buch wäre ohne die Unterstützung und ermutigenden Worte meiner Enkelin Jennifer Schneiderman nie entstanden. Ich habe das große Glück, dass meine Enkelin Begabung, Neugierde und Geduld in sich vereint und so ausdauernd und hart mit mir an diesem scheinbar undurchführbaren Projekt gearbeitet hat.

Ich möchte auch meinen vier Kindern danken: meinem ältesten Sohn Norman für seine Unterstützung und vielen Überarbeitungen. Meinem mittleren Sohn Mark, der nach Fertigstellung des Manuskripts maßgeblich daran beteiligt war, dass das Buch verlegt wurde. Er hat das gesamte Projekt geleitet und dafür gesorgt, dass es vorwärts ging. Mein Sohn David hat mit seiner Kreativität zur Buchgestaltung beigetragen. Von unschätzbarem Wert war auch die Hilfe meiner Tochter Helene bei der Redaktion des Textes. Meinem Cousin Ben und seiner Frau Jenny gebührt ebenfalls mein Dank, da sie uns halfen, einen Verleger zu finden, und uns Tipps zur allgemeinen Textbearbeitung gegeben haben, sowie Edgar Martinez Schulz für sein fachkundiges Endlektorat.

Weiterhin möchte ich dem Journalisten, Autor und Professor Timothy Harper danken, der mein Manuskript gelesen, Verbesserungsvorschläge und Anregungen für eine erfolgreiche Veröffentlichung gegeben sowie das Projekt durch die Verlagsfindung begleitet hat.

Schließlich möchte ich meinen größten und aufrichtigsten Dank für all das Gute in meinem Leben meinem geliebten Ehemann Paul aussprechen. Dieses Buch ist nur ein kleiner Ausschnitt aus unserer wundervollen, gemeinsamen Reise und der Unterstützung, die er mir in jeder Phase meines Lebens und unserer gemeinsamen Liebe hat zukommen lassen.

EINLEITUNG

Es war schon fast Mitternacht, als ich am 1. Juni 2001 die Treppe unseres Hauses hinunterging, neben meinen Mann auf die Couch schlüpfte und in sein Ohr flüsterte, dass ich meine Erinnerungen aufschreiben wollte. Noch im Halbschlaf schaute er mich verwirrt durch seine schief sitzende Brille an: »Warum? Du bist 72 Jahre alt. Warum jetzt, nach all den Jahren?« Aber da gab es etwas, das seit einer gefühlten Ewigkeit in mir brodelte; da war noch etwas zu erledigen. Früher an diesem Abend, als ich faul vor dem Fernseher saß, landete ich bei einem Dokumentarfilm über die Neuauflage von Anne Franks Tagebuch mit historischen Belegen für ihre letzten Monate, die sie in Bergen-Belsen verbracht hatte. Etwas in mir fing an zu brennen. Nachdem sie sich jahrelang auf einem Dachboden versteckt hatte, geduldig und voller Hoffnung gewesen war, dem Terror getrotzt und Überlebenswillen gezeigt hatte, nach all dem, was die kleine Anne und ihre Familie hatten erleiden müssen, war sie am Ende doch ums Leben gekommen.

Mir war nicht einmal aufgefallen, dass ich angefangen hatte zu weinen. Ich wollte laut herausschreien, dass es – obwohl in Amsterdam ein kleines Mädchen gelebt hatte, das an Hunger und Typhus gestorben war und sich nie hatte verwirklichen können – ein anderes kleines Mädchen gab, das überlebt hatte, seine eigene Seele heilte, wunderbare Kinder großzog und dessen Leben eine glückliche Wendung genommen hatte. Ich wollte der Welt mitteilen, dass nicht alles in einer Katastrophe enden musste und dass es auch viele Geschichten gab, die vom Überleben, von der Schönheit und von kreativen Neuanfängen handelten.

Anne Frank schrieb einst tragischerweise, dass sie »[...] trotz allem immer noch an das Gute im Menschen glaube«. Das ist auch meine Botschaft, aber meine soll voller Freude erklingen. Meine Geschichte ist das Zelebrieren eines Lebens, das aus einer großen Tragödie hervorgegangen ist.

Und dann kam mir ein neuer Gedanke. Warum ich? Warum habe ich überlebt und nicht Anne Frank, die so klug und dynamisch und voller Leben war? War es pures Glück gewesen oder war auf mysteriöse Art und Weise die Harmonie des Universums am Werk gewesen?

Wenn ich zurückdenke, dann sehe ich oft, wie widersinnig diese Zeit war: Die Nazis, die mein Volk vernichten wollten und scheiterten, die Amerikaner, die im Bestreben, uns zu retten und zu beschützen, mit ihren Bomben versehentlich meine kleine Schwester töteten, der junge Kriegsheld, der mir in den Kopf schoss und mich fast umbrachte. Während des Holocaust habe ich die wichtigste Lektion meines Lebens gelernt: Nichts ist ausschließlich gut oder böse, beides steckt in uns, in unseren Absichten, sowohl in den Besten als auch in den Schlechtesten von uns. Durch den Holocaust habe ich das menschliche Wesen besser verstehen gelernt und bin zu aufschlussreichen Einsichten gelangt, zu welchen Wundern oder Greueltaten Menschen fähig sind. In jungen Jahren hatte ich schon eine Weltgewandtheit und Reife erlangt, die ich ohne den Krieg vielleicht nie gehabt hätte.

Am wichtigsten ist jedoch die Tatsache, dass mir der Holocaust die Kraft und den Mut für einen Neuanfang in Amerika gegeben hat. Als Kind habe ich immer davon geträumt, eine berühmte Sängerin und Schauspielerin zu werden. Nachdem ich meine Familie verloren hatte, träumte ich davon, eine neue Familie zu gründen und der Welt eine große Schar wundervoller Menschen zu schenken.

Ich blickte auf meinen Mann, der mit den Überresten der *New York Times* auf seinem Schoß wieder eingeschlafen war. Auf dem Tisch neben ihm stand ein eingerahmtes Foto unserer Kinder. Ich lächelte und badete mich im warmen Sonnenschein meines Erfolgs. »Ich glaube«, dachte ich, als ich neben meinem schlafenden Mann saß, »dass sich mir hier eine großartige Gelegenheit bietet, eine neue Reise, ein Abenteuer, von dem ich nie gedacht hätte, dass ich es erleben würde«. Ich musste daran denken, dass ich nicht in meiner eigenen Sprache schreiben würde, dass ich nicht einmal eine ›High School‹ besucht hatte; die Frage, ob ich zu so etwas je fähig sein würde, überstieg meine Vorstellungskraft.

Ich habe mich in Liedern und mit meinem Lachen ausgedrückt, und durch die Erfolge meiner Kinder und Enkelkinder. In diesem Buch drücke ich mich mit Hilfe von Substantiven, Verben und Präpositionen aus, die meine Erinnerungen in Worte fassen. Meine Geschichte muss erzählt werden, damit die Welt erfährt, dass aus Vernichtung und Tod neues Leben hervorgehen kann, ein schönes Leben, dass nicht von Wut und Schuldgefühlen erdrückt wird. Denn Menschen können heilen und sich ändern und wachsen. Und ich weiß, dass ich »trotz allem immer noch an das Gute im Menschen glaube«.

Judith Schneiderman
Flemington (New Jersey), September 2009

I. RACHOV

Heute gehört meine Heimatstadt zur Ukraine; als ich jedoch 1928 geboren wurde, führte Rachov ein schläfriges und sorgenfreies Dasein unter tschechoslowakischer Herrschaft.

Rachov wechselte während der ersten Hälfte des 20. Jahrhunderts mehrmals seine Staatszugehörigkeit. Die Tschechoslowakei übernahm die Stadt 1920 von Österreich-Ungarn, sie blieb dort bis 1939. Dann wurde sie an Ungarn abgetreten, bis sie nach Kriegsende in die UdSSR eingegliedert wurde. Ganz gleich, welches politische System meine Stadt für sich in Anspruch nahm, sie bleibt mein Zuhause, in meiner Erinnerung ein wunderschöner, in die schützenden Karpaten eingebetteter Ort.

Ich wurde in eine zutiefst religiöse Familie hineingeboren, da es jedoch eine relativ große jüdisch-orthodoxe Gemeinde in Rachov gab (was bedeutete, dass viele wie wir nach den weisen und strengen Worten des Talmuds lebten), hatte ich während meiner Kindheit nie das Gefühl, fremd, anders oder weniger wert zu sein als andere Menschen. Zwischen 1930 und 1941 wuchs Rachovs jüdische Bevölkerung von 1.200 auf 1.600 an und lebte relativ harmonisch Seite an Seite mit den Christen.

Meiner Heimatstadt ging es im Laufe der Zeit wirtschaftlich nicht mehr so gut. Dennoch gab es eine Handvoll wohlhabender, sowohl jüdischer als auch nichtjüdischer Familien, deren Kinder zu Hause unterrichtet und dann an die Universitäten nach Budapest oder Prag geschickt wurden. Zu den wohlhabenderen Juden gehörte der alte Doktor mit Frau und Sohn, der mit dem Bau des ersten privaten dreistöckigen Wohnhauses überhaupt in Rachovs Annalen einging. Dr. Abisch war nicht nur für das Wohlergehen aller jüdischen Familien in unserer Stadt verantwortlich, sondern auch in den angrenzenden kleineren Ortschaften tätig. Infolgedessen war er nie zu Hause, um sich an seinem schönen und beeindruckenden Haus erfreuen zu können. Seine Ehefrau ließ sich von ihm scheiden (einer der wunderbarsten Skandale, der den Klatsch und Tratsch in Rachov je angeheizt hatte), und sie und ihr Sohn Hugo, ein pummeliger, unreifer Junge meines Alters, blieben im Haus wohnen, bis alle Juden, ganz gleich, ob arm oder reich, fortgebracht wurden. Es gab noch zwei jüdische Anwälte, einer von ihnen lebte mit Ehefrau, Tochter und Sohn uns direkt gegenüber. Mit

Ausnahme unserer Nachbarn verkehrten wir, trotz der gemeinsamen Religion, nicht mit den reicheren Familien, denn die wohlhabenderen Juden in unserem Ort praktizierten ein säkularisiertes Judentum, und zwischen unserer und ihrer Kultur lagen Welten.

Obwohl die orthodoxen und die säkularen Juden, die Christen und die ›Zigeuner‹ ganz unterschiedliche Leben führten, gab es keine richtigen Trennlinien oder Grenzen zwischen den Bewohnern unseres kleinen Orts, auch wenn die orthodoxen Juden hauptsächlich jiddisch und die Christen hauptsächlich tschechisch sprachen. Wir wohnten weder in einem ›Schtetl‹ noch in einem Ghetto, sondern führten im vorderen Teil unseres Wohnhauses an der Hauptstraße einen Lebensmittelladen. Und die meiste Zeit war das Leben in der Beschaulichkeit der Karpaten sehr angenehm. Auch wenn unsere Familie niemals hungerte, hatten wir in unserem Haushalt vor allem Sprachen im Überfluss. Sprachfetzen unterschiedlichster Herkunft zogen durch unser Haus, das immer voller Menschen und voller Leben war. Meine Mutter Jetta sprach kaum tschechisch (das war die offizielle Sprache während der 1930er Jahre), aber, so wie viele ihrer Generation, ungarisch (das die Landessprache während ihrer Kindheit gewesen war). Meine Geschwister und ich sprachen fließend tschechisch; jiddisch (die Amtssprache im Rosenberger Haushalt) beherrschten wir nicht halb so gut.

Meine Mutter benutzte ihre Sprache als Waffe und sprach ungarisch mit meinem Vater oder ihren Schwestern, wenn sie nicht wollte, dass wir Kinder etwas verstanden. Mein Großvater mütterlicherseits besaß einige Parzellen gutes Land in und in der Nähe der Stadt. Jetta war also in einer der wohlhabenderen jüdischen Familien aufgewachsen, die zu Rachovs zeitweiligem Wohlstand beigetragen hatten. Sie hatte sieben Geschwister, sechs Schwestern und einen Bruder, und bis auf eine meiner Tanten, die einen Mann aus dem Nachbarort geheiratet hatte, blieben alle in der Nähe des Hauses wohnen, in dem sie aufgewachsen waren. Jetta war eine sehr moderne und intelligente Frau und hatte einen außerordentlichen Sinn fürs Geschäft. Sie war belesen und beherrschte mehrere Sprachen (die damals aktuelle Amtssprache gehörte ironischerweise nicht dazu), was zu der Zeit ziemlich außergewöhnliche Eigenschaften für eine Frau in dieser Gegend waren. Ganz besonders war jedoch die Tatsache, dass sie erst im ungewöhnlich hohen Alter von 27 Jahren heiratete. Ihre Eltern und der Heiratsvermittler verzweifelten schier an ihrer sturen, jedoch mit Bedacht wiederholten Weigerung, sich an einen Mann zu binden, der ihr an Intelligenz, Eleganz und Stärke nicht ebenbürtig war.

Mein Vater kam aus Rumänien und sprach rumänisch, jiddisch, hebräisch und ein bisschen ungarisch – zumindest ausreichend, um es als Geheimsprache einsetzen und somit Informationen vor uns Kindern verbergen zu können. Er sprach kein tschechisch und sollte es nie lernen. Er war ein sehr liebenswerter Mensch mit einer außergewöhnlichen Baritonstimme und einer Vorliebe für klassische Musik. Oft hörte ich, wie er Opernmelodien oder Symphonien vor sich hin summte, dann lächelte ich und ärgerte ihn: »Oh *Opu*, ich glaube, du singst gerade etwas von Mozart.« Er lief dann immer rot an und antwortete: »Nein, das ist eine Melodie der chassidischen Musik aus Westeuropa.« Chaim Jankel war ein sehr ernster und gläubiger Mann mit einer sanften Stimme. Er war ein direkter Nachfahre des Baal Schem Tov, eines berühmten Rabbiners und Pioniers der chassidischen Bewegung im Russland des 17. Jahrhunderts. Stolz behauptete er immer, wir seien besonderer Abstammung. Er war lang und sehr dünn, sah gebrechlich aus, war aber erstaunlich stark, und mit seinen 1,75 Meter überragte er viele der jüdischen Männer in der Stadt. Er trug ausschließlich die traditionelle chassidische Kleidung für Männer: eine Uniform, bestehend aus einer durchgeknöpften, verwaschenen Tunika, die vom Brotbacken meistens mit weißem Mehl bestäubt war, von den Ecken seines locker an ihm liegenden ›Tallits‹ [Gebetsmantel] baumelten die ›Zizijot‹ [geknotete weiße Fäden aus Wolle] herab, dazu eine schwarze Weste und eine schwarze Hose. Er hatte schwere Augenlider, sein linkes Auge fiel immer halb zu, und eine lange Nase über einem Mund, der selten lächelte. Mein Vater hatte den längsten Bart in der Stadt, was ihm den wohlverdienten und nicht unbedingt kreativen Spitznamen *Jankel mit dem längsten Bart* einbrachte. In der Stadt war er, wie die meisten anderen auch, mit dem Fahrrad unterwegs, und wenn er Rachovs holperige Straßen hinunterraste, teilte sich sein Bart am Kinn und flatterte im Wind hinter ihm her.

Mit ihren 1,43 Meter wirkte meine Mutter nur halb so groß wie mein Vater. Aber sie hatte das Sagen und kümmerte sich in unserem

Haushalt um die finanziellen Angelegenheiten. Sie hatte auch im Geschäft das Heft in der Hand, obwohl sie beide viele Stunden darin verbrachten. Denn mein Vater hatte die üble Angewohnheit, den Kunden mehr zu geben und weniger Geld dafür zu verlangen. Daher stand sie meistens im Laden, und er kochte die Mahlzeiten für die Familie. Meine Eltern waren sehr verschieden, und sie waren auch anders als andere jüdische Ehepaare. Ich erinnere mich noch gut, wie wütend meine Mutter wurde, wenn er darauf bestand, seinen ›Schtreimel‹ zu tragen, einen großen Hut aus Nerzschweif, den nur die gläubigsten aller Männer trugen. Sie war nicht so fromm wie er und für seinen Geschmack viel zu fortschrittlich, aber sie setzte ihm immer wieder zu, bis er nach und nach zu einem Mittelmaß gefunden hatte.

Jankel war ein hart arbeitender und aktiver Mann, aber er hatte wenig Interesse daran, ein Lebensmittelgeschäft zu betreiben. Wenn meine Mutter ihn zwang, für einige Stunden auf das Geschäft aufzupassen, schlief er, mit dem Kopf auf dem Tresen und leise durch den offenen Mund atmend, unweigerlich ein; die Kunden mussten ihn jedes Mal wecken, wenn sie etwas einkaufen wollten. Zu seinem Leidwesen war er auch für die wöchentliche Fahrt zum Großmarkt verantwortlich, um dort frische und getrocknete Lebensmittel einzukaufen. Ganz alleine schleppte er die 50-Pfund-Säcke Zucker und Mehl die anderthalb Kilometer zurück zu unserem Geschäft. Wenn im Winter Schnee lag, benutzte er dafür seinen Schlitten. Die Kartoffeln, die er von Kleinbauern in den Bergen kaufte, lud er auf sein Rad. Dann raste er wieder, mit gerade vor sich ausgestreckten Beinen und wehendem Bart, zurück in die Stadt.

Mein Vater liebte den Sommer, weil er dann immer einen guten Grund hatte, sich im Hinterhof um unseren großen Gemüsegarten, die Hühner und seine geliebte Ziege zu kümmern. Er hätte alle möglichen Tiere gehalten, wenn meine Mutter es ihm erlaubt hätte, aber es hatte ihn schon Jahre gekostet, sie nur von der Ziege zu überzeugen, was ihm auch nur gelungen war, weil wir damit Geld für die Milch sparen konnten. Letzten Endes war uns die Milch zu süß, und wir weigerten uns alle, sie zu trinken. Dennoch hielt mein Vater noch viele Jahre an der Ziege fest, und als sie ein Zicklein bekam, leuchtete sein Gesicht vor Freude noch mehr auf als bei der Geburt seines einzigen Sohnes.

Und mein Vater liebte seine Synagoge. Wenn ihn im Herbst und Winter der Garten nicht den ganzen Tag in Anspruch nahm, dann konnte man ihn dort finden. Und wenn meine Mutter mal wieder nicht wusste, wo er war, ging sie in den Hof hinaus und rief frustriert: »Wo ist Jankel? Vor einer Minute war er noch im Laden!« Resigniert und kopfschüttelnd wischte sie sich dann die Hände ab und ging seufzend hinein: »Er ist bestimmt wieder zur Synagoge gegangen.«

Jankel war der offizielle Kantor unserer Synagoge. Er wurde nie fürs Singen bezahlt, denn er sang ausschließlich aus seiner tiefen Liebe zu den harmonischen Melodien unseres Glaubens heraus. Ich liebte es, auf dem Balkon der Frauen neben meiner Mutter zu sitzen, wo sie einen Ehrenplatz in der ersten Reihe hatte. Ich spähte von da aus über den abgenutzten, polierten hölzernen Rand und sah von oben auf seinen Kopf und lauschte seiner unvergesslich klaren und klangvollen Stimme. Für gewöhnlich erklangen in dem höhlenartigen Raum nur die andächtigen Stimmen der Männer, die jeder für sich allein beteten, aber wenn mein Vater sang, erhob sich seine Stimme über die Stille. Und trotz der Ruhe und Gelassenheit, die er in der Synagoge und im Garten fand, war er ein schnell aufbrausender Mensch, und wenn er losbrüllte, suchten wir schnell das Weite. In solch einem Fall herrschte meine Mutter ihn an: »Jankel, du machst den Kindern Angst. Beherrsch dich!« Bei den Jüngsten konnte er sich besser zügeln. Ich weiß noch, wie er während der Mahlzeiten immer mit Malka auf dem Schoß am Tisch saß. Er liebte die Kleinen und war geduldiger mit ihnen als mit uns größeren Kindern.

Wir waren acht Kinder, und der Zufall wollte es, dass auch meine Mutter eine von acht Geschwistern war, mit dem gleichen Verhältnis von Mädchen zu Jungen. Suri war die Älteste von uns, dann kam Bumi (Abraham), mein einziger Bruder, dicht gefolgt von Chaichu, Frieda, mir (in der Familie nannte man mich Jentela oder Judith), Esther, Rahel und als letzte Malka. Wir waren alle jeweils etwa 13 bis 14 Monate auseinander, bis auf Malka, die meiner 41 Jahre alten Mutter vier Jahre nach Rahel noch eine Überraschung bescherte. Zwischen Erst- und Letztgeborener lagen 14 Jahre. Wir Mädchen verbündeten uns immer wieder neu und bildeten andere Cliquen, Frieda und ich hielten jedoch immer zueinander. Wir waren nicht nur Schwestern, sondern beste Freundinnen und hielten wie Pech und Schwefel zusammen. Wir stritten uns selten und ergriffen immer für die andere Partei. Dafür verstanden sich Frieda und Chaichu überhaupt nicht. Auch Bumi und Chaichu kamen oft nicht so gut miteinander aus, weil Bumi Chaichu zu ihrem Leidwesen immerzu ärgerte. Mit so vielen Kindern war es nie langweilig oder ruhig im Haus, es herrschte nie Frieden zwischen allen gleichzeitig. Es wurde viel gestritten, gespielt, gesungen und immer auch viel gelacht. Und obwohl wir nicht viel Geld hatten, waren wir im Allgemeinen eine sehr glückliche Familie.

Manche hatten jedoch größere Schwierigkeiten zu bewältigen als andere. Frieda war beispielsweise mit einem knapp 3,5 Zentimeter kürzeren Bein auf die Welt gekommen und sollte ihr Leben lang hinken. Ihr Selbstbewusstsein und ihr Verhältnis zu anderen litten sehr unter dieser Missbildung, obwohl sie wunderschön war. Sie hatte tiefliegende, mandelförmige Augen, einen dunklen Teint, gerade weiße Zähne und schwarzblau glänzendes, gewelltes Haar. Frieda war bei weitem die klügste aller Schwestern, und meine Mutter träumte davon, dass sie eines Tages Zahnhygienikerin werden würde. Sie war klug und kreativ, konnte wunderbar stricken und logische Denkaufgaben lösen, doch andere Kinder waren oft grausam zu ihr. Die Jungen kniffen sie, zogen an ihren Haaren und nannten sie *Humpellieschen*. Daher hatte Frieda, trotz ihres jungen Alters, keine besonders gute Meinung über ihre Mitmenschen. Das änderte jedoch nichts an ihrer grundsätzlich unerschütterlich großzügigen Haltung, und nie war sie eifersüchtig, wenn mich Jungs beachteten oder ich durch meinen Gesang Aufmerksamkeit auf mich zog.

Nachdem sie eines Tages in der Schule wieder fürchterlich geärgert worden war, kam sie völlig aufgelöst zu meiner Mutter und mir in die Küche. Als Jetta nach dem Grund ihres Zustands fragte und erfuhr, was geschehen war, setzte sie sich neben Frieda und streichelte ihr übers Haar. »Kinder wissen nicht, wovon sie reden. Du bist wunderschön, du ...« Aber Frieda wollte nichts davon wissen und unterbrach sie.

»Als du gesehen hast, dass ich ein Krüppel bin, warum hast du mich leben lassen? Ich hätte nie geboren werden sollen. Ein Krüppel wie ich hätte nie geboren werden sollen. Wie soll ich jemals einen Ehemann finden?«

Meine Mutter wartete, bis Friedas Tränen langsam versiegten, nahm sie dann in die Arme und flüsterte besänftigend: »Du wirst schon sehen, Friediko. Es gibt einen Gott im Himmel, und auch du wirst dein Glück finden, genauso wie Jentela und Chaichu und die anderen Mädchen.«

An diesem Abend hörte ich, wie meine Mutter sich mit meinem Vater unterhielt, als sie den Laden schlossen.

»Jankel, ich möchte, dass du morgen zum Rabbi gehst. Ich möchte, dass du ihn zu Friedas Zukunft befragst.«

Lange Zeit sagte er nichts und füllte weiter den Zucker ab.

»Jankel ...«

»In Ordnung, Jetta, morgen.«

Ungefähr einmal im Monat kam ein weiser, kabbalistischer Rabbi durch Rachov gepilgert. Trotz ihres hohen Alters und ihrer schwachen Gesundheit zogen diese gebrechlichen Mystiker übers Land und lebten von den Ratschlägen und Heilsgebeten, die sie Mitgliedern der jüdischen Gemeinden, die sie durchquerten, zukommen ließen. Oft fanden diese Rabbis Unterkunft bei meiner Freundin Marta, denn ihre Familie besaß ein Geschäft mit feinen Stoffen und ein gemütliches Haus mit einem Gästezimmer am anderen Ende der Stadt. Mein Vater genoss als frommer Intellektueller die Gesellschaft dieser großen Gelehrten und verbrachte dort während seiner Besuche viele Stunden mit ihnen, diskutierte über den Talmud und sang mit ihnen die melodischen Abendgebete, wobei er das Althebräische mit neuen und kreativen Harmonien bereicherte.

Auf die Bitte meiner Mutter hin stattete mein Vater diesem Rabbi also am nächsten Abend einen Besuch ab und unterhielt sich lange mit ihm. Als er später am Abend wieder nach Hause kam, schoss meine Mutter mit erwartungs- und hoffnungsvollem Gesicht auf ihn zu. Mein Vater, der noch ganz in eine neue Gebetsmelodie vertieft war, bemerkte ihre Gegenwart nicht einmal. Schließlich schrie sie ihn nach einer gefühlten Ewigkeit schweigsamer Anspannung an: »Ich hoffe, dass du inmitten all deiner Gebete und Lektionen nicht vergessen hast, dem Rabbi die Frage zu stellen, mit der ich dich zu ihm geschickt habe.« Erschrocken drehte er sich zu ihr um. »Nein, Jetta, das habe ich nicht.« Er setzte sich an den Tisch. »Er hat gesagt, dass Frieda einen Mann aus dem Ausland heiraten wird. Sie wird zwei Kinder bekommen und ein glückliches Leben führen.« Und so war es.

Bei uns drehte sich alles ums Essen, das damals eine ganz andere Rolle in unserer Familie spielte als heute in den meisten amerikanischen Familien des 21. Jahrhunderts. Mein Vater kochte besser als meine Mutter, worüber wir uns glücklich schätzen konnten, da Jankel den Großteil der Mahlzeiten zubereitete. Er liebte es, in unserer kleinen Küche geschäftig herumzuhantieren, wo er köstlich frisches und knuspriges Brot buk. Er legte saure Gurken aus unserem eigenen Garten in Fässer ein und machte Krautsalat aus unserem Kohl. Wenn ich hungrig und müde vom Tag in der Schule nach Hause kam, öffnete ich eines der hölzernen Fässer, die in einer Ecke der Küche standen und langte mit meiner Hand in die Marinade. Während der Duft von Dill und Knoblauch den Raum erfüllte, schnitt ich mir dann eine Scheibe Brot ab und bestrich sie mit Margarine.

Obwohl wir in unserem Geschäft immer alles auf Lager hatten und beispielsweise auch Butter verkauften, hatten wir – im Gegensatz zu den meisten amerikanischen Kindern heute – nicht das Vergnügen, immer essen zu können, worauf wir Lust hatten. Im Winter gab es Kartoffeln – einen ganzen Keller voller Kartoffeln, und dieses Grundnahrungsmittel war unsere Haupternährungsquelle. Unser Vorrat war stets sorgfältig abgedeckt, aber wenn die Winter bitterkalt waren, gefroren sie oft, und das war dann eine Katastrophe. Meistens hatten wir auch Bohnen dazu, und meine Mutter besaß die unheimliche Fähigkeit, die unterschiedlichsten und schmackhaftesten Suppen daraus zu machen. Während der Woche bereitete Mutter ihre Bohnen- oder Gemüsesuppen und hausgemachten Teigwaren zu. Sie buk oft ›Mamaliga‹ genanntes Maisbrot, das wir mit Brimsenkäse belegten – die Seelennahrung der Rumänen. Mein Lieblingsessen war ihre Spezialbohnensuppe mit frischen Teigwaren. Wir hatten immer Mehl, um Brot backen zu können, und mein Vater machte, zumindest bis der Krieg anfing, ›Lekvár‹ aus den Pflaumen in unserem Garten. ›Lekvár‹ ist eine sehr süße Marmelade, aber wir Kinder mochten sie nicht so gern. Sie war zwar süß, aber sogar in den ärmsten Familien kam ›Lekvár‹ immer auf den Tisch, und wenn es nicht genug oder nichts anderes mehr gab, lag auch auf unseren Tellern immer Brot mit ›Lekvár‹. Zu besonderen Anlässen und manchmal auch einfach so hatte meine Mutter, wenn wir nach Hause kamen, Krapfen mit ›Lekvár‹-Füllung gebacken – und das war wiederum das leichteste, süßeste, frische Gebäck, das man sich vorstellen konnte.

Wir Kinder träumten jedoch von Schweizer Käse, Sardinen und Schokolade, die die wohlhabenden Familien bei uns einkauften. Es war eine Qual, von diesen Produkten im Regal gewissermaßen angestarrt zu werden, sie zu riechen, uns den Geschmack auf der Zunge vorzustellen und sie nicht essen zu dürfen.

Eines Tages, ich war zehn, arbeitete ich im Laden, verpackte genau die Lebensmittel, von denen ich immer träumte, und redete mir auf einmal ein, dass es völlig in Ordnung sei, wenn ich in eine der bitter-süßen Pralinen biss. Ich weiß noch genau, wie ich auf die Süßigkeiten starrte und vor Sehnsucht und Selbstgerechtigkeit nur so brannte. »Das habe ich mir verdient.«, dachte ich. Und obwohl ich wusste, dass meine Eltern es bestimmt nicht erlauben würden, und es Diebstahl war, schnappte ich mir eine. Sie war klitzeklein, ich hatte den ganzen Tag hart gearbeitet, und Gott würde mich sicherlich nicht für eine solche Nichtigkeit bestrafen. Als ich mich allein im Laden wähnte und meinen süßen Preis auswickelte, kam mein Vater plötzlich eiligen Schrittes um die Ecke gebogen. Entgeistert versteckte ich meine Beute blitzschnell hinter meinem Rücken, warf mich dabei gegen den Tresen und spürte, wie die glitschige Schokolade in meiner schweißnassen Hand schmolz.

Mein Vater bemerkte beim Anblick meines wahrscheinlich hochro-ten Gesichts sofort, dass etwas nicht stimmte. »Was hast du da? Hast du etwas hinter deinem Rücken?«

Unter seinem Blick drückte ich mich noch mehr gegen den Tresen, beäugte den Ausgang, die Mülltonne und einen Haufen Pappkartons in der Ecke des Raumes. Bevor er noch ein Wort sagen konnte, rannte ich zum Ausgang und warf das geschmolzene Konfekt in die Tonne.

Ich hatte es fast hinausgeschafft, hatte den strahlendblauen Him-mel und die Freiheit auf der anderen Seite der Eingangstür schon fast erreicht, da brüllte mein Vater mir auf seine ihm eigene, furchterre-gende Art hinterher, ich solle gefälligst stehen bleiben. Ich erstarrte und drehte mich kleinlaut zu ihm um.

Er schritt zielstrebig zum Müll und wühlte zwischen aufeinan-dergestapelten Kartons und zusammengeknülltem Papier. Es war die reinste Folter für mich, mit ansehen zu müssen, wie mein Vater – fest entschlossen, das Beweisstück meines Vergehens zu finden, – seit einer gefühlten Stunde den Müll durchsuchte. Wahllos verteilte er ihn, bis er endlich etwas fand, danach griff und inmitten des von ihm angerichteten Chaos aufstand. Langsam richteten sich seine tiefliegenden, halb geschlossenen und enttäuschten Augen auf mich. Wortlos durchquerte er den Raum und schlug mir ins Gesicht.

Ich stand fassungslos da, der rote Abdruck seiner großen, langen Hand brannte sich in meine Wange. Meine Augen füllten sich mit Tränen.

»Siehst du, ich habs doch gefunden. Warum hast du das getan? Nein, ich weiß warum, aber warum hast du mich angelogen, mir nicht die Wahrheit gesagt? Hast du gedacht, ich würde es nicht finden? War dir nicht klar, dass ich alles daran setzen würde, die Wahrheit herauszufinden?«

Eine Weile standen wir da und starrten einander schwer atmend an. Und dann drehte ich mich um und rannte weg. Ich rannte und rannte, bis zum anderen Ende der Stadt, während mir die Tränen das Gesicht hinunterliefen. Ich war zugleich wütend, schockiert und voller Angst.

Für den Rest des Tages streifte ich ziellos umher. Ich hielt kurz beim Haus meiner Freundin Marta an, um ihr zu erzählen, was passiert war, und mich bei ihr auszuweinen, aber ich wusste, dass ich nicht lange bleiben konnte. Die Sonne ging schon hinter den Gebäuden im Westen unter, und bald würden meine Eltern nach mir suchen.

Als die Schatten die Straßen eingenommen hatten, knurrte mir der Magen vor Hunger, und es zog mich nach Hause, aber ich wollte auch Vergeltung und meinen Vater auf meine Weise für seinen Wutausbruch bestrafen. Außerdem schämte ich mich davor, den anderen gegenüberzutreten. Als es schließlich richtig dunkel geworden war, schlich ich zurück zu unserem Haus und setzte mich unter ein Fenster, wo ich mich in dem warmen Licht, das aus unserem größten Raum quoll, aufwärmte. Ich hörte, wie meine Eltern sich stritten.

»Gibt es Neuigkeiten?«, fragte meine Mutter. Ich nahm an, dass mein Vater gerade erst aus der Stadt zurückgekommen war, wo er nach mir gesucht hatte. Es folgte Stille.

»Jankel, sag mir endlich, was geschehen ist. Was hast du dem armen Kind angetan? Ich weiß, dass etwas passiert sein muss ...« »Sie wird schon wiederkommen! Sie wird Hunger bekommen, und sie wird wiederkommen. Du wirst schon sehen. Und ich habe nichts getan.« Meine Mutter erwiderte nichts mehr.

Ich muss eine ganze Weile, den Grillen und den vorbeifahrenden Autos lauschend, unter diesem Fenster verbracht haben. Mein Vater hatte bestimmt ein schlechtes Gewissen, denn er hatte mich in seinem ganzen Leben noch nie geschlagen. Ich hasste mich allerdings dafür, dass ich meiner Mutter solche Sorgen bereitete. Ich schlich mich schließlich irgendwann zurück durch den Hof unserer Nachbarn, schlüpfte dort, wo eine Latte locker saß, durch den Holzzaun zwischen unseren beiden Grundstücken und schlich hinauf zum Eingang des Wintergartens. Ich hätte einfach durch die Eingangstür hineingehen sollen, aber das brachte ich nicht über mich. Ich spähte durch das Buntglas und klopfte leise, in der Hoffnung, dass mein Bruder oder eine meiner Schwestern mich finden und reinlassen würde. Mein Bruder Bumi hörte mich und öffnete mir mit fragendem Gesichtsausdruck die Tür, ich jedoch ging wortlos an ihm vorbei und trat in die Küche, wo meine Eltern noch immer schweigend standen. Ich ignorierte meinen Vater, wollte ihn auch gar nicht anschauen und setzte mich hin. Meine Mutter ließ den Blick zwischen meinem Vater und mir hin und her schweifen und fragte mich dann:»Jentela, bist du hungrig?«

Ich nickte. Sie stellte einen Teller vor mich, und ich aß, bedachtsam kauend. Die Suppe schmeckte nach Wasser und das Brot wie Sandpapier. Ich füllte meinen Magen, stand wortlos auf und ging ins Bett. Mein Vater und ich haben nie mehr über diesen Vorfall gesprochen. Er hat meiner Mutter nie erzählt, was passiert war, und sie hat nie mehr danach gefragt.

Er hat mich nie wieder geschlagen.

Während der Woche bekamen wir kleine und einfache Mahlzeiten, oft genug reichte es jedoch nicht für einen Nachschlag. Das lag nicht daran, dass wir uns nicht genügend leisten konnten, da wir jedoch Juden waren, sparten wir uns das Beste sowie den Großteil unseres Essens für den Sabbat auf. Am frühen Samstagabend wurden die meisten unserer Essgelüste vorübergehend gestillt. Einer der Eckpfeiler unseres jüdischen Lebens in Rachov war der Sabbat, und wir Kinder freuten uns jede Woche, die ganze Woche lang, auf diesen Ruhetag, an den wir aufgrund der unermüdlichen Vorbereitungen schon Tage zuvor ständig erinnert wurden. Spätestens am Donnerstag hatte mein Vater unsere Küche in eine Bäckerei verwandelt, wo er Unmengen von ›Challa‹-Teig anrührte und dann sämtliche Arbeitsflächen mit 15 bis 18 Pfund Teig in Beschlag nahm, um ihn dort über Nacht quellen zu lassen. Die Sonne war am Freitagmorgen noch nicht ganz aufgegangen, da wuselten meine Eltern schon in der Küche herum und bereiteten das große Festmahl vor, wobei sie fiebrige Hektik verbreiteten und eine Fährte verführerischer Düfte legten. Durch die anderen Räume wehte der Geruch von gebackenen ›Challis‹, von aus Bohnen gemachten ›Chulend‹, aus Kartoffeln gemachter ›Kugel‹ und einem Riesentopf voller Krautrouladen, Reis und Tomaten, die allesamt für das Festmahl am Samstagnachmittag bestimmt waren sowie für das kleinere, dennoch besondere Mahl am Freitagabend. Auch süße Möhren und gekochte Pflaumen kamen auf den Tisch. An manchen Tagen gab es in Geflügelfett gebackene ›Kascha‹, aber das Meiste vom übriggebliebenen Fett des Sabbathühnchens kam in ein Glas und wurde für die während des Pessachfests servierten ›Latkes‹ aufgehoben.

Obwohl es dann wie ein Festmahl aussah, gab es immer wenig Fleisch. Sogar zum freitäglichen Abendessen konnten wir uns nur ein Hühnchen für unsere zehnköpfige Familie leisten. Jeden Freitagmorgen kauften wir das Tier beim Fleischer oder brachten eines unserer Hofhühner zum ›Schochet‹ – dem Mann, der Tiere nach den Bestimmungen für koscheres Fleisch schachtete. In unserem Teil der Welt war Geflügel sehr teuer, und nur wenige konnten es sich leisten, jeden Tag welches zu essen. Und meine Mutter war jedes Mal außer sich, wenn, wie so oft, mein Vater ein armes Mitglied der jüdischen Gemeinde von der Synagoge mit nach Hause brachte. Unfähig, ihre Wut zu unterdrücken, zerrte sie ihn dann hinaus, um ihn dort anzuschreien. Worauf mein Vater immer erwiderte: »Jetta, ich werde nichts essen. Gib diesem armen Mann meine Portion!« Meine Mutter aß kaum vom Fleisch, sondern zog es vor, es uns hungrigen Kindern zu überlassen. Ich erinnere mich gut, wie sie nur ein wenig vom Geflügelfett nahm und es auf eine Scheibe ›Challa‹-Brot strich, um zumindest den Geschmack in ihrem Mund kosten zu können.

Nach den qualvoll köstlichen Vorbereitungen der ›Kugel‹ und des ›Chulends‹ am Freitagmorgen wurden die großen Töpfe zur Garung zu einer besonderen, koscheren Bäckerei gebracht, und samstagnachmittags wechselten wir Kinder uns damit ab, sie wieder nach Hause zu bringen. Ich werde nie vergessen, wie ich eines Tages das Sabbatessen wegbrachte. Es war Winter, und ich hatte die großen Töpfe auf einen Schlitten gestellt, um sie zum Bäcker zu bringen, dessen Laden sich ungefähr anderthalb Kilometer weiter weg in der Stadt befand. Auf halbem Weg dorthin rutschte ich auf der ungepflasterten Straße aus, und der Schlitten kippte mitsamt dem Essen in den schlammigen Schnee. Verzweifelt klaubte ich jede nasse Bohne mit meinen tauben Fingern auf, füllte den Topf samt Schnee, Laub und allem wieder auf und zog schließlich voller Angst weiter. Als am Samstagnachmittag die Familie zusammenkam, um die Lieblingsmahlzeit einzunehmen, auf die wir alle so begierig gewartet hatten, zitterte ich am ganzen Körper. Wundersamerweise aßen jedoch alle, ohne etwas zu bemerken. Ich habe es nie jemandem erzählt.

Während meine Eltern die Mahlzeiten zubereiteten, kümmerten wir Mädchen uns hauptsächlich um das Putzen. Als ich noch sehr klein war, war Olenna bei uns, ein kräftiges, junges, ukrainisches Bauernmädchen, das für den Großteil des Putzens zuständig war und während der Woche auf einem Klappbett in der Küche schlief. Den Sabbat und die Sonntage verbrachte sie bei ihrer Mutter in den Bergen. Aber als die Kinder älter, die Familie größer und das politische und wirtschaftliche Klima schwieriger wurden, konnten wir uns eine zusätzliche Hilfe nicht mehr leisten.

Jeden Freitagmorgen schrubbten Frieda, Esther und ich sorgfältig die Holzböden. Einige Male im Monat putzten wir die Vorratskammern, Öfen und Schränke. Malchika und Rahel waren zu klein für diese Aufgaben, schrubbten und polierten stattdessen unsere Sabbatschuhe und fegten die Veranda und den Gehweg. Suri, die Älteste, war die Chefin, die uns beaufsichtigte und uns Aufgaben zuwies. Als sie heiratete und wegzog, übernahm Chaichu ihre Position. Und da Chaichu die gründlichste, ordentlichste und sauberste von allen war, kritisierte sie, auch wenn sie nach einem langen Tag als Auszubildende bei einer Näherin nach Hause kam, sofort unsere verrichtete Arbeit und bestand darauf, dass wir Eimer und Lappen wieder hervorholten, um diese oder jene Ecke, die ihren Ansprüchen nicht entsprochen hatte, noch nachzubessern. Sie führte ein strenges Regiment, und hinter ihrem Rücken nannten wir sie *Putzteufel*. So blass und schmal wie sie war, hatte sie doch die meiste Energie. Ich hatte den Ruf der Guten, die sich einzuschmeicheln verstand, die immer hilfsbereit und einfach zufriedenzustellen war. Auch wenn die Gesichter meiner Schwestern immer länger und frustrierter wurden, mir machte das alles nichts aus; ich wollte nur, dass wir uns alle vertrugen.

Unser Haus bestand aus dem Lebensmittelladen und den vier dahinter befindlichen Räumen. Im ersten Raum fand der Großteil unseres Familienlebens statt, dort wurde geschlafen, dort zogen wir uns an, aßen, arbeiteten, und unsere Kleidung hing dort. Von diesem ersten Raum aus konnten wir den Haupteingang des Ladens sehen sowie die Kunden, die ihn betraten. Zwei Einzelbetten standen am jeweils anderen Ende des Raums. In der Mitte des Raums stand ein Esstisch mit sechs Stühlen. Ganz hinten stand eine alte Anrichte, in der wir unser Geschirr verstauten. Es gab einen Wäscheschrank und einen modernen Ofen, mit dem wir heizten. Dieser Raum war immer voller Menschen. Immer hatte irgendein Kind Besuch von Freunden, es war immer laut, und es wurde viel gesungen. Hinter diesem großen Raum kam der letzte Raum des ursprünglichen Hauses – unsere riesengroße, vollständig aus Backstein gemauerte Küche. Eine der Mauern wurde von einem riesigen Holzofen eingenommen, mit dem wir kochen und backen konnten, in dem es aber auch einen abgetrennten Teil mit der Dampfbleiche für Laken und die traditionelle, weiße, jedoch verwaschene Tunika meines Vaters gab. In einer Ecke stand ein eingelassener Holztisch, der tagsüber von Olenna zum Wäschefalten oder Bügeln benutzt wurde und den sie abends zu einem Klappbett auszog, worauf sie dann schlief. Zum Wintergarten hinter der Küche ging es drei Stufen hinauf, eine Seite bestand vollständig aus getöntem Buntglas. Die Morgensonne tauchte den Holzboden in blaue, violette, goldene und rote Schatten. In diesem Raum waren zwei Strohmatten, auf denen Bumi, Chaichu, Frieda und ich schliefen. Im Sommer war es eine wahre Freude, aber im Winter waren beide Seiten des Fensters mit Frost überzogen. Da wir für jedes Bett nur einen heißen Backstein hatten, schliefen wir oft vor Kälte zitternd ein, während unser Atem kleine Dunstwölkchen im Mondlicht erzeugte. Und weil Bumi und Chaichu sich nicht so gut vertrugen, schlief ich mit ihm in einem Bett. Ich weiß noch, wie Bumi sich, als die Sonne am Morgen die Glaswand wärmte, eine Zigarette anzündete. Es ärgerte mich maßlos, mit dem Geruch von Zigarettenrauch wach zu werden. »Konntest du damit nicht warten, bis du aufgestanden bist?« Worauf er mich nur anstrahlte und sich die Zigarette zwischen die Lippen steckte.

Hinter dem Wintergarten befand sich ein letzter, großer, elegant eingerichteter Raum, den wir leider nicht selber benutzen konnten, sondern als zusätzliches Einkommen an Gäste vermieteten. Dieser Raum hatte richtige Matratzen; zwei richtige Betten mit dazu passenden Nachttischchen und zwei prachtvollen Kommoden aus Mahagoni. Auf einem kleinen Tisch in der Ecke lag eine wunderschöne, mit Stickereien und Seidentroddeln versehene Tischdecke, die meine Mutter selbst gemacht hatte. Vor den Fenstern hingen sogar selbst gehäkelte Vorhänge. Wir nannten diesen Raum und den Wintergarten die »neuen Räume«, da meine Eltern sie vor meiner Geburt an das ursprüngliche Gebäude angebaut hatten.

Natürlich wurde am Sabbat nicht gearbeitet, und der Morgen nach unserem freitäglichen Abendmahl war mir der liebste. Als Kind schlief ich an den kalten Wintermorgen immer lange aus, und die leichten Atemwölkchen meiner schlafenden Geschwister füllten den ungeheizten Raum. Wie die meisten jüdischen Familien der Stadt bestellten wir einen ›Schabbes Goy‹, der an diesem Ruhetag unseren Ofen befeuerte. Stündlich kam er, um Holzscheite auf das Feuer zu legen. Der Sprechgesang meines Vaters war unsere Uhr. In meine Decken eingewickelt, betrat ich den geheizten Hauptraum, wo mein Vater in seinem besten Gewand saß, betete und darauf wartete, dass mein verschlafener und unmotivierter Bruder sich anzog, um zur Synagoge zu gehen. Bumi beschwerte sich oft bei mir, dass er viel lieber mit den Mädchen zu Hause bleiben würde. Sobald dann alle wach waren, schnitt meine Mutter Scheiben vom süßen, buttrigen Brot ab, das mein Vater gemacht hatte. Jeder bekam eine kleine Scheibe mit einer Tasse Tee, und danach half ich meiner Mutter, sich für die Synagoge fertig zu machen. Am Sabbatmorgen puderte sie ihr Gesicht und schminkte sich die Wangen und die Lippen rot; zu diesem Zweck benutzte sie das rot eingefärbte

Papier, worin wir den Chicoree für den morgendlichen Kaffee kauften. Ich war besonders geschickt darin, den ›Scheitel‹ zu reinigen und aufzusetzen, – eine teure Menschenhaarperücke, die die meisten verheirateten Frauen trugen. In der Woche war meine Mutter meistens ungeschminkt und trug ein sauberes, am Nacken zusammengeknotetes Tuch auf ihrem rasierten Kopf, und obwohl sie immer hübsch aussah, war sie Samstagmorgens am schönsten. Jetta liebte schöne Kleider und Hüte, zog sich gern hübsch an und flirtete mit meinem Vater. Bis heute bin ich ihr in dieser Hinsicht sehr ähnlich.

Wie man sich vorstellen kann, war der Sonntag immer der schlimmste Tag der Woche, da der Sabbat unendlich weit weg war. Allerdings durften wir sonntags ins Kino gehen, und jede Woche gaben wir dort das wenige Geld aus, das wir besaßen. Das Lichtspielhaus in Rachov zeigte meistens ungarische Filme oder amerikanische Musicals, und da wir kein Radio besaßen, war das für uns ein ganz besonderes Vergnügen. Am späten Nachmittag zogen wir – Frieda, Chaichu, Suri und ich – unsere besten Kleider an und zogen Arm in Arm los, um unsere Freunde am Kino zu treffen.

Meine Eltern kamen nie mit uns. Meine Mutter war der Meinung, dass es sich für eine jüdische, verheiratete Frau nicht ziemte, sich solche Filme anzuschauen, und mein Vater behauptete, als Soldat im Ersten Weltkrieg einige Filme gesehen zu haben und bis heute Angst davon zu bekommen, wenn ein Auto oder ein Zug auf der Leinwand auf ihn zufuhr.

Die Rosenberg-Mädchen liebten es, durch die Stadt zu ziehen. Wir waren freundlich und beliebt, und wenn man meiner Mutter mal wieder sagte: »Frau Rosenberg, Sie haben wirklich wunderschöne Töchter!«, antwortete sie darauf: »Warum klingen Sie dabei so überrascht? Eine schöne Mutter hat schöne Kinder.«

Im Winter gingen wir in unserer Freizeit Schlitten fahren. Uns fehlte die dafür angemessene Kleidung, und oft kamen wir durchgefroren, mit nassen Füßen und klammen Fingern nach Hause. Die Kälte tat manchmal so weh, dass ich vor Schmerzen weinte, und wenn mich meine Mutter vor den Ofen setzte, schimpfte sie mit mir: »Ich habs dir ja gesagt. Nächstes Mal bleibst du zu Hause.« Aber darauf hörte ich nie.

Nach meiner Erinnerung kam nie ein Arzt zu uns nach Hause. Oft rannten wir Kinder den ganzen Winter über mit laufender Nase umher, was niemanden kümmerte. Der jüdische Doktor mit dem dreistöckigen Haus machte nur in dringenden Fällen Hausbesuche. Wenn unsere Nachbarn nicht mehr weiterwussten, schickten sie oft nach meinem Vater, der während des Ersten Weltkriegs für das Rote Kreuz gearbeitet hatte. In einem Winter, als ich elf war, fiel ich im Garten meiner Freundin vom Baum, landete hart auf einem Stein und verletzte mich dabei in der Lendengegend. Mit roten Wangen rannte ich nach Hause und flüsterte meiner Mutter zu, was geschehen war. Die holte daraufhin sofort meinen Vater. Ich werde nie vergessen, wie mir die Schamesröte ins Gesicht stieg, als mein Vater mich zwang, meinen Schlüpfer auszuziehen, damit er den Bereich zwischen meinen Beinen untersuchen konnte, der auf die dreifache Größe angeschwollen war. Mein Vater legte eine Eiskompresse darauf und bestand darauf, dass ich über mehrere Stunden hinweg mit geöffneten Beinen auf dem Rücken liegen blieb. Ich hörte, wie sich meine Eltern im Nebenraum besorgt darüber unterhielten, ob ich durch den Unfall möglicherweise meine Unschuld verloren haben könnte. Der Sinn dieser Unterhaltung blieb mir ein Rätsel, bis ich heiratete.

Von meinem Vater habe ich das musikalische Talent geerbt. Auch wenn aus mir nie eine professionelle Sängerin oder Entertainerin geworden ist, gab es nichts auf der Welt, das ich lieber tat als singen. Denn wenn ich sang, schwebte ich. Mit zehn Jahren wurde ich auserkoren, beim jährlichen Weihnachtsfestspiel ein Lied zu singen. Heute muss ich lachen, wenn ich an das kleine, chassidische Mädchen denke, dass unter dem Weihnachtsbaum stand und über Christus sang, aber damals fühlte ich mich sehr geehrt. Meine Mutter wusste davon und unterstützte mich darin, aber meinem Vater erzählte sie nichts, da er niemals einverstanden gewesen wäre.

Meine Mutter sang nicht, liebte es aber, mir zuzuhören. Wenn sie spät abends noch las, rief sie mir oft vom Hauptraum aus zu: »Jentela, sing mir etwas!« Der Schein der Kerze neben ihrem Bett flackerte auf den Buchseiten und ließ ihr Gesicht in warmem Licht erscheinen. Ich hatte immer Angst, sie könnte einschlafen und unser Haus würde Feuer fangen, und manchmal, glaube ich, sang ich nur, um sie wachzuhalten.

Und wenn ich sang, breitete sich auf dem Gesicht meiner Mutter ein liebevolles und friedliches Lächeln aus, und ihr Stolz auf meine Sangeskünste erfüllte mich. Sowohl mein Vater als auch meine Mutter rieten mir jedoch ab, meinen Traum einer professionellen Gesangskarriere zu verfolgen. Die Vorstellung, dass ich als Entertainerin in Clubs auftreten und singen oder nach Hollywood gehen und Filme machen würde, bedeutete für sie, dass ich meinen Glauben und mein Judentum aufgeben müsste. Suri hingegen träumte meinen Traum mit mir und ermutigte mich, meiner Begabung mehr nachzugehen. Sie drängte mich geradezu, Unterricht zu nehmen, Klavierspielen und Stepptanz zu lernen und bestand sogar darauf, für die Kosten aufzukommen. Klavierunterricht habe ich letztendlich nie genommen. Und obwohl ich später einige Abenteuer auf der Bühne erleben durfte, blieb es doch ein Traum. Meiner eigenen Tochter sollte es jedoch ganz anders ergehen.

Als ich acht Jahre alt wurde, ging ich, wie meine Schwestern und die meisten Juden in Rachov, zwei Nachmittage pro Woche zur Hebräischklasse. Im ›Cheder‹ lernten wir zusätzlich zum staatlichen Schulstoff hebräische Gebete und auf Jiddisch Lesen und Schreiben.

Ich weiß noch genau, dass ich acht war, weil mein Vater mir meinen ersten ›Siddur‹ schenkte, ein sehr teures und elegantes Gebetsbuch mit einem braunen Ledereinband. Auf der ersten Seite stand geschrieben: »Für Jentela, möge sie lernen zu beten.« Unser Lehrer war ein geachteter Bürger unserer Stadt, er hing jedoch eher dem neuorthodoxen als dem chassidischen Glauben an. Er war daher etwas weniger fromm als die Mädchen in seiner Klasse. Milechech Rosenthal war ein liebenswürdiger Mann um die 35 Jahre mit drei Kindern und einer Frau, die als Stadthebamme verantwortlich für die Entbindung aller neuen jüdischen Gemeindemitglieder war. Diese Aufgabe bereitete ihr lange Arbeitstage, denn die meisten jüdischen Familien waren mit acht bis zehn Kindern gesegnet.

Meine ›Cheder‹-Klasse bestand aus sechs Mädchen zwischen acht und zehn Jahren. Frieda, meine beste Freundin Marta und ich saßen in dem kleinen Raum immer zusammen am Ende des langen Holztisches. Herr Rosenthal saß am anderen Ende, und wenn wir aufgerufen wurden, Fragen zu beantworten oder aus dem Gebetsbuch zu lesen, verlangte es das Protokoll, aufzustehen und sich neben ihn zu stellen. Laut Protokoll mussten wir uns nach und nach auch immer näher neben ihn stellen, bis er uns schließlich aufforderte, uns zwischen seine Beine zu stellen. Mit einer Hand verfolgte Herr Rosenthal dann mit dem Bleistift den Text in der Bibel, mit der anderen streichelte er unsere Beine unter den Röcken. Brana, ein armes, kleines, schielendes Mädchen hatte Schwierigkeiten im Jiddischunterricht und konnte beim Textverständnis nicht mit den anderen Mädchen mithalten. Daher musste sie nach dem Unterricht oft noch länger bleiben oder am frühen Abend zum Nachhilfeunterricht wiederkommen.

Eines Nachmittags beobachteten Marta, Frieda und ich durch das Schlüsselloch Herrn Rosenthals Nachhilfeunterricht und sahen, wie er Brana anfasste. Von da an war uns klar, wie wichtig es war, fleißig unsere Lektionen zu lernen, damit er nie einen Grund finden würde, uns nachsitzen zu lassen. Als ich etwas älter und mutiger wurde und die ganze Situation besser verstand, erwiderte ich auf seine Aufforderung zu lesen: »Danke, Herr Rosenthal, ich werde von meinem Platz aus rezitieren.«

Wir haben nie jemandem erzählt, was wir gesehen hatten, und Herr Rosenthal unterrichtete weiterhin, bis wir alle weggebracht wurden. Ich habe schon oft davon gehört, dass Kinder dieses beschämende, schreckliche Geheimnis für sich behalten, und ich kann nachvollziehen, warum.

Mit elf – ein Jahr, bevor ich gemäß jüdischem Glauben eine Frau wurde, – schloss ich den ›Cheder‹ ab. In orthodoxen Familien bekamen Mädchen keine ›Bar Mitzwa‹, da diese Ehre nur den 13-jährigen Jungen zuteil wurde. Wenn ein Mädchen hebräisch lesen und jiddisch reden konnte, war sie schon gebildet genug. Ihre Aufgaben bestanden darin, einen guten koscheren Haushalt zu führen, Kinder großzuziehen und ihrem Mann eine gute Ehefrau zu sein. Da wir jedoch in einem säkularen Staat lebten, ging mein regulärer Unterricht an den öffentlichen Schulen weiter.

Die wichtigste Ausbildung, die ich je bekommen sollte, und die Lektionen, die mich und mein Leben am meisten prägen und formen sollten, bekam ich nicht in der Schule oder im ›Cheder‹, sondern im Musik-

raum der Degenscheins. Unser wohlhabender Nachbar Herr Degenschein arbeitete als Anwalt für das Schiedsgericht. Er war ein kleiner
Mann und hatte einen dicken, schwangeren Bauch, der sich schüttelte,
wenn er lachte, und er lachte einfach immer. Seine Ehefrau war auch
ziemlich rund, mit plumpen Fingern und wulstigen Lippen. Irgendetwas aß sie immer. Ihr Koch war ein begnadeter Bäcker, und obwohl das
Essen nicht koscher war, nahm ich glücklich an, wenn sie mir einen Imbiss anbot. Frau Degenschein arbeitete vornehmlich als Musiklehrerin;
sie entdeckte und förderte als erste mein musikalisches Talent. Frau Degenschein sang lerchengleich, und ihre liebliche Stimme erklang durch
die Räume, wenn sie singend im Haus herumwerkelte. Sie brachte mir
bei, richtig zu singen – die Zwerchfellatmung und wie man den Kiefer
entspannte.

Weil die Degenscheins säkulare Juden waren, war mein Vater nicht
allzu erpicht darauf, dass ich meine Zeit in ihrem Haus verbrachte. Sie
begingen nur die größeren und kommerzielleren Feiertage wie ›Cha-
nukka‹. Sie hielten zwar einen ›Seder‹ im Rahmen des Pessachfests in
ihrem Haus ab, aßen jedoch skandalöserweise weiterhin Brot. Jiddisch
wurde in ihrer Familie nicht gesprochen, sondern deutsch, da Frau
Degenschein geborene Österreicherin war. Am Anfang gestaltete sich
unsere Unterhaltung mühsam, bald wurde mein Deutsch aber immer
besser. Der Hauptgrund für meine ständigen Besuche im Haus der Degenscheins waren die Kinder, auf die ich oft aufpasste. Sie hatten zwei
süße Kinder, Heidi und Laci; Heidi war mit ihren fünf Jahren die ältere,
blond und blauäugig, Laci ein pausbäckiger, dreijähriger Junge. Die Kinder gingen weder zur Synagoge noch zur staatlichen Schule. Als sie
älter waren, unterrichtete ihre Mutter sie zu Hause und ergänzte ihren
Unterricht durch einen zusätzlichen Privatlehrer für Französisch und
Mathematik.

Ich verbrachte viel Zeit mit Heidi und Laci, da ich als Haushalts-
hilfe für die Mutter arbeitete. Sie bezahlte mich mit Musikunterricht,
Obst, Süßigkeiten, und hin und wieder bekam ich ein Kleid oder einen Pullover. Ich genoss es, mich in ihrem Haus aufzuhalten, denn die
Räume waren mit schönen Bildern und modernen Gerätschaften sowie
wunderschönen antiken Stühlen und Tischen ausgestattet, die auf den
polierten, dunklen Holzböden majestätisch anmuteten. In den Kinder-

zimmern fanden sich erlesene Puppen und Spielzeuge. Die Rosenberg-Schwestern waren die beliebtesten Babysitter in Rachov, bei den Degenscheins jedoch hatte ich das Exklusivrecht. Mit der Zeit wuchsen mir die zwei blonden Kinder immer mehr ans Herz. Abends wiegte ich den Jungen in den Schlaf und sang ihm Gute-Nacht-Lieder, bevor ich nach Hause eilte.

1939 brach eine Polio-Epidemie in den Karpaten aus, der viele Kinder zum Opfer fielen. 1942 erkrankten auch meine blauäugigen Lieblinge daran, und die Degenscheins verloren sowohl Heidi als auch Laci. Meine ganze Familie war über ihren Tod betroffen, aber ich war schlichtweg untröstlich. Bei dem Versuch, die Erfahrung dieses ersten schmerzlichen Verlustes zu verarbeiten, war ich nicht in der Lage, Frau Degenschein unter die Augen zu treten. Es grenzte an ein Wunder, dass die Epidemie meine gesamte achtköpfige Geschwisterschar verschonte. Aus meinem kindlichen Bedürfnis heraus, eine Erklärung für diese Tragödie zu finden, war ich zu dem Schluss gekommen, dass uns unsere fromme Erziehung gerettet hatte. Wir waren mit unserer Lebensweise näher an Gott, und da sie Gottes Gebote nicht eingehalten hatten, wurden sie bestraft.

Nach zwei Jahren wurde Frau Degenschein wieder schwanger und brachte einen gesunden Jungen zur Welt. Eines Tages hielt sie mich auf der Straße an. »Judith, komm uns zu Hause besuchen. Ich möchte, dass du mein Baby kennenlernst.« Widerwillig folgte ich ihrer Bitte, denn ich hielt es, umgeben von Erinnerungen an die Kinder, im Haus der Degenscheins kaum aus. Das war das letzte Mal, das ich die Degenscheins sah, denn nur einen Monat später wurden wir zusammen mit allen anderen jüdischen Familien aus Rachov nach Auschwitz deportiert. Ich habe nie herausgefunden, was aus den Degenscheins geworden ist, vermute jedoch, dass sie wie die anderen Familien umgekommen sind.

1939 übernahm die ungarische Regierung unsere Region und änderte den Namen unserer Stadt von Rachov in Rahó. Tschechoslowakische Funktionäre, Politiker, Lehrer und viele Akademiker wurden gezwungen, die Stadt zu verlassen. Obwohl ich sehr jung war, weiß ich noch genau, wie schwer es mir fiel, mich von meiner Lieblingslehrerin Fräulein Novotna zu verabschieden, einer liebenswerten, nichtjüdischen Frau

mittleren Alters. Während unseres letzten gemeinsamen Unterrichts-
tags sprach sie davon, dass die Deutschen die Ungarn bald ablösen würden und dass Hitler die Juden nicht mochte. Sie sagte, dass sie sich um
viele von uns Sorgen machte. Das war die erste Warnung, das erste Mal,
dass ich den Anflug eines unguten Gefühls, von Angst und Verwirrung
verspürte. Ich war zwölf Jahre alt.

»Damals hat Napoleon die Russen nicht schlagen können, und auch
Hitler wird sie nicht besiegen. Niemals wird er die ganze Welt erobern,
so wie er sich das vorstellt.« Ihre Worte sollten sich als wahr erweisen.

Fast umgehend waren wir der ungarischen öffentlichen Schulver-
waltung unterworfen worden, und man erwartete von uns, dass wir
schnell die ungarische Sprache erlernten. Es war eine sehr schwierige
Übergangsphase, da Ungarisch keine slawische Sprache ist und sich
sehr von den anderen Sprachen, die ich beherrschte, unterschied. Zumindest hatte meine Mutter es jetzt leicht.

Bis zum Regimewechsel war das Geschäft meiner Familie einträglich gewesen, und wir konnten gut davon leben. Bald verschlechterte
sich die Lage jedoch ganz allmählich. Aber meine Mutter war gewieft
und hielt ständig Ausschau nach neuen Geschäftsfeldern. Eines Tages
wurde ich zum Beispiel im Bad von sieben großen Karpfen überrascht,
die sich ausgelassen in unserer hölzernen Badewanne tummelten. Jetta
hatte die Fische gekauft, um sie zu räuchern und zu verkaufen, da es
sich um eine jüdische Spezialität handelte, die nicht teuer und sehr
nahrhaft war. Ein anderes Mal versuchte sie sich mit dem Handwerk
des Federlesens, was bedeutete, dass wir Mädchen um den Tisch herum
saßen und Enten und Gänsen die Daunen ausrupften. Und wehe jemand nieste! Die Federn flogen dann durch den ganzen Raum.

Leider brachten die meisten dieser Tätigkeiten in der Regel nicht viel
Geld ein. Aber wir Mädchen fingen an, Perlen- und anderen Schmuck
zu machen sowie Handtaschen zu fertigen, die uns einen kleinen Ne-
benverdienst ermöglichten. Reiche Touristen aus Prag und Budapest
strömten dank der großartigen Aussicht auf die Berge und der frischen
Luft unaufhaltsam durch Rahó. Unser kleines Unternehmen entwickelte sich zur Haupteinnahmequelle der Familie, da es mit dem Laden
bergab ging, und wir hatten so viel zu tun, dass wir sogar unsere Freundin Marta einstellen konnten.

Unserer Familie begann es nicht nur finanziell schlecht zu gehen. Zum ersten Mal spürte die jüdische Bevölkerung Rahós Auswirkungen von Antisemitismus. Niemals zuvor hatte ich das Gefühl gehabt, anders als christliche Kinder zu sein, aber auf einmal wurde eine Verfügung erlassen, dass wir keinen höheren Schulabschluss mehr machen durften. Kurz darauf wurden jüdische Geschäfte konfisziert. 1941 übernahm eine ungarische Familie unser kleines Geschäft. Sie führten frisches Obst und Gemüse tief aus Ungarn ein, das meine Familie sich nicht hatte leisten können. Sie hatten eine Tochter, die so alt war wie ich und Katinka hieß, – ein kleines Mädchen mit blonden Haaren und blauen Augen, mit der ich mich anfreundete. Sie schlich manchmal in den Laden, stibitze etwas von dem köstlichen Obst und traf mich dann um die Ecke, wo wir die Beute aufteilten. Sie ließ mich so viel davon essen, wie ich wollte, da sie nicht viele Freundinnen hatte und sich über meine Gesellschaft sehr freute. Mit ihr habe ich viel Ungarisch gelernt, denn ihre Familie kam ursprünglich aus Nyíregyháza. Meine Familie war wegen des Verlusts unseres Ladens nicht nur finanziell, sondern auch emotional am Ende, aber meine Mutter weigerte sich, das Geschäft aufzugeben. Sie beschloss, dem Regenten Nikolaus von Horthy einen Brief über meinen Vater zu schreiben. Niemand glaubte, dass sie es wirklich ernst meinte. Mein Vater sagte immer wieder: »Jetta, mach dich nicht lächerlich.« Aber sie ließ sich nicht davon abbringen. In ihrer wunderbaren Schönschrift setzte sie an diesem Abend einen Brief auf, um unser Geschäft zurückzugewinnen:

»Sehr geehrter Herr Reichsverweser,

mein Ehemann Chaim Jankel Rosenberg hat im Ersten Weltkrieg Ihrem Land gedient und ist mit der höchsten Tapferkeitsmedaille ausgezeichnet worden. Zwei Mal wurde er verletzt, eine der Kugeln befindet sich immer noch in seinem Körper. Wir haben acht Kinder, die wir nicht ernähren können, weil Sie uns unseren Lebensunterhalt weggenommen haben. Bitte helfen Sie uns!«

Es verging ein Monat, da erhielt Jetta eine Antwort vom Reichsverweser, mit der Erlaubnis, das Geschäft in einer Seitenstraße wieder eröffnen zu dürfen. Meine Mutter strahlte. Wir waren die einzigen Juden, die ein solch wertvolles Dokument bekamen. Da wir kein Geld besaßen, das wir neu investieren konnten, gingen wir eine Partnerschaft mit dem Bruder meiner Mutter im Nachbarort ein, und das Geschäft wurde neueröffnet. Diesmal hatten wir keine Lebensmittel im Sortiment, aber alles andere, von Kleidung über Regenschirme, Knöpfe, Stoffe, Hüte bis zu Unterrichtsmaterialien. Sämtliche jüdischen Einwohner Rahós gingen bei uns einkaufen, und wir waren mit diesem Geschäft sogar erfolgreicher als mit dem vorherigen. Das Geschäft hielt sich bis März 1944, dem Beginn der deutschen Besatzung.

Für eine jüdische Familie, die während der ungarischen Besatzung mit sieben Mädchen gesegnet war, war es ein schier unerreichbarer Traum, allen eine Aussteuer mitzugeben, mit der sie einen passenden Mann ergattern konnten. Als Suri 18 wurde, war sie zu einer wunderschönen jungen Frau herangereift. Als Zwölfjährige jagte ich die Männer, die es auf Suri abgesehen hatten. Sie flirtete gern, war bezaubernd und in der ganzen Stadt beliebt. Sie war mit einem Großteil der kultivierten Frauen und Männer ihres Alters befreundet und wurde von jüdischen und nichtjüdischen Gastgebern zu Partys eingeladen. Ich erinnere mich, wie ich mich eines Nachmittags auf der großen Waage in der Ecke unseres Ladens niedergelassen hatte, um ein Armband zu machen, während Suri am Tresen stand. Als die Tür aufging, blickte ich auf und sah einen ungarischen Offizier herein- und auf sie zukommen. Ich dachte mir nicht viel dabei und wandte mich wieder meinem Handwerk zu, als ich auf einmal hörte, wie er ihr süße Geheimnisse ins Ohr flüsterte. Sie wirkten vertraut miteinander. Er machte einen Witz und sie lachte. Ich blickte auf und sah schockiert, dass er lässig am Tresen lehnte und ihr Handgelenk streichelte. Während sie redeten, beugte er sich langsam immer mehr in ihre Richtung, verringerte dabei den Abstand zwischen ihnen, und Suri, die seine Absichten erahnte, schaute nervös hinter sich, um sicherzugehen, dass Vater nicht aus dem Hinterzimmer in den Laden kam.

Ihr Verhalten frustrierte den Offizier zusehends. »Ich will dich doch nur küssen. Warum bist du so nervös?« Er beugte sich zu ihr, küsste sie, und ich ließ fast mein Armband fallen. Suri stand steif wie ein Brett da.

»Was ist denn los? Von einem kleinen Kuss wirst du schon nicht schwanger werden.«

»Wie meinst du das?«, fragte Suri.

Einen Moment lang schaute er sie nur an, um dann in schallendes Gelächter auszubrechen. »Ich glaube, ich muss dir mal die Geschichte von den Blumen und den Bienen erzählen. Von einem kleinen Kuss wirst du nicht schwanger.« Er lachte und beugte sich erneut flirtend zu ihr rüber. »Was glaubst du denn, wie du zur Welt gekommen bist, Suri? Deine Eltern müssen miteinander geschlafen haben.« Meine Augen weiteten sich, und ich hielt den Atem an, weil ich sonst aufgeschrien hätte. Wie konnte er es wagen, so über meine Eltern zu reden! Mein Vater war ein frommer Mann, ihn mir in einer Art animalischem Akt auch nur vorzustellen, war undenkbar. Es war schlimm genug, dass er Suri dazu gebracht hatte, ihn zu küssen, aber meine Eltern auf solche Weise zu beleidigen! Niemals hatten meine Eltern Sex gehabt!

Offensichtlich erging es Suri ähnlich. »So etwas würden meine Eltern nie tun. Hör auf, mir solche Lügengeschichen zu erzählen.«

Der Offizier lachte daraufhin und wich spielerisch vom Tresen zurück. Er hatte ein charmantes Lächeln, aber diesmal kochte ich dermaßen vor Wut, dass ich mich zurückhalten musste, um nicht zu ihm zu rennen und es ihm mit einem Schlag aus dem Gesicht zu wischen.

Bevor Suri noch etwas sagen konnte, kam mein Vater in den Raum geeilt, um etwas zu holen. Die zwei wichen noch weiter auseinander, und Suri starrte mit rotem Gesicht auf den Boden, während der Offizier so tat, als interessierte er sich für ein paar Kugelschreiber. Mein Vater lächelte und grüßte den jungen Mann, griff nach einer Bestandsliste auf dem Tresen und ging zurück in den Hinterraum. Ich nutzte diese Ablenkung, um mich aus dem Laden zu schleichen. Ich gelangte ins Sonnenlicht und stürmte die Straße hinunter.

Ich habe nie jemandem erzählt, was ich an diesem Tag zu hören bekommen hatte, aber ich ließ diesen Moment immer wieder in meinem Kopf Revue passieren und versuchte zu verstehen, was das alles zu bedeuten hatte.

Es muss kurz nach diesem Vorfall gewesen sein, dass ich ein Buch aus der Bibliothek unter einem Stuhl im Schlafzimmer meiner Eltern fand, das *Die menschliche Sexualität* hieß. Ich steckte es heimlich ein und begab mich damit auf die Außentoilette, um meine Ruhe zu haben. In dem Buch waren Abbildungen der männlichen und weiblichen Fortpflanzungsorgane sowie anschauliche Erklärungen zum Geschlechtsverkehr und dem neunmonatigen Schwangerschaftszyklus. Nach diesem heimlichen Aufklärungsschnellkursus hatte ich noch immer viele offene Fragen, dennoch war ich jetzt sogar sachkundiger als meine große Schwester. Junge Leute redeten nicht über Sex, sei es aus Angst oder Unwissen. Sex war, zumindest für Frauen, bis zur Hochzeitsnacht ein wohlbehütetes Geheimnis. Dennoch war Suri ihrer Zeit in vielem voraus. Sie war keine Rebellin, aber als die älteste von uns stand sie vor der mühsamen Aufgabe, mit unseren Eltern die ganze Vorarbeit zu leisten. Als sie 16 war, stahl sich Suri eines Tages fort, um mit einem jüdischen Jungen ins Kino zu gehen. Sie hatte meiner Mutter erzählt, dass sie mit einer Freundin lernen wollte, aber ich vermute, dass Rahel etwas aufgeschnappt hatte, als sie Frieda und mir ihren Plan verriet, und sie sich entweder in Gegenwart meiner Eltern verplapperte oder gar petzte. Auf jeden Fall verdüsterte sich das Gesicht meines Vaters, und eine gefährliche Stille trat ein (wir fürchteten uns mehr vor seinem Schweigen als vor seinem Gebrüll), bevor er alles stehen und liegen ließ und sogar ohne Mantel aus dem Haus eilte. Meine Mutter wurde blass, trocknete sich die Hände an einem Lappen ab, setzte sich hin und wartete.

Man sagt, dass mein Vater zielstrebig auf das Kino zuging, die Türen aufriss, auf seinen langen eleganten Beinen den dunklen Gang hinunter marschierte, Suri am Arm packte und sie grob mit sich nach draußen zog.

Als sie zu Hause ankamen, hatte Suri offensichtlich geweint. Meine Mutter war außer sich vor Wut, die allerdings weniger Suri als meinem Vater galt. In dieser Nacht hörten wir durch die Wände, wie sie stritten.

»Was ist daran so schlimm, dass sie mit einem Jungen ins Kino gegangen ist?«, schäumte meine Mutter.

»Er ist nicht fromm genug. Wer weiß, was sie alles angestellt hätten.«

»Du bist zu streng. Mir ist es lieber zu wissen, wo meine Tochter ist, als dass sie sich hinter meinem Rücken wegschleicht!«

Mit den Jahren, vielleicht weil meine Mutter ihm immer wieder in den Ohren lag, Suri sich durchkämpfte oder schlichtweg weil ihn die Erziehung seiner sieben Mädchen ermüdete, wurde er gelassener. Zum Ende seines Lebens hin war er ein stiller, heiterer und toleranter Mensch. Er wurde nur 49 Jahre alt.

Meine Mutter war eine sehr sorgfältig und vorausschauend planende Frau. Als ich dreizehneinhalb war und sie sich schließlich damit abgefunden hatte, dass es für uns Mädchen keine Mitgift geben würde, begann sie mit der mühsamen Aufgabe, für jede von uns einen Beruf zu finden. Das war in der kleinen Welt von Rahó ein ziemlich radikaler Gedanke. Suri war 19 und meine Mutter setzte alles daran, sie vor ihrem bevorstehenden 20. Geburtstag zu verheiraten, denn ab diesem Wendepunkt war das Risiko groß, dass sie ihr Leben als alte Jungfer fristen würde. Zudem war Suri wunderschön und liebte die Gesellschaft von Männern, und meine Eltern hatten Angst, dass sie in Schwierigkeiten geraten könnte, wenn sie Suris Verhalten keinen Einhalt gebieten würden. Obwohl meine Mutter ihr Junggesellinnendasein hatte ausleben und sie auch wählerisch hatte sein dürfen, konnte sie ihren Töchtern nicht die gleiche Freiheit gewähren. Jetta hatte ganz bestimmt kein Geld für einen Heiratsvermittler und entschied sich stattdessen für einen Besuch bei ihrer Schwester im Nachbarort, wo sie mit ihren zehn Neffen und vier Nichten zusammentraf. Der Schwager meiner Mutter besaß ein großes und sehr erfolgreiches Warenhaus, die Familie war wohlhabend und lebte in gesicherten Verhältnissen. Das Ergebnis dieses Besuchs war Suris zukünftiger Ehemann, ihr 24 Jahre alter Cousin David.

Als meine Mutter Suri eines Abends am Küchentisch sitzend diese Neuigkeit mitteilte, schrie diese auf: »Nein, niemals!« Sie wurde hysterisch. »Er hat Mundgeruch, ich kann ihn nicht leiden.«

Aber meine Eltern blieben standhaft, und mit ihren logischen Argumenten überzeugte meine Mutter Suri schließlich, David um der Familie willen zu heiraten. Meine Mutter überzeugte sie, dass es viel wichtiger war, des Geldes als der Liebe wegen zu heiraten; sie würde hübsche Kleider tragen, köstliche Mahlzeiten vorbereiten und in einem schönen Haus ihre Kinder großziehen können. »Das Glück wird kommen. Du wirst ihn lieb gewinnen und ihn vielleicht sogar lieben.« Suri war eine gute Tochter. Sie sah es immer als ihre Pflicht an, uns so weit es ging zu helfen, und für uns war diese Hochzeit von Vorteil. Es war nicht schön mit anzusehen, wie Suri sich still und ohne zu klagen mit einem Mann abfand, den sie nicht liebte. Sie war ein schönes Mädchen, dem die Jungen ihres Alters hinterherliefen, und unter anderen Umständen hätte sie meiner Meinung nach jeden haben können.

Die sehr orthodoxe Hochzeit fand in Rahó statt und dauerte drei Tage. Am Abend vor der Zeremonie rasierte meine Mutter Suri liebevoll den Kopf und präsentierte ihr einen wunderschönen ›Scheitel‹. Ich blieb in der Tür stehen und beobachtete das blasse Gesicht meiner Schwester, während ihr dunkles, seidiges Haar strähnenweise zu Boden fiel. Sogar ohne Haar sah sie schön aus. Nach der Hochzeit zog das junge Paar in das Haus des Bräutigams. Suri tauchte in den Familienbetrieb mit ein – eine Arbeit, die sie zufriedenstellte, aber ihren Mann hat sie nie lieben gelernt. Sie wurde schwanger und bekam einen süßen Jungen, in den die Rosenberg-Mädchen vernarrt waren. Meine Mutter war verzückt über ihren ersten Enkel, und Suri ließ ihren Mann oft allein, um uns zu besuchen und schöne Geschenke aus dem Geschäft mitzubringen. Unsere Freude stimmte sie froh, aber anstelle ihres sonst fröhlichen Lachens brachte sie nur ein trauriges Lächeln zustande.

Als Suri uns nach einem ihrer Besuche wieder verlassen hatte, bekam ich zufällig mit, wie meine Mutter sich mit meinem Vater unterhielt. Sie schluchzte: »Es war ein Fehler. Sie ist so unglücklich, ich sehe es in ihren Augen. Was für eine Qual! Es war ein Fehler, Suri zur Heirat mit David zu zwingen.«

Im März 1944 war Suris Sohn Icuko erst 18 Monate alt, als Suri mit ihrem Kind nach Auschwitz deportiert wurde. David war zuvor schon als Arbeitsdienstler von der ungarischen Armee eingezogen worden. Sie sollte ihn niemals wiedersehen.

Später erfuhr ich, dass bei der Ankunft von Suri, Icuko und Davids Familie in Auschwitz im Trubel und Durcheinander der Neuankünfte ein junger jüdischer Zwangsarbeiter, der den Opfern Kleidung und Schuhe abnahm, Icuko aus Suris Armen riss und das Baby Davids Mutter Fridineni reichte, um meine Schwester zu retten. Das Baby und die Schwiegermutter wurden zusammen vergast. Ich habe das Bild vor Augen, wie sie ihn fest umschlungen hielt, als sie starben.

Mein Bruder Bumi und ich standen uns sehr nahe. Er hat einmal zu mir gesagt: »Wenn ich jemals ein Mädchen wie dich finde, dann heirate ich sie!«, was mir sehr schmeichelte. Er sah sehr gut aus, hatte eine kleine Nase und schön geschwungene Lippen. Er war nicht sehr groß, aber breit und muskulös. Und er hatte etwas Magisches an sich, ein unglaubliches

Selbstbewusstsein und diesen durchdringenden Blick! Aber als einziger Junge war Bumi verwöhnt, und wir Mädchen waren dazu da, ihn zu bedienen. Er musste nie putzen. Er musste nie im Laden stehen. Als Kind war er der reinste Schrecken. Als ich noch sehr klein war, besaß mein Bruder ein Luftgewehr und hatte eines Tages die Idee, auf Safari zu gehen und ahnungslose Fußgänger zu jagen. Er war ein guter Schütze und wurde schnell von der Polizei aufgegriffen. Ein anderes Mal brachte er einen streunenden Hund mit nach Hause und band ihn am Kinderwagen fest. Ich weiß noch, wie meine Mutter panisch aufschrie, als der Hund weglaufen wollte und den Kinderwagen durch die Eingangstür hinter sich her zog. Mein lieber Bumi konnte ein wahrer Albtraum sein. Mein Vater war sehr streng mit ihm, und je strenger er wurde, desto mehr terrorisierte er uns und rebellierte. Spät abends schrie Jankel ihn oft an, und im Laufe der Zeit lernte Bumi zurückzuschreien. Mein Vater wünschte sich für seinen einzigen Sohn, dass er auf die ›Jeschiwa‹ ging, um zu studieren und Rabbi zu werden, aber mein Bruder wollte einen richtigen Beruf erlernen und Geld verdienen. Mutter stand immer zwischen den beiden und versuchte, ihren Sohn zu schützen, und meistens stritten sich meine Eltern seinetwegen. Mit 16 schnitt Jankels einziger Sohn in einem Akt höchster Auflehnung seine Schläfenlocken ab und ließ sich eine moderne Frisur verpassen. Während der darauf folgenden hitzigen Auseinandersetzung schrie mein Vater ihn an: »Ich hätte lieber noch zwölf Töchter als diesen einen Sohn.« Das muss Bumi sehr getroffen haben. Letztendlich gewann mein Vater, und Bumi wurde auf eine ›Jeschiwa‹ in eine Stadt namens Huszt geschickt. Aber nach nur einem Jahr strengen jüdischen Studiums und noch häufigeren Rebellierens gegen das Studium schickte man ihn wieder nach Hause. Er hatte derweil ein Mädchen aus Budapest kennengelernt, und nach seiner Rückkehr schrieben sie sich Briefe. Der einzige Bruder meiner Mutter, Moische, war Uhrmacher und erklärte sich bereit, Bumi als Auszubildenden zu sich zu nehmen. Später machte Bumi mit einem Partner sein eigenes Geschäft auf und mietete hierfür einen Teil unseres Ladens an. Sein Geschäft florierte. Obwohl mein Vater und Bumi zunächst ein schwieriges Verhältnis zueinander hatten, akzeptierte mein Vater seinen Sohn schließlich so, wie er war, als dieser ein selbständiges, geregeltes und glückliches Leben führte, und sie versöhnten sich miteinander.

Bumi arbeitete als Uhrmacher, bis auch er gezwungen wurde, zusammen mit Suris Mann David und den anderen wehrtauglichen jüdischen Männern aus unserer Stadt als Zwangsarbeiter für die ungarische Armee in den Krieg zu ziehen.

An dieser Stelle bedarf es noch einiger Erklärungen zu meinem Onkel Moische, der eine sehr lustige Persönlichkeit war. Er war knapp 1,50 Meter groß und sah fast aus wie ein Kleinwüchsiger, trug einen kurzen Bart und hatte eine unerwartet laute, heisere Stimme. Er trug immer seine russische Pelzmütze, egal zu welcher Jahreszeit, und weigerte sich sogar, sie in der Synagoge abzusetzen. Wir gingen, trotz seiner merkwürdigen Art und trotz des stechenden Geruchs von Kühen, der immer durch die Fenster wehte, gern zu ihm nach Hause, denn seine Frau Esther bot uns stets frisch gebackene Kekse und eine Auswahl von anderen Köstlichkeiten an. Ich hielt dann immer meine Nase zu, wenn ich die Kekse zerkaute, um den Geschmack richtig genießen zu können. Esther war eine liebenswürdige Person. Ihr Gesicht leuchtete auf, wenn die Rosenberg-Kinder kamen und das Haus auf den Kopf stellten. Sie hatte nur einen Sohn namens Motti. Und trotz ihres Lächelns und ihrer liebenswürdigen Art lastete oft eine große Traurigkeit auf ihr, wahrscheinlich weil sie sich verzweifelt mehr Kinder wünschte und keine mehr haben konnte.

Motti war unser ältester Cousin und alle waren sich einig, dass er eher Komiker hätte werden sollen, als eine Ausbildung bei seinem Vater zu machen. Er verbrachte viel Zeit bei uns, vielleicht weil wir Mädchen ihm so viel Aufmerksamkeit schenkten. Wir lachten nicht nur über ihn, weil seine Witze wirklich lustig waren, sondern weil er hemmungslos über sich selbst lachen konnte. Er war auf seine Art modern, führte mit meinem Vater hitzige Diskussionen über Politik und war sehr intelligent. Aber mit seinen 28 Jahren war er viel älter als wir, und wir fragten uns alle insgeheim, warum er nicht verheiratet war. Wenn er bei uns zuhause war, flirtete er vor ihrer Hochzeit viel mit Suri, aber er war für sie und uns Schwestern eher wie ein Bruder, und keiner nahm ihn sehr ernst.

Umso größer war die Überraschung, als er eines Morgens seine zukünftige Braut mit nach Rahó brachte. Gutta war ein dickes, nicht sehr hübsches Mädchen, aber sie brachte ihm jedes Jahr ein Kind zur Welt.

Er war sehr glücklich mit seiner Familie, und es schien, als würde sich das Paar sehr lieben. Er wurde ernsthafter und hörte auf, uns seine berühmten Witze zu erzählen. Nicht lange nach der Geburt des vierten Kindes wurde Motti, wie Bumi und David, zur Zwangsarbeit herangezogen und ließ Gutta mit vier kleinen Kindern zurück. Da sie es sich nicht leisten konnte, eine Hilfe einzustellen, fragte sie meine Mutter, ob sie sich eine von uns Mädchen gegen Kost und Logis leihen könnte. Ich meldete mich freiwillig. Ich liebte ihre Kinder, und ich wusste, dass es gutes Essen bei ihr gab. Ihr Haus hatte ich mir etwas luxuriöser vorgestellt als das, was ich zu sehen bekam. Es war klein und hatte nur zwei Schlafzimmer, wovon sie eines vermietete. Ich schlief also auf einem Klappbett in der Küche. Guttas Mieter waren zwei junge Frauen, die sich gerne in Szene setzten, viel Schminke und unsittlich-extravagante Kleider trugen. Ich fand erst etwas später heraus, dass die beiden Prostituierte waren. Der Eintritt ins Haus erfolgte über die Küche, ich wurde also jedes Mal geweckt, wenn eine der Damen mit ihrem Begleiter betrunken vorbeischlurfte. Wegen des Treibens im Nebenraum schlief ich wenig. Mit 13 wurde so die Sexualerziehung, die ich bisher genossen hatte, auf derbe Weise ergänzt. Ich habe meinen Eltern nie erzählt, was ich dort hörte und sah. Ich brachte all meine neuen Erkenntnisse mit zu Frieda und Marta, und dann spielten wir ›Prostituierte‹. Ich war die Hure und Frieda die Puffmutter. Prostitution war in Ungarn legal, und diese Frauen sangen und traten in Cafés auf. Und da mein Kopf immer noch voll von Bühnenphantasien war, schaute ich trotz allem zu diesen kultivierten Frauen auf.

Einer der Stammkunden der hübschen Mädchen war ein junger Mann namens Pista Greiner, der zufälligerweise der aktuelle Pensionsgast der Rosenberg-Familie war. Herr Greiner mietete unseren schönen »Neuen Raum« und frühstückte jeden Morgen mit uns. Da Geld anscheinend keine Rolle für ihn spielte, nahm er seine restlichen Mahlzeiten in den hiesigen Restaurants zu sich. Er war ein großer Mann mit dicken Brillengläsern, die in seinem feinen Gesicht fehl am Platz wirkten. Er war der redegewandteste und charmanteste Mann, den ich je kennengelernt hatte. Er hatte seinen Abschluss auf einer der Elite-Universitäten in Paris gemacht und war dennoch zum Arbeitsdienst bei der ungarischen

Armee eingezogen und in unsere kleine Stadt geschickt worden. Seine Aufgaben bestanden hauptsächlich darin, Gräben auszuheben, Bäume zu entfernen, in der Küche oder im Büro zu arbeiten. Er durfte anstelle des gelben Bands, mit dem die jüdischen Arbeiter sich kenntlich machen mussten, ein weißes Band über seiner Zivilkleidung auf dem Oberarm tragen, der Beweis dafür, dass seine Familie zum Christentum konvertiert war, was ihm einige Vorteile gegenüber seinen jüdischgläubigen Kollegen verschaffte. Als wohlhabender Konvertit erlaubte ihm die Armee, sich privat ein Zimmer zu mieten, anstatt mit dem Rest der Arbeiter in Baracken am Stadtrand zu wohnen.

Dass Pista Greiner in unserer kleinen Stadt fehl am Platz war, sah man auf den ersten Blick. Er war ein sehr bescheidener, konservativer und gebildeter Mann; seine Kleidung war elegant und teuer, und er stach immer aus der Masse hervor. Obwohl er nie von sich erzählte, erwähnte er einmal beiläufig, dass sein Vater Direktor einer internationalen Bank war. Und obwohl Pista fünfzehn Jahre älter war als ich, fand er auf Anhieb gefallen an mir. Zwei Mal pro Woche holten er und ein Freund aus dem Büro, in dem er arbeitete, Frieda und mich ab, um uns in Rahós berühmtes Feinkostgeschäft *Cukrászda* einzuladen, wo er uns köstliche, cremegefüllte ›Krémes‹ kaufte.

»Schaut euch Juditka an! Wie schnell sie die Süßigkeiten verschlingt. Man sieht, dass sie die ›Krémes‹ lieber mag als mich, oder?« Mit vollgestopftem Mund nicht in der Lage zu antworten, bejahte ich frech nickend. »Warum bin ich so verrückt nach diesem kleinen Mädchen?«, fragte er mit hoher und ungläubiger Stimme. »Sie ist noch ein Kind und macht mich doch ganz verrückt.«

Seine Mutter in Budapest schickte ihm regelmäßig unglaubliche Fresspakete, die ich immer öffnen durfte. Die Pakete waren gefüllt mit guter Schokolade, Waffeln, teurem Käse und köstlichen Sardinen. Er lachte beim Anblick meiner weit aufgerissenen Augen immer vor Freude auf, während ich begierig den köstlichen Inhalt der Pakete durchsuchte. Er gab mir einen Großteil der Ausbeute, den ich dann mit all meinen Geschwistern teilte. Meiner Mutter erschien es nie bedenklich, dass Pista mich mit Geschenken überhäufte. Sie wusste, dass er ein guter Mann war und dass er ihre 13-jährige Tochter niemals kompromittieren würde. Eines Morgens jedoch sollte ich ihm eine Tasse dampfenden Kaffees in sein Zimmer bringen. Als ich sie auf den Tisch stellte, an dem er saß, nahm er meine Hand, beugte sich zu mir und küsste mich sanft. Ich war etwas erstaunt, sagte aber nichts. Als Pista sah, wie ich peinlich berührt vor ihm zurückwich, lief er rot an. Er dankte mir, ich verließ sein Zimmer und schloss die Tür hinter mir. Wir haben nie wieder ein Wort darüber verloren.

Meine Mutter war weiterhin unermüdlich damit beschäftigt, all ihren Töchtern entweder einen Beruf oder einen Ehemann zu finden. Nach Suris Hochzeit fand sie Arbeit für Chaichu, die eine Ausbildung zur Näherin anfing. Obwohl der Rabbi Friedas Zukunft gänzlich anders prophezeit hatte, gewann Mutter meine Schwester allmählich für den Gedanken, Zahnhygienikerin zu werden.

»Solch ein edler Beruf!«, behauptete Jetta immer.

Merkwürdigerweise schien meine Mutter sich nie Sorgen über meine Zukunft zu machen. Bei den Jungs war ich beliebt, ich verstand mich mit jedem, und als sie gesehen hatte, wie sehr Pista Greiner mich mochte, musste sie wohl davon geträumt haben, dass ich eines Tages reich heiraten würde und kein Handwerk zu lernen bräuchte. Dennoch geschah es, ich weiß nicht mehr genau wie, dass ich noch vor Frieda dem hiesigen Zahnarzt vorgestellt wurde und er mich sofort fragte, ob ich nicht in seinem Büro arbeiten wollte. An meiner Schwester war er nicht interessiert, was sie am Boden zerstörte und an ihrem Selbstbewusstsein nagte, das aufgrund ihrer Behinderung sowieso schon beeinträchtigt war.

Als ich 14 wurde, arbeitete ich also drei Tage die Woche nach der Schule beim Zahnarzt. An den zwei anderen Nachmittagen wurde ich ins Labor geschickt, wo ich mit zwei jungen Männern zusammenarbeitete und Zahnprothesen formte. Ich war sehr stolz auf meine Arbeit, und es machte mir Spaß, im Büro zu arbeiten. Aber verliebt habe ich mich im Zahnlabor.

Bunye Tesler war Zahntechniker, 22 Jahre alt, kam aus Sighet und arbeitete mich in seinen Arbeitsbereich ein. Bunye war groß und dünn, mit dunklem Haar und schelmischen Augen. Was mich am meisten beeindruckte, war sein feines und edles Gesicht, das aussah wie aus Stein gemeißelt. Verliebt habe ich mich in ihn aber wegen seines Humors. Er neckte und ärgerte mich ununterbrochen, und ich liebte es.

»Also, du bist sehr hübsch, aber du hast zu viele Sommersprossen«, sagte er naserümpfend, »ich weiß nicht, wie du mit all diesen Sommersprossen einen Mann abkriegen sollst.«

Er erzählte mir immer von seinen Freundinnen, und auch wenn er es wahrscheinlich nicht wusste, war ich unglaublich eifersüchtig. Obwohl ich für mein Alter sowohl körperlich als auch geistig sehr reif war, beachtete er mich einfach nicht, und dafür liebte ich ihn umso mehr. Jeden Morgen, wenn ich aufwachte, freute ich mich darauf, mit ihm zusammenzuarbeiten. Im März 1944, inmitten des bedrohlichen politischen Klimas, musste ich mich von ihm trennen, da er wieder zu seiner Familie nach Sighet zurückfuhr. Am Morgen seiner Abreise wurde ich furchtbar krank. Ich wusste, wann sein Zug abfahren würde, und obwohl es kindisch war, flehte ich Frieda eine Stunde vor Abfahrt an, zum Bahnhof zu rennen und ihm zu sagen, was ich fühlte, wie sehr ich ihn liebte und dass ich wollte, dass er über meine Liebe Bescheid wusste. Ich wartete ängstlich auf ihre Rückkehr. Als ich hörte, wie sich die Eingangstür öffnete, kämpfte ich mich fiebernd aus dem Bett und lief in den Hauptraum.

»Und, was hat er gesagt?«, flüsterte ich atemlos.

Sie schaute mich nüchtern an und wiederholte seine Worte: »Sie ist ein liebes Kind, aber sie sollte mich vergessen.«

Ich habe ihn nie vergessen. Und wir sollten uns nach dem Krieg in Budapest wiedersehen.

Als wir klein waren, nähte meine Mutter den Großteil unserer Kleidung selber, den Stoff kaufte sie bei ihrer Schwester Rebecca im Nachbarort. Es kostete meine Mutter immer viele Nerven, uns jeden Morgen für die Schule fertig zu machen – meine arme Mutter! Ich hasste es, abgelegte Kleidung zu tragen, worüber sie sich fürchterlich ärgerte. Frieda und ich hatten beide einen großen Wunsch, nämlich ein Kleid von einer richtigen Näherin zu besitzen. Unser Wunsch ging in Erfüllung, als ich 15 Jahre alt war. Zum Pessachfest 1944 kauften Mutter und Vater uns zwei identische, marineblaue Kleider mit schwarzen Lacklederschühchen. Wir waren so stolz! Man hielt uns sowieso schon immer für Zwillinge, und dies würde unseren Ruf nur noch festigen. An diesem Abend trugen wir unsere Kleidchen auf einem Spaziergang durch die Stadt zur Schau und waren begeistert, wenn Fremde unser Aussehen kommentierten. Wir kicherten und stellten uns vor, wie wir unsere neuen Kleider in der Schule vorführen würden. Nach diesem Pessachfest sind wir jedoch nie in die Schule zurückgekehrt. Wir sollten unsere neuen Kleider an dem Morgen tragen, an dem mein Vater das letzte Mal die Tür zu unserem kleinen Haus schließen sollte, das einzige Zuhause, das ich je gehabt hatte.

II. HOLOCAUST

Mit Beginn der deutschen Besatzung im März 1944 wurde das, was schon unter der ungarischen Regierung schwierig gewesen war, unerträglich. Es gab eine Ausgangssperre für Juden nach sieben Uhr abends. Wir mussten den Gelben Stern tragen. Wir durften nicht mehr zur staatlichen Schule gehen. Im Gegensatz zu den Tschechoslowaken waren die ungarische Polizei und die Immigranten aus Zentralungarn antisemitisch eingestellt, und in nur wenigen Jahren hatte sich ihre grausame Haltung auf die ganze Bevölkerung übertragen. Mit der Wirtschaft ging es bergab, und auf der verzweifelten Suche nach einem Sündenbock waren sich alle schnell einig, dass die Juden schuld waren. Sie gierten danach, unsere Arbeit und Häuser zu übernehmen, und waren den Deutschen in jeder Hinsicht gefällig.

Eines Abends, zum Ende des Winters hin, war mein Vater trotz der Ausgangssperre nicht wieder nach Hause gekommen. Um viertel acht war meine Mutter außer sich vor Sorge. Obwohl es dunkel war, hielt sie am Fenster Wache und spähte unermüdlich in die dunkle Nacht. Als wir Jankel endlich gegen acht den Weg hochkommen hörten, sprangen wir alle auf und rannten zur Tür, um ihn hereinzulassen. Als ich meinen Vater sah, blieb mir fast das Herz stehen.

Er zitterte und war weiß wie ein Gespenst. Blut tropfte von der rechten, schwellenden Hälfte seines Gesichts. Auf der linken Wange war ein schwarzer Fleck. Seine Augen blickten wild umher. Jankels leicht herabhängendes Auge war weit geöffnet, sein langer Bart ungleichmäßig unter dem Kinn abgeschnitten worden.

Meine Mutter schluchzte laut, lief auf ihn zu und warf sich mit ihrem schmächtigen Körper auf ihn, umschlang seine Taille mit ihren kleinen Armen und klammerte sich an seinem Hemd fest. Seine Knie gaben kurz nach, und schon half sie ihm auf einen Stuhl im Hauptraum. Sie machte einen Lappen nass und betupfte damit seine Wunden.

»Oh, Jankel. Was ist denn nur geschehen?«

Er antwortete nicht.

»Jankel«, wiederholte sie und streichelte die heile Seite seines Gesichts. »Ich glaube, es ist an der Zeit, dass du diesen Bart abschneidest. Du solltest ihnen damit nicht so ins Auge fallen. Schneide deinen Bart ab und die Schläfenlocken, und sie werden dich in Ruhe lassen.«

Mein Vater hatte die ganze Zeit vor sich hin gestarrt, und wir waren uns nicht einmal sicher, dass er sie gehört hatte, da wandte er sich ihr zu und blickte sie an. Sie lächelte tapfer, aber ich konnte Tränen in ihren Augen sehen. »Es ist an der Zeit.«

Als er wieder sprechen konnte, erzählte Vater uns bedächtig, was geschehen war. Er war verspätet von der Synagoge aufgebrochen, die Zeit der Ausgangssperre nahte. Er war oft zu spät, wenn er abends von der Synagoge nach Hause ging, weil er sich zu lange mit dem Rabbi unterhielt oder in Gebeten versunken war. In seinen schwarzen Mantel gewickelt und mit dem auf dem Ärmel prangenden Gelben Stern eilte Jankel die Hauptstraße entlang. Vier junge Burschen tauchten aus dem Dunkeln hervor und ließen ihn vor Schreck erstarren.

»He, Jude, warum bist du so spät noch unterwegs? Du solltest es eigentlich besser wissen!«, verhöhnte ihn ein großer, schlaksiger, etwa 17-jähriger Junge.

Mein Vater hielt inne, sagte aber nichts und schlug die Augen fast ehrerbietig nieder, als wäre er einem Bären begegnet, dem er nicht in die Augen schauen wollte.

»Was ist los, Jude, hat es dir die Sprache verschlagen? Ich denke, dafür dass du unerlaubt draußen bist, solltest du eine Lektion verpasst bekommen.«

Nach diesen Worten stürmte ein Junge mit der Statur eines Schrankes auf ihn zu und stieß ihn zurück. Dann nahmen ihn zwei andere Jungen in ihre Mitte, hielten seine Arme fest und drückten ihn so lange runter, bis er auf der Straße lag.

Der erste Junge zog ein Klappmesser hervor und klappte es auseinander.

»Damit du dich daran erinnerst, zur Schlafenszeit gefälligst wieder zu Hause zu sein!« Dann griff er nach Jankels Bart, wickelte ihn fest um seine linke Faust und riss Jankels Kopf hoch, damit dieser ihn anschauen musste. Er begann, Jankels ergrauende Barthaare grob mit dem Messer zu stutzen.

Am nächsten Morgen, als wir Kinder beim Frühstück saßen und fast mit Brot und ›Lekvár‹ fertig waren, erschien Jankel am Tisch. Als mein Vater seinen Stuhl hervorzog und sich hinsetzte, fiel mir die Kinnlade runter, mein halb zerkauter Bissen lag vergessen in meinem Mund. Bartstoppeln bedeckten mehr schlecht als recht sein Gesicht, seine frommen Schläfenlocken waren verschwunden. Auch sein Blick hatte sich verändert. Mit der unteren Hälfte seines Gesichts, das zum ersten Mal in meinem Leben sichtbar war, sah er aus wie ein völlig anderer Mann. Das war er in vielerlei Hinsicht auch geworden.

Mit der neuen Ausgangssperre ging die Weisung einher, dass Angehörige der deutschen Wehrmacht sich in den jüdischen Häusern einquartierten. Anfang März zogen zwei Männer in den »Neuen Raum«, ohne auch nur einen Gedanken an Entschädigung zu verschwenden. Einen von ihnen konnte ich auf Anhieb nicht leiden. Ich spürte sofort, dass es ihm völlig egal war, was mit uns oder den anderen Juden in Rahó geschah. Aber sein Partner Konrad, groß und dunkelblond mit stechendblauen Augen, hatte ein freundliches Gesicht und ein angenehmes Äußeres.

Am Tag nach dem Pessachfest, als die deutsche Besatzungsverwaltung die Verordnung erließ, dass die Juden einige wenige Habseligkeiten packen und ihre Häuser verlassen sollten, bat uns unsere Mutter, schnell mehrere Sommerkleidchen übereinander anzuziehen, damit mehr Sachen in die Taschen passten. Als oberste Schicht trugen Frieda und ich unsere wunderschönen, neuen, blauen Matrosenkleidchen. Wir hatten nur wenig Zeit, unsere Habseligkeiten zusammenzusuchen, bis man uns befahl, herauszukommen und zur Schule zu marschieren. Es fehlte auch an Zeit und Platz, um Lebensmittel mitzunehmen; wir konnten nur ein paar Kartoffeln und getrocknete Bohnen aus dem Keller einpacken. Als wir unser Haus verließen, fragte ich Konrad, ob er uns etwas Brot bringen konnte. Da gerade das Pessachfest gewesen war, hatten wir keines mehr im Haus. Er versprach, uns welches zu bringen, aber ich glaubte ihm nicht so recht. Zu meiner Überraschung erschien er nur ein paar Stunden später, klopfte an ein Fenster der Schule und hatte ein kleines Päckchen unter den Arm geklemmt. Die ungarischen Gendarmen, die uns gefangen hielten, wollten ihn nicht hereinlassen, aber er bestand darauf und zog mit dem durch ihn verursachten Wirbel die Aufmerksamkeit sämtlicher aufgewühlter Insassen der Schulsporthalle auf sich. Als es wieder ruhig wurde, ging er höflich und ruhig auf uns zu und überreichte meinem Vater das Brot. Ohne ein Wort zu sagen, drehte er sich um, ging zurück durch den überfüllten Raum und war weg. Ich habe ihn nie wieder gesehen, aber dieses Ereignis besänftigte meine Wut und Verwirrung und festigte in mir den Glauben an die Menschlichkeit. Es gab auch nette Deutsche, und dieses Wissen habe ich immer in meinem Herzen behalten.

Jede Klasse war gerammelt voll mit jüdischen Familien, alle Räume wurden von ein oder zwei ungarischen Gendarmen bewacht, man erkannte sie leicht an den schwarzen Federn, die aus ihren Hüten empor- und über die schlicht gekleidete Menschenmenge hinwegragten. Meine Familie verbrachte zwei Tage auf dem Boden der bis zum Bersten vollen Turnhalle. In den frühen Morgenstunden des dritten Tages wurden wir durch Schreie geweckt. Die Gendarmen holten uns unsanft aus dem Schlaf, traten gegen noch schlafende Körper, während sie sich ihren Weg durch die Menge bahnten und ankündigten, dass es an der Zeit war, unsere Habseligkeiten zusammenzusuchen und uns in einer Reihe für den Aufbruch aufzustellen. Im Gänsemarsch verließen Hunderte von Juden das Gebäude in kürzester Zeit. Durch den Morgennebel gingen wir zum etwa zwei Kilometer entfernten Bahnhof, die Gendarmen schrien uns an, scheuchten, drängten und beleidigten uns und schlugen mit ihren Gummiknüppeln auf uns ein. Wir hatten keine Ahnung, wohin uns die Züge bringen und wie lange wir unterwegs sein würden. Wir hatten keine Ahnung, ob wir die Familie meiner Mutter oder Suri am Ende unserer Reise sehen würden. Aber es gab Gerüchte. Manche sagten, man würde uns zu einer Insel bringen. Andere sagten, dass Städte nur für Juden errichtet worden waren. Und als ich sah, dass der Zug nur aus leeren Viehwaggons bestand, schockierte mich das kaum noch. Nur einige Wochen zuvor hätten wir niemals geglaubt, dass wir eines Tages auf dem Boden der Schule schlafen würden. Nur einige

Tage zuvor hätten wir niemals geglaubt, dass man uns schlagen, schubsen und wie Vieh in einen übervollen Wagen scheuchen würde. Jetzt glaubten wir es. Meine Eltern, Chaichu, Frieda, Esther, Rahel, Malchika und ich verbrachten zusammen mit 60 oder 70 unserer Freunde und Nachbarn zwei Tage ohne Wasser, Licht oder Essen zusammengedrängt in einem Wagen. Um uns zu erleichtern, teilten wir uns alle einen Metalleimer, den wir täglich leerten, wenn der Zug wie durch ein Wunder anhielt und die Türen aufgemacht wurden, um Licht hereinzulassen. Am zweiten Tag war der Gestank unerträglich geworden, und es wurde kaum gesprochen oder geschlafen. Keiner konnte sich vorstellen, dass es noch schlimmer kommen könnte.

Wir kamen am Stadtrand von Mátészalka an, mitten in Ungarn, und fühlten so etwas wie Erleichterung. Wir wurden auf schwachen, wackeligen Beinen etwa einen Kilometer außerhalb der Stadt zu einem Feld geführt, auf dem Hunderte von Holzhütten in langen, ordentlichen Reihen standen. Feuerstellen und Wäscheleinen waren als Punkte und Linien zwischen den kleinen Karrees und Gassen zu erkennen. Schmutzige Kinder spielten und rannten kreischend umher; der Geruch von Kohle, Asche, Essen und Dreck wehte zu uns herüber. So landete ich im Ghetto.

Wie wir später herausfinden sollten, waren Organisation und Versorgung sehr dürftig, da es sich nur um ein vorübergehendes Lager handelte, bevor die SS uns übernahm und uns nach Auschwitz brachte. Die Hütten, in denen wir untergebracht wurden, wirkten wie Hühnerställe, in die jeweils zwei Familien gestopft wurden. Ich kann mich nicht daran erinnern, dass man uns zu Essen gab, und obwohl dies in den drei Wochen, die wir im Ghetto verbrachten, bestimmt der Fall gewesen war, empfand ich zum ersten Mal in meinem Leben richtig Hunger. Einen schrecklichen, leeren, nagenden Hunger. Mein Vater machte jeden Abend ein kleines Feuer vor unserer Hütte und kochte Suppe für uns. Ich schaute ihm dabei über die Schulter. Tagsüber war die Frühlingssonne so stark, dass er sich die Stirn verbrannte, sie schlug Blasen und schwoll an. Er sah so alt und traurig und falsch aus ohne seinen Bart. Es war, als würde ich durch ihn hindurch schauen und ihn nicht erkennen, denn mein ganzes Leben lang hatte er diesen Bart getragen.

Wir hatten schon gedacht, dass Schlimmste läge hinter uns, bis eines Morgens, im Gegensatz zu den sonstigen Morgen in Mátészalka, ein Gendarm etwas anordnete und alle Juden sich wieder in die Viehwaggons drängten. So befanden wir uns erneut eingesperrt in furchteinflößender Dunkelheit. Diesmal waren die Waggons noch voller, und die Menschen quetschten sich. Es gab nicht mal Platz zum Sitzen, und frische Luft bekamen wir nur durch schmale Schlitze. Als wir die Waggons bestiegen, bekamen meine Eltern beide jeweils einen Laib Schwarzbrot in die Hand gedrückt. Ich kann mich nur an Gesprächsfetzen während der Fahrt durch die Nacht erinnern. Es wurde über Gerüchte geflüstert, die man aufgeschnappt hatte; manche positiv, manche albtraumhaft, manche fantastisch. Ich hörte den Erwachsenen zu, wie sie philosophierten und versuchten, sich aus dem Wenigen, das sie wussten, etwas zusammenzureimen, und wie sich ihre Gedanken immer wieder im Kreis drehten. Ansonsten erinnere ich mich kaum an die lange Reise nach Auschwitz. Nur eine Situation habe ich noch heute vor Augen. Ich sehe meine Mutter glasklar vor mir, sie war zwar nicht allein, aber unendlich einsam, in eine Ecke des Waggons gedrückt, wo sie sich gegen die Wand stütze, um in dem hin und her schaukelnden Waggon das Gleichgewicht zu halten. Als sie aufsah, erblickte sie meinen Vater, der gerade ein Stück vom Brot abgebrochen hatte, um es zu essen. Mit einer Berührung hielt sie ihn auf: »Nicht Jankel, bewahr es für die Kinder auf!«

Als der Zug endlich anhielt, traute ich meinen Augen kaum. Nachdem wir drei Tage im Dunkeln verbracht hatten, Tag und Nacht ineinander verschwommen waren, drang das Licht an unserem Bestimmungsort gleißend hell auf uns ein und durch die Risse im Boden, als befände sich die Sonne unter der Erde. Als die Türen sich endlich öffneten und die frische Nachtluft hinein- und durch mein schwitziges Haar wehte, war mein einziger Gedanke, wie ungeheuer der Ort war, an dem wir angekommen waren. Ich dachte, wir hätten vielleicht diese Insel erreicht, von der die alten Männer beharrlich behaupteten, dass die Juden dorthin ausgesiedelt würden. Dann sah ich aber etwas weiter weg den Stacheldraht, und obwohl ich bis dahin an die Gerüchte und das Gerede der Älteren geglaubt hatte, erfüllte mich eine dunkle Woge der Enttäuschung. Es gab einen kurzen Moment entsetzlicher Stille, während sich meine Lungen mit frischer Luft füllten, und dann gab es nur noch einen unendlichen Schwall an Geräuschen und Verwirrung.

Während wir ausstiegen, stürzten SS-Offiziere und Gefangene in dreckiger Kleidung auf uns zu. Hunde heulten. Laute, heisere Stimmen schrien: »Raus!« Alle waren begierig darauf, dem grässlichen Gestank zu entfliehen, sehnten sich nach Luft und Licht und kletterten mit diesem Ziel vor Augen übereinander hinweg. Niemand scherte sich darum, wo wir angekommen waren, sie wollten nur noch den Waggons entfliehen. Die SS-Offiziere trugen vor lauter Angst um ihre Gesundheit und ihre Lungen Schutzmasken. Ich war furchtbar verwirrt und hielt Friedas Hand ganz fest, damit wir einander nicht verloren. Chaichu hielt Esther und meine Mutter die Kleinen, Rahel und Malchika. Mein Vater sah wie ein Untoter aus, seine Haut war ganz grau, und vor lauter Hunger redete er wirres Zeug. Er war erst 49 Jahre alt. Die SS-Offiziere schoben ihn in eine Gruppe. Meine Mutter und die zwei Kleinen wurden in eine andere Gruppe geschoben.

Ich sah sie nie wieder.

Alles ging zu schnell. Chaichu, Esther, Marta, Frieda und ich wurden in eine größere Gruppe von Frauen getrieben, deren Altersdurchschnitt zwischen 15 und 30 Jahren lag. Dann wurden wir vorwärts getrieben, immer weiter und weiter weg von den anderen Gruppen und dem Chaos.

Ich fragte einen der Offiziere: »Wann werde ich meine Mutter wiedersehen?« Er antwortete gleichgültig: »Wenn die Sterne aufgehen.« In meiner Verwirrung verstand ich das so, dass ich sie am Abend sehen würde. Kurz nach der Trennung von unseren Eltern fragte uns ein SS-Offizier mit hübschem Gesicht und höflicher Stimme, ob Frieda und ich Zwillinge seien. Er sah aus wie ein Engel. Stammelnd verneinte ich. Später fand ich heraus, dass es sich bei diesem Engel um den ›Todesengel‹ gehandelt haben könnte, den berüchtigten Arzt Dr. Mengele, der medizinische Experimente an Menschen durchführte, die nichts anderes als Folter waren. Er war ganz besonders an Zwillingen interessiert, um Kontrollversuche durchführen zu können.

Wir wurden alle zu den Badehäusern getrieben und gedrängt, und es kam eine Durchsage, dass wir duschen sollten. Ich freute mich darauf, mich frisch zu machen, das Ghetto und den Zug von meinem Körper waschen zu können. Aber als die Offiziere den Befahl gaben: »Alle ausziehen!«, und die bissigen Hunde aufheulten und nach uns und unseren Ausdünstungen schnappten, verschwand die Vorfreude schnell. Ängstlich riss ich mir die Sachen vom Leib, vergaß in der Aufregung jedoch meinen BH. Da stand ich, draußen, in der Nacht, unter gleißendem Licht und zitterte am ganzen Körper.

Ein erschreckend hagerer Mann in dreckiger Gefangenenkleidung flüsterte mir im Vorbeigehen leise auf Jiddisch zu: »Du solltest besser alles auszuziehen, falls du nicht willst, dass die Hunde auf dich gehetzt werden.« Sein Blick war fern jeder Lüsternheit, sondern voller Mitleid und Traurigkeit. Ich tat, was er sagte.

Als wir draußen zitternd in einer Reihe standen, bekam jede Frau von männlichen Gefangenen systematisch den Kopf rasiert. Ich sah, wie zuerst Friedas seidene, schwarze, dichte Locken zu Boden fielen, dann spürte ich, wie an meinem Haar herumgezerrt wurde, bis es ab war. Ich drehte mich um und sah Chaichus hageres und von dunklen Schatten durchzogenes Gesicht, ihr blasser Schädel glänzte unter dem gleißenden Licht. Absurderweise war mein einziger Gedanke in dem Moment, dass sie wie eine tote orangefarbene Katze aussah.

Ein Mann tauchte einen spröden Pinsel in ein beißend riechendes Desinfektionsmittel und rieb es uns grob unter die Arme und zwischen die Beine. Obwohl es auf der Haut brannte und mir Tränen in die Augen trieb, fühlte ich mich endlich sauber. Nach dem Duschen bekam jede ein langes graues Kleid zugeworfen, und wir wurden wieder aus dem Badehaus auf die gegenüberliegende Seite getrieben. Wir zogen schnell unsere übergroßen neuen Kleider über unsere kalten, nassen Körper. Frieda und ich schauten uns an, und sie lächelte mich schief an, als wollte sie damit sagen: ›Wie albern du doch aussiehst.‹

Man brachte uns einige Hundert Meter tiefer ins Lager, bis wir vor einer großen hölzernen Baracke standen, die unser neues Zuhause werden sollte. Identische, etwa 100 Meter lange Gebäude standen in dicht gedrängten, geraden, effizienten Reihen, die sich unendlich bis zum Horizont erstreckten. Der große, offene Eingang jeder Baracke wurde von zwei kleinen, privaten Zimmern flankiert, wo die Kapo (die jüdischen Aufpasser) untergebracht waren. Diese jungen Frauen waren gesund, sehr hübsch, manikürt, sauber und trugen modische und teure Zivilkleidung. Die SS-Offiziere gingen unglaublich freundlich und vertraut mit den Kapo um, und anfangs fragte ich mich, ob diese Frauen wohl auch ihre Geliebten waren. Das war aber nicht der Fall. Jeder Deutsche, der auch nur verdächtigt wurde, mit einer Jüdin zu schlafen, wurde hart bestraft.

Als Frieda, Chaichu, Esther, Marta und ich in die Baracke gedrängt wurden, passierten wir eine Fensterscheibe, in deren Glas wir uns spiegelten. Erschrocken stellte ich fest, dass ich mich in der Spiegelung nicht von den anderen unterscheiden konnte!

»Frieda«, flüsterte ich. »Heb deine Hand, damit ich sehe, welches Mädchen du bist.«

Sie tat wie geheißen und runzelte die Stirn. »Oh mein Gott, das da bin ich?« Ich lachte und erkannte mein eigenes Lächeln.

In dieser ersten Nacht in Auschwitz, als die Lichter ausgemacht wurden und wir endlich zum ersten Mal unsere Köpfe auf die harten Bretter unserer neuen Betten legten, füllte sich der Raum mit leisem, ängstlichen Weinen und verzweifeltem Klagen. Auf einmal stand ein Mädchen aus der zweiten Bettenreihe auf und fing an, ein italienisches Lied zu singen, *Mamma, son tanto felice*. Ihre Stimme war wunderschön, klar, tief und voll. Und dann, als wäre nichts gewesen, legte sie sich wieder still hin. Ich hoffte, sie am nächsten Tag zu sehen, aber sie war nirgends aufzufinden. Es gab Gerüchte, dass sie in der Nacht den Verstand verloren und man sie weggebracht hatte. In jeder Baracke lebten zwischen 500 und 1.000 Menschen. Mein Bett beherbergte jede Nacht 14 junge Mädchen, und wir schliefen wie die Sardinen in der Dose. Wenn sich eine umdrehte, wurde die ganze Reihe davon wach. Wir hatten keine Decken, aber die Schlafstelle war sauber, zumindest am Anfang, und mit unseren Körpern wärmten wir uns gegenseitig. In den frühen Morgenstunden, lange bevor es hell wurde, weckten uns heisere »Raus!«-Schreie. Zitternd vor Kälte mussten wir uns in unseren grauen Kleidern zum Zählappell aufstellen und regungslos dastehen. Während meiner Zeit in Auschwitz standen wir jeden Morgen so da, stundenlang, während jeder Name einzeln aufgerufen wurde, worauf jede Gefangene einzeln antwortete. Dann zählte die SS nochmal langwierig jede einzelne Person in jeder Reihe. Viele Frauen konnten ihre Blase nicht halten oder hatten Durchfall und standen bald in ihrem eigenen Urin oder in ihren Exkrementen da. Viele wurden bewusstlos. »Was denken die sich bloß, wohin wir fliehen könnten, bei den bissigen Hunden und dem elektrischen Stacheldraht?«, dachte ich oft. Aber die Deutschen waren sehr sorgfältig, und die Routine blieb immer die gleiche.

Nach dem Zählappell mussten wir uns in einer neuen Reihe aufstellen und bekamen dann schwarzen Kaffee. Danach wurden wir glücklicherweise in den Tag entlassen, der durch Chaos und unproduktive Langeweile geprägt war. Stundenlang streiften wir durch unsere Baracken und die dazugehörigen Vorplätze. Einmal am Nachmittag mussten wir uns wieder in eine Reihe stellen und wurden von einer grausamen und energischen, polnischen Nichtjüdin zu den ekelhaften Reihen offener Toiletten auf der anderen Seite des Lagers gebracht. Während wir gingen, schlug sie mit dem Knüppel auf uns ein und schrie uns an, dass sie hoffte, wir würden alle an Cholera verrecken. Wir bekamen so wenig zu trinken und zu essen, dass die seltenen Toilettenbesuche ein kleineres Problem darstellten, als man denken könnte. Jede der Frauen hatte auf der Toilette nur wenige Minuten Zeit und bekam wieder den Knüppel zu spüren, wenn sie mit ihrem Geschäft noch nicht fertig war und die nächste in der Schlange schon aufgerufen wurde.

Bis zum Abendessen saßen wir im Dreck herum, mussten uns dann wieder in einer Reihe aufstellen und bekamen eine Schöpfkelle warmer, wässriger Suppe und ein Stück Brot zugeteilt. Ich schätzte mich glücklich, wenn eine Möhre, eine Kartoffel oder ein paar Bohnen in meiner Schüssel gelandet waren! Am glücklichsten war ich jedoch, wenn ich ein kleines Stück Schweinefleisch fand, das ich mit meinen dreckigen Fingern auf das harte Stück Brot legte, dann ließ ich jeden Bissen auf der Zunge zergehen. Viele der orthodoxen Frauen weigerten sich, das Fleisch zu essen, und manche verweigerten sogar die Suppe, aber diese Frauen starben schnell. Obwohl ich in einer orthodoxen Familie aufgewachsen war, aß ich, was man mir gab; ich aß es mit Inbrunst.

Niemand arbeitete an diesem furchtbaren Ort. Niemand hatte etwas zu tun, bis auf die jüdischen Helfer und die hübschen weiblichen Kapo. Schnell verlor ich jegliches Zeitgefühl, und ich nahm meine absurde Umgebung mit dem Gestank und den rauchenden Schornsteinen während des sinnlosen Umherstreifens kaum wahr. Ich fragte mich ununterbrochen, wie es dem Rest meiner Familie erging und wo man sie untergebracht hatte. Ob Rahel und Malchika es etwas besser hatten?

Man behandelte sie bestimmt anders als uns, weil sie ja sonst niemals überleben würden!

Ein jüdisches Mädchen aus Polen freundete sich im Laufe der ersten Tage mit mir an. Sie sah, nun ja, menschlich aus. Sie bekam genug zu essen, hatte kurzes, blondes Haar und trug Zivilkleidung. Anfangs dachte ich, sie sei eine Nichtjüdin, stellte mich ihr in gebrochenem Polnisch vor und fragte sie, warum sie hier war, doch dann erklärte sie mir, dass sie tatsächlich Jüdin und eine Gehilfin der Kapo sei. Sie war nett und warmherzig, und während unseres Gesprächs fragte ich sie, was mir schon die ganze Zeit auf der Seele brannte:

»Wann werde ich meine Eltern wiedersehen? Und meine Schwestern? Wo sind sie untergebracht?«

Zinka warf mir einen seltsamen Blick zu. »Willst du damit sagen, dass du seit einer Woche hier bist und keine Ahnung hast, was hier passiert? Kannst du es nicht riechen? Diesen Gestank? Das ist menschliches Fleisch, das sie verbrennen.«

»Was soll das heißen?«

»Judith, du bist doch intelligent. Siehst du diese Schornsteine? Die Älteren und die Kinder werden in die Krematorien gebracht.« Sie sprach es so nüchtern aus, dass ich fast gelacht hätte. Ich blinzelte. Schaute sie an. Dann wurde ich wütend.

»Wie grausam muss man sein, um solche Lügen zu erzählen?«, fauchte ich sie an. Das war schlichtweg nicht möglich. Wie konnte die Welt so etwas zulassen? Wir lebten im 20. Jahrhundert, Himmelherrgott nochmal. Bestimmt war sie einfach nur einsam und eifersüchtig darauf, dass wir immer noch unsere Familien hatten. Vielleicht hatte sie den Verstand verloren. Ich wollte nichts davon wissen, obwohl der Gestank in der Luft hing und ich den Rauch erkennen konnte, der aus den Schornsteinen stieg. Ich drehte mich auf dem Absatz um und ließ sie ohne ein weiteres Wort stehen. »Was für ein schreckliches Mädchen«, dachte ich, und dann bemerkte ich, dass mein Gesicht ganz nass war und Tränen meinen Blick trübten.

Ich lief zu meinen Schwestern, um mich von ihnen trösten zu lassen. »Glaube ihr nicht, Jentela, glaube ihr nicht!«, beschwichtigten sie mich, streichelten mir über den Kopf und wischten mein dreckiges Gesicht ab.

Nachdem ich einige Tage zwischen Unglauben, Benommenheit und Tränen hin und her geschwankt war, begann ich allmählich, das Schicksal meiner Familie zu akzeptieren. Zinka wollte weiterhin mit mir befreundet sein, und schon bald ließ ich mich von ihrem Mitgefühl überzeugen. Warum sie sich die Zeit nahm, mit mir zu reden, wird mir immer ein Rätsel bleiben, denn sie unterhielt sich kaum mit anderen Gefangenen.

Recht schnell machte ich mir ihre Freundlichkeit zunutze und begann, sie über unsere momentane Situation auszufragen. Am meisten lag mir die Frage auf dem Herzen, warum wir nicht mit dem Rest der Familie umgebracht worden waren, wenn wir die ganze Zeit nur herumsaßen und nichts taten. Zinka erklärte mir, dass wir jung und stark waren und dass, wenn wir in Auschwitz keine Arbeit zugeteilt bekämen, wir zu anderen Lagern oder Fabriken deportiert würden, um dort in der Kriegsproduktion eingesetzt zu werden.

»Was ist mit dir? Wirst du hier bleiben?«, fragte ich.

»Ich werde wohl hier bleiben. Und wahrscheinlich auch hier sterben.«

Ihre ruhige und offene Art schockierte mich. »Du? Schau dich doch an, wie gut du angezogen bist, wie viel Essen du bekommst. Du erledigst wichtige Arbeit für sie. Warum sollten sie dich nach all dem umbringen?«

»Judith, ich weiß nur zu gut, was hier geschieht. Wenn sie mich nicht mehr brauchen, werden sie mich umbringen.« Sie zuckte mit den Achseln und legte den Kopf leicht schief, ihrem Schicksal ergeben.

Als ich nur einige Wochen später Auschwitz verließ und zur Zwangsarbeit geschickt wurde, wusste ich im Herzen, dass ich meine zwei kleinen Schwestern und meine Eltern zurückließ; dass sie tot waren und ich sie nie wieder sehen würde. Auch Zinka und ich konnten uns nicht Lebewohl sagen. Bis heute denke ich an sie.

Zwei Tage, nachdem wir in Auschwitz angekommen waren, bekam Frieda ihre Periode. An einem grauen Nachmittag saßen wir alle auf unseren Schlafstellen, als ich plötzlich ein Blutrinnsal sah, das über eine Kante des harten, hölzernen Betts lief und auf den viel tiefer gelegenen Boden tropfte. Wir gerieten alle in Panik und tasteten uns nach Wunden ab.

Auf einmal schrie Frieda laut auf: »Oh Gott, das bin ja ich!« Sie fing an zu zittern, und ihr dunkler Teint verwandelte sich in ein beängstigendes Grün.

Frieda hatte ihre Periode einmal mit 13 bekommen – und dann nie wieder. Jetzt war sie in Auschwitz, 16 Jahre alt, und das Blut sprudelte nur so zwischen ihren Beinen hervor. Wir schauten uns hektisch nach einem Lappen oder einer Serviette um, die wir ihr geben konnten, aber alles, was wir besaßen, trugen wir an unserem Körper. Chaichu ergriff einen Zinnbecher und stellte ihn unter Frieda. »Beweg dich nicht, bleib am besten eine Weile liegen!«, sagte sie. Frieda nickte angespannt. Es floss so viel Blut aus ihr heraus, dass ich immer panischer wurde. Ich dachte tatsächlich, sie würde verbluten.

Sie blieb einige Tage auf dem Zinnbecher in der Baracke liegen. Da wir nicht arbeiteten und, bis auf die Tortur des Zählappells in den Morgenstunden, drinnen bleiben durften, wechselten wir uns ab, dass immer eine bei ihr blieb. Obwohl uns allen sehr ernst zumute war, behielt Frieda die ganze Zeit über ihren Humor. Einmal lief ich um ihre Schlafstätte herum, und als ich mich auf der Höhe ihres Kopfes befand, schrie sie laut auf: »Aaauuuuuu, Jentela, du trittst auf mein Haar! Du reißt mir mein wunderschönes Haar aus!« Sie warf ihre imaginäre, glänzende Lockenpracht zurück. Einen Augenblick lang starrte ich auf ihren kahlen Schädel, sie lag da und starrte zurück. Dann brach ich auf einmal in Gelächter aus, und es war hoffnungslos, wir bogen uns beide vor Lachen und trommelten auf das Bett ein, unsere Gesichter lachtränenüberströmt.

Nach dem unglückseligen Vorfall mit Frieda betete ich jede Nacht, dass ich nie wieder meine Periode bekommen würde. Und obwohl ich sie schon ein paar Jahre lang regelmäßig bekommen hatte, blieb sie während meiner gesamten Internierung in den Lagern aus. Bis auf das einmalige Zwischenspiel mit Frieda bekam keine von uns mehr ihre Periode.

Jeden Tag stattete eine SS-Offizierin unserer Baracke einen Besuch ab und verkündete Folgendes: »Sollte es Frauen geben, die glauben, dass sie schwanger sind, dann treten Sie bitte vor. Schwangere Frauen brauchen besondere Nahrung, und wir bringen sie in anderen Unterkünften unter. Bitte treten Sie vor, wenn Sie schwanger sind.« Einige Mädchen taten anfangs wie geheißen, aber als die Wochen ins Land gingen und man nie wieder etwas von ihnen hörte, wurden wir misstrauisch. Danach trat niemand mehr vor.

Wir lebten seit ungefähr fünf Wochen in Auschwitz, als wir aufgerufen wurden, weil uns Nummern in den Arm tätowiert werden sollten. Wir standen schon in einer Reihe, als ein Offizier auf einem Motorrad erschien und die Anordnung gab, dass wir unverzüglich in ein Arbeitslager gebracht werden sollten, also drehten wir uns alle wieder um und liefen zurück. Wir waren wie Schafe, die ängstlich und enttäuscht blind folgten. Aber die Gefangenen, die schon tätowiert und viel länger im Todeslager waren, versicherten uns, dass wir uns über die uns zugewiesene Arbeit glücklich schätzen konnten. Ich dachte: »Zumindest werde ich nicht tätowiert.« Und tatsächlich sollte ich nie tätowiert werden.

Sie brachten uns zurück zu den Baracken und gaben uns den Befehl, uns auszuziehen. Wieder standen wir nackt in einer Reihe da. Erneut sortierte man uns aus. Ein unangenehmer, junger SS-Soldat teilte uns über sein Megaphon mit: »500 der stärksten jungen Frauen werden ausgewählt und zur Arbeit geschickt.«

Chaichu, Frieda, Esther, Marta und ich standen so nah wie möglich zusammen, aber als die Soldaten die Mädchen in unterschiedliche Gruppen aufteilten, zeigte ein SS-ler auf Esther und bedeutete ihr, unsere Gruppe zu verlassen und auf die andere Seite zu gehen. Esther war zwölf und sehr klein, und wir wussten sofort, dass sie hier niemals wegkommen oder, noch schlimmer, dass sie im Ofen landen würde. Chaichu, unsere älteste Schwester und Beschützerin, die zwar nichts auf den Rippen hatte, dennoch stur war, trat impulsiv aus unserer Gruppe heraus und zerrte Esther wieder zurück. Um uns herum gab es so viel Aufruhr, dass ich mir bis heute nicht sicher bin, ob der junge, schlaksige Offizier nichts bemerkte oder nur vorgab, nichts zu sehen. Frieda umklammerte meine Schulter, sodass auch ihr leichtes Hinken unbemerkt blieb, als sie ging. Sie hatte wohlgeformte Beine, und indem ich ihr Gewicht mittrug, fiel niemandem auf, dass sie leicht verkrüppelt war.

So blieben wir alle beieinander, überlebten und wurden zur Arbeit geschickt. Zinka hatte Recht gehabt, solange wir für die Deutschen nützlich waren, würden sie uns am Leben lassen. Man brachte uns wieder zu den Viehwaggons, die diesmal sauberer und offener waren als die vorherigen, und es war ein wahrer Luxus, dass jedes Mädchen ein ganzes Brot bekam, auf dem sich etwas Margarine befand. Am Zug herrschte ein optimistisches und energiegeladenes Durcheinander. Wir waren bereit zu arbeiten.

Ich weiß nicht mehr, wie lange wir unterwegs waren. Alles, woran ich mich erinnere, ist die Ankunft in einer Stadt namens Gelsenkirchen, und auch das wusste ich nur, weil ich durch die Ritzen des Waggons gelugt und gesehen hatte, dass wir unter einem zusammengeschweißten Bogen hindurchfuhren, auf dem dieser Namen stand. Nach dem Krieg erfuhr ich, dass es sich um ein Außenlager von Buchenwald gehandelt hatte. Hier wurden wir in großen Zelten mit festem Boden anstelle von Baracken untergebracht. Unsere Schlafstätten bestanden aus einfachen Holzbrettern, aber jede von uns bekam eine weiche, graue Decke, die unser wertvollster Besitz wurde. Wir hatten Dreifach- anstelle von Doppeletagenbetten, und nur zwei Mädchen mussten sich ein Bett teilen. Zu dem Zeitpunkt waren wir alle schon so dünn, dass wir problemlos zusammen reinpassten.

Die uns zugewiesene Arbeit bestand darin, Trümmer einer Munitionsfabrik, die von den Amerikanern zerbombt worden war, abzutragen und die Fabrik wieder aufzubauen. Es war harte körperliche Arbeit, und wir waren dankbar dafür, dass wir nicht die einzigen Gefangenen in Gelsenkirchen waren. Es gab Juden und nichtjüdische Männer, die gemeinsam mit uns arbeiteten – die meisten waren Italiener, Russen oder deutsche Homosexuelle.

Infolge unserer Ernährung war es schwierig, die für die schwere Arbeit benötigte Aufmerksamkeit und Energie aufzubringen. Wir bekamen immer noch eine Scheibe Schwarzbrot und eine Schüssel voll wässriger Allerleisuppe am Abend, zugegebenermaßen hatte die Suppe jedoch etwas mehr Konsistenz. Oft gab man uns auch etwas Margarine und Marmelade. Wenn eine Freundin das Essen servierte, hatte man Glück. Dann wurde die Suppenkelle etwas tiefer in den Topf eingetaucht, und vielleicht war dann sogar etwas Gemüse darin. Auch hier gab es, wie in Auschwitz, fanatisch religiöse Frauen, die ihre Suppe verweigerten und so ausgehungert waren, dass sie sich nicht darum scherten, ob sie sauber oder dreckig waren, ob sie lebten oder starben. Diese Frauen versuchten oft, ihre Suppe gegen Brot einzutauschen, und manche stahlen sogar Brot von den anderen. Sie arbeiteten, bis sie umfielen, sahen bald wie lebende Skelette aus und starben. Ihnen war es wohl wichtiger, den Märtyrertod für Gott zu sterben.

Frieda schimpfte immer mit mir, wenn ich, sobald ich mein Brot erhalten hatte, alles auf einmal verschlang. »Du solltest es dir fürs Frühstück aufbewahren! Wo ist deine Selbstbeherrschung?« Sie kniff mir dann in den Arm, wenn ich meine Ration in den Mund schob und sie dabei frech angrinste. Und wenn Frieda am nächsten Morgen das Brot aß, das sie aufgehoben hatte, warf sie mir von der Seite genervte Blicke zu, weil ich ihr sehnsüchtig beim Kauen zuschaute. Bis sie seufzend aufgab und mir kopfschüttelnd ein kleines Stück Brot abbrach, um es mir zu geben.

Ich weiß nicht mehr genau, wie es dazu kam, aber ich hatte keine richtigen Schuhe in Gelsenkirchen und lief während der Arbeitszeit in Holzpantinen umher. Als eines Abends die Frauen in einer Reihe standen und auf ihr Abendessen warteten, rief mir aus einigen Schritten Entfernung ein SS-Soldat zu: »Komm schon, na komm schon, du Kleine!« Entgeistert blickte ich mich zu den Mädchen links und rechts von mir um und zeigte dann auf mich. Auf mich?

»Ja, du. Die Kleine da. Komm her!«

Ich schluckte schwer und gehorchte. Er zückte eine Kamera und richtete sie auf mich. »Schau dich nur an mit diesen Holzschuhen!« Er machte einige Aufnahmen und lächelte dabei wie ein Tourist. »Wo hast du denn diese albernen Dinger her?«

Dann ging er mit mir zum Anfang der Schlange. Das Mädchen tauchte die Kelle ein, um meine Schüssel mit Suppe zu füllen, da gebot er ihr Einhalt.

»Tauch die Kelle richtig ein und gib ihr ein bisschen mehr Gemüse!« Das Mädchen schöpfte eine ordentliche Kelle voller Gemüse und Fleisch. Ich spürte den heißen, mit Einlage versehenen Eintopf in jeder Pore meines Körpers auf seinem Weg in den Magen, er wärmte mich und beruhigte meinen geschrumpften Magen. Wie willkürlich und absurd das doch alles war.

Sonntag war unser Ruhetag und der Tag im Arbeitslager, an dem man uns den Luxus gewährte zu duschen. Tiefer im Lager befand sich ein

Halbkreis von auf Holzbrettern stehenden Wasserausläufen im Freien, aus denen nur kaltes Wasser kam. Dort lachten und quatschten wir, ärgerten uns gegenseitig und machten Witze über unsere nackten, ausgemergelten Körper. Wenn es schneite, standen wir auf Schnee und Eis, um uns zu waschen, hüpften dabei von einem Fuß auf den anderen, zitterten und bissen die Zähne zusammen, dennoch fühlte es sich wunderbar an. Natürlich gab es nie Seife. Wenn die Sonne schien und uns den Rücken wärmte, wickelten wir uns in unsere kostbaren, grauen Decken und wuschen unsere Kleider. Dann bewachten wir sie den ganzen Nachmittag, während sie trockneten.

Im Winter, als das Laub von den Bäumen fiel und die Luft kalt war, bekamen wir Mäntel vom Kommandanten. Ich hatte großes Glück und bekam auch ein Paar alter Stiefel, die wunderbarerweise gut passten. Wahrscheinlich waren es gebrauchte Stiefel von einem Gefangenen aus einem anderen Lager, der gestorben war. Und wie glücklich ich war, als man mir einen fast neuen, eleganten, rostfarbenen Wintermantel überreichte, der wohl einem wohlhabenden jungen Mädchen gehört hatte. Dieser Mantel hat mir während der Wintermonate das Leben gerettet.

Kurz nachdem wir in Gelsenkirchen angekommen waren, wurde Chaichu sehr krank und bekam Typhus. Und obwohl sie vor Fieber schwitzte und ihre Temperatur in die Höhe schoss, wussten wir, dass wir keine andere Wahl hatten, als sie zum Zählappell und zur Arbeit mitzuschleppen. Marta und ich nahmen sie also in unsere Mitte, legten ihre dünnen Ärmchen über unsere Schultern und zogen sie mit uns, wobei sie ihre Füße wie betrunken hinter sich her schleifte.

Chaichu versuchte zu arbeiten, aber es wollte ihr nicht gelingen. Ihr Kleid war schweißgetränkt, sie konnte kaum stehen, geschweige denn schwere Lasten tragen. Sie sah aus, als wäre sie dem Tod nahe, ihr Gesicht war grau, die Augen wirr. Ihr kleiner Kopf rollte hin und her und offenbarte die roten Haarstoppel auf ihrem Schädel. Es war, als wäre der Nacken zu schwach, um das Gewicht zu halten. Ihr ausgemergelter Körper bemühte sich vergebens, das schwere Geröll zu tragen. Es war unerträglich mit anzusehen, wie sie litt und vor Fieber gerötet in der Sonne schwitzte, also setzte ich sie irgendwann in den Schatten eines in der Nähe stehenden Baums. Der SS-Offizier, der unsere Arbeit beaufsichtigte, verfolgte das Geschehen mit einem fragenden und leicht amüsierten Gesichtsausdruck. Mir war klar, dass mein Verhalten nach einer Erklärung verlangte, und nachdem ich Chaichu bequem hingesetzt hatte, nahm ich all meinen Mut zusammen, ging auf die Wache zu und fragte ihn so freundlich wie nur möglich, ob ich meiner Schwester etwas Wasser holen dürfte.

»Sie ist sehr krank, ihr Fieber ist so hoch wie noch nie.«

Der Wächter musterte mich von oben bis unten, murmelte gelangweilt etwas vor sich hin und deutete mit einer Handbewegung an, dass er mir die Erlaubnis gab.

Marta näherte sich später am Tag demselben Soldaten, bat ihn um Erlaubnis, Chaichus Arbeitspensum zu übernehmen und versicherte ihm, dass Chaichus Abwesenheit nicht auffallen würde. Der SS-Soldat ließ es tagelang zu, dass meine Schwester sich unter dem Baum ausruhte, während wir arbeiteten, und glücklicherweise überlebte sie, ganz ohne Medikamente und ohne jemals bei einem Zählappell gefehlt zu haben. Nach einer Woche ging ihr Fieber runter, und sie wurde wieder gesund. Als Frieda später an einer Lungenentzündung erkrankte, erfuhren wir, dass es ein Krankenhaus im Lager gab, in dem zwei jüdische Ärztinnen Gefangene behandelten. Nach Auschwitz hatten wir so etwas nicht für möglich gehalten. Frieda ging ins Krankenhaus und kam gesund und ausgeruht zurück.

Als die Fabrik fast wieder aufgebaut war, kamen die Amerikaner und zerbombten sie erneut. Wir waren in unseren Zelten, als wir das Heulen der tieffliegenden amerikanischen Kampfjets nur ein paar Hundert Meter entfernt hörten. Als die erste Bombe einschlug und der Boden zitterte, gerieten wir in Panik, rannten raus und kletterten über den rostigen Stacheldrahtzaun. Blutig zerkratzt flüchteten wir auf die Felder. Die Amerikaner begannen damit, uns aus ihren Flugzeugen zu bombardieren und zu beschießen. Ich befand mich mitten auf dem Feld, schaute auf der Suche nach meinen Schwestern verzweifelt um mich und sah nur völlig verängstigte Frauen, die über im Gras verstreute Gliedmaßen und blutüberströmte Körper stolperten. Mit einem dumpfen Aufprall landete vor mir der Kopf eines hübschen, schwarzhaarigen Mädchens. Ich stand da, unter Schock, allein. Ich hatte nichts abbekommen.

Als die Flieger abdrehten und es auf dem Feld ruhiger wurde, sah ich Frieda auf mich zustrauchen. Wir fielen einander in die Arme und schluchzten. Eine Minute später wankte Chaichu auf uns zu, dann kam Marta. Nachdem wir eine lange qualvolle Stunde gesucht und immer wieder Esthers Namen gerufen hatten, bis wir heiser waren, fanden wir unsere Schwester im Dickicht. Es sah aus, als hätte sie sich verstecken wollen, aber jetzt lag sie zusammengekrümmt und regungslos da, ihre Beine lagen abgetrennt und verstümmelt verstreut im Gestrüpp hinter ihr. Auf eine gewisse Weise war ich erleichtert. Esther war immer in Panik geraten, wenn die Sirenen während der Luftangriffe mitten in der Nacht ertönten, wiegte sich dann hin und her und hielt ihre kleine Zinnschüssel zum Schutz über den Kopf. Es war, als hätte sie mit einem sechsten Sinn ihren Tod vorhergeahnt. Die übriggebliebenen Frauen schleppten sich aufgewühlt und verdreckt wieder zu den Zelten. An diesem Tag war die Hälfte unserer Gruppe umgekommen.

Am nächsten Tag folgten mehr Bomben, aber diesmal verließ niemand die Zelte. Als die Explosionen um uns herum wieder alles erbeben ließen, warf ich mich auf Frieda und betete. Falls wir sterben würden, dann sollte es uns beide gleichzeitig treffen.

Nachdem sich an diesem Nachmittag alles wieder beruhigt hatte, fing Chaichu an, über Schmerzen in der Herzgegend zu klagen. Eine der Ärztinnen wurde in unser Zelt gerufen, wo sie Chaichu untersuchte, die, ohne es bemerkt zu haben, schwer verwundet worden war. Am darauf folgenden Tag wurde Chaichu mit einem Granatsplitter in der Brust ins Krankenhaus gebracht. Wir ließen sie widerstandslos gehen.

Nach den Angriffen brachten die Deutschen uns Überlebende in eine andere Munitionsfabrik nach Sömmerda, wo meine Aufgabe darin bestand, kleine Metallteile für Gewehre zu fertigen. Wir hatten schreckliche Angst, Chaichu zurückzulassen, aber nur einen Monat später kam unsere völlig genesene Schwester nach.

Eines Tages arbeitete ich an einer Maschine und formte kleine Metallringe (deren Zweck ich nie verstanden habe), als ein ziviler Vorarbeiter auf mich zukam und mich fragte, ob ich deutsch sprechen und schreiben könne.

»Natürlich«, antwortete ich.

»Gut. Dann komm mit mir! Ich brauche ein Mädchen im Büro.«

Das war ein Geschenk Gottes. Ich wurde die einzige Gefangene, die drinnen arbeitete. Ich hatte sogar meinen eigenen Schreibtisch! Meine Arbeit bestand darin, den Mädchen Arbeit zuzuteilen. Ich registrierte Zeit und Position jedes Gefangenen sowie die Menge, die sie produzierten. Ich verkehrte mit deutschen Zivilisten und war in der Lage, die Entwicklung des Krieges im Radio zu verfolgen. Der Großteil meiner Kollegen waren Antisemiten und begeisterte Anhänger Hitlers, die mich meistens geflissentlich ignorierten und meinen Schreibtisch mieden, als hätte ich eine ansteckende Krankheit. Es war mir egal. Ich schwebte im siebten Himmel.

In Sömmerda stellten wir 24 Stunden am Tag Munition für die Kriegsanstrengungen des Reiches her, Zivilisten arbeiteten wie die Gefangenen in Tages- und Nachtschichten. Die Nachtschicht unterschied sich für uns Gefangene hauptsächlich darin, dass die SS-Offiziere uns weniger Aufmerksamkeit schenkten als sonst, da sie herumsaßen und Karten spielten. Wenn wir also Nachtschicht schoben, trafen meine Schwestern und ich uns im Waschraum, der mit modernen und komfortablen Toiletten, Keramikfliesen, weißen Waschbecken und Toilettenpapier ausgestattet war – und wo sie von mir die letzten Neuigkeiten zu hören bekamen. Ich erzählte ihnen nur die guten Neuigkeiten, niemals die schlechten. Ich versuchte, ihnen in jeder Hinsicht Mut zu machen.

»Es wird nicht mehr lange dauern, die Deutschen sind dabei, den Krieg zu verlieren.«, flüsterte ich. Was selbst 1944 in Wirklichkeit durch den Äther ging, waren Hitlers Versprechungen einer neuen Welt und des Sieges. Heute freue ich mich über die Ironie des Schicksals, dass ich tatsächlich die Wahrheit gesagt hatte.

In meinem Arbeitsumfeld gab es einen Deutschen mittleren Alters, den alle »Herr Spota« nannten. Er hatte dichtes, leicht ergrautes, wallendes Haar, das ein sehr nettes, durchschnittlich aussehendes Gesicht umrahmte und in seine Augen fiel. Er war dünn, etwas gebeugt und wäre eigentlich normal groß gewesen, wenn ihn nicht die Last des Krieges so sehr zu Boden gedrückt hätte. Wenn sein Haar nicht gewesen wäre, hätte er für 40 durchgehen können. Er redete nie viel, ganz besonders nicht mit der kleinen jüdischen Gefangenen, aber ein Mal erwähnte er mir gegenüber seine Ehefrau. Er war einer der Berater im Büro und sein Schreibtisch war ganz in der Nähe von meinem.

Oft wurde er gebeten, die Mädchen an den Maschinen einzuarbeiten, aber hauptsächlich war er für die Lagerung der fertigen Produkte und ihren Versand zuständig. Jeden Tag brachte er in einem roten Zinnbehälter sein dampfendes Mittagessen mit, und zur Mittagspause setzte er sich ganz hinten in den Lagerraum, wo er seine Ruhe hatte. Durch den Geruch, der zu mir herüberwehte, lief mir das Wasser im Mund zusammen. Eines Tages, als die Mittagspause schon fast um war, kam Herr Spota auf mich zu und tippte mir auf die Schulter. Ich schaute zu ihm auf, woraufhin er mir dezent deutete, nach hinten zu gehen. Der Geruch überwältigte mich in der Tür, begierig folgte ich der Spur zurück zum großen roten Behälter, in dem der Löffel einladend in der nur halb aufgegessenen Mahlzeit steckte. Hastig schlang ich, vor lauter Angst, man könne meine Abwesenheit bemerken, das Essen bis zum letzten Bissen hinunter. Im nächsten Moment war alles aufgegessen. Im Verlauf der nächsten Monate wurde ein tägliches Ritual daraus. Ich nahm wieder zu. Ich wurde kräftiger. Es tat mir nur leid, dass ich das Essen nicht mit Frieda teilen konnte, so wie sie es immer mit mir gemacht hatte.

Die Tages- und Nachschichten wechselten sich im wöchentlichen Rhythmus ab, doch meine Schwestern und ich arbeiteten immer zusammen. Wenn wir abends frei hatten und das Licht ausgegangen war, versammelten wir Frauen uns manchmal, um Lieder zu singen, zu schwatzen und uns gegenseitig Mut zu machen. Meistens redeten wir über Speisen, die wir früher einmal gegessen, und vor allem über das Essen, das wir für den Sabbat vorbereitet hatten. Verzückt beschrieben wir detailliert, was wir gekocht hatten und wie es geduftet und geschmeckt hatte. Wir versuchten, uns gegenseitig mit Einzelheiten über Zutaten und Vorbereitung zu übertreffen. Das war einer unserer liebsten Zeitvertreibe.

Während einer dieser Nächte lächelte mich eines der Mädchen träge an und flüsterte: »Judith, sing uns ein Lied! Sing uns ein ungarisches Lied!« Nur zu gern willigte ich ein. Und wie es der Zufall wollte, kam eine hübsche SS-Frau namens Lotte dazu, während ich sang. Sie war eine wohlgeformte Frau in den Zwanzigern mit einem netten Gesichtsaudruck. Zufällig war sie auch die Freundin des älteren Obersts, der unser Lager leitete.

Als wir sie sahen, hielten wir sofort inne und schwiegen, aber sie setzte sich zu uns und drängte uns: »Nein, bitte macht weiter!« Als ich mit dem Lied fertig war, fragte sie: »Kennst du auch deutsche Lieder?«

»Nein, leider nicht.«

»Weißt du was? Ich werde dir einige beibringen.« Ich wusste nicht, ob ich ihr glauben sollte, aber tatsächlich kam sie einige Nächte später, bevor das Licht ausging, wieder in unsere Baracke. Wir setzten uns gemeinsam auf mein Bett in der dritten Etage und ließen die Beine hinunterbaumeln. Ich lernte Lieder, die ich noch bis heute singe. Eines ist mir besonders in Erinnerung geblieben:

»Heimweh, Heimweh
Ach ich möchte so gerne Heim,
Noch einmal mein Mütterlein sehen.
Ich bin ja so traurig
Und alles geht vorbei so schnell
Mein Mütterlein ...«

»Ich möchte, dass du mitkommst und für die Offiziere singst!«, sagte sie eines Abends. Sie knüpfte ein Kopftuch über mein struppiges Haar und gab mir einen Gürtel, mit dem ich das sackähnliche Kleid um meine hagere Figur zusammenraffen sollte. Sie nahm mich mit zum Speisesaal der Offiziere, wo etwa 18 Männer und Frauen saßen, lachten, tranken und sich vom Tag erholten. Lotte wies mich an, mich auf einen Tisch zu stellen, die Menge verstummte und sah mich zwar fragend, aber erwartungsvoll lächelnd an. Zitternd stimmte ich das Lied über Heimweh an, und da wurden alle ganz still. Manche weinten sogar; sie weinten um ihre eigene Heimat.

Ein regelmäßiger Besucher der Fabrik in Sömmerda war ein würdevoller, sanft sprechender Mann um die 75. Sein nettes Gesicht strahlte nur so vor Liebenswürdigkeit, er hielt sich gerade und hatte ein stolzes, aber auch fröhliches Funkeln in den Augen. Er war der Besitzer der Fabrik gewesen, bevor die Regierung sie für den Krieg beschlagnahmt hatte. Eines Tages kam er während der Mittagspause, als kaum jemand im Büro war, herein und fing ein Gespräch mit mir an. Er sprach ein gehobenes Deutsch, was auf seinen Intellekt schließen ließ, und nur innerhalb weniger Minuten bewirkte seine einladende Art, dass ich ihm unbefangen mein Herz öffnete und ihm Dinge erzählte, die ich sonst nur mit meinen Schwestern teilte.

Danach unterhielten wir uns öfter. Ich erzählte ihm alles über Rachov, das jetzt Rahó hieß, meine Eltern und meine toten Schwestern. Ich erzählte ihm von Suri und Bumi und den Karpaten. Er hatte viel Mitleid mit den Juden, und ich glaube, dass er deswegen so in mich vernarrt war. Hin und wieder schmuggelte er einen Apfel oder Süßigkeiten für mich ins Büro und vergewisserte sich dabei immer, dass niemand die Übergabe mitbekam. Ich erwähnte einmal, dass mein Geburtstag bald bevorstand, und als es so weit war, überraschte er mich mit einem weißen Umschlag.

»Mein liebes Kind, nimm dies und steck es weg! Erzähl niemandem davon!«

Das musste er mir nicht zweimal sagen. Niemals hätte ich diesen Gentleman in etwas verwickelt, das ein Risiko für sein Leben hätte darstellen können. Im Umschlag befand sich eine Geburtstagskarte. Auf die Vorderseite war ein kleines Mädchen mit kurzen dunklen Haaren gemalt, das ein Herz festhielt. Innen stand geschrieben:

»Halt dein kleines Herzchen fest in deinen Händchen.
Weil nur die starken Herzen können das Schicksal überleben.
Alles Gute zum Geburtstag,
kleine arme Judith«

Schnell legte ich die Karte in die Schreibtischschublade und wollte sie dann später am Abend mit zu meinem Zelt nehmen, um sie dort sicher zu verwahren. Kurz darauf kam jedoch eine SS-Frau vorbei und fragte mich, ob ich eine Nagelschere hätte, da ich den Frauen im Büro manchmal die Nägel machte. Sie hieß Ruth, und ich traute ihr nicht über den Weg. Aus ihrem breiten, grimmigen Gesicht blickten harte Augen, und um ihren Mund hatte sie einen bitteren Zug.

»Ja«, sagte ich und öffnete ohne zu überlegen die Schublade. Mit ihrem scharfen Blick sah sie sofort die Karte, nahm sie an sich und begann, sie zu meinem Entsetzen laut vorzulesen.

»So, du hast also einen Geliebten hier im Büro.« Sie musterte mich von oben bis unten, dann beugte sie sich zu mir und sagte weicher: »Du kannst es mir ruhig sagen, weißt du, ich bin deine Freundin.«

Ihre ungewohnte Liebenswürdigkeit überraschte mich, bevor ich jedoch einen Ton von mir geben konnte, hörte ich hinter mir eine vertraute Stimme, die schnell auf Tschechisch zu mir sprach.

»Du hast die Karte heute Morgen auf deinem Schreibtisch gefunden und hast keine Ahnung, wer sie dir geschrieben haben könnte.« Es war Frieda. Sie musste das Geschehen vom Fenster aus, wo der Nachschub übergeben wurde, beobachtet haben und hatte zufällig oder wie durch ein Wunder unser Gespräch mitgehört. Ich wiederholte auf Deutsch, was sie gesagt hatte, und Ruth blickte erst mich, dann Frieda verärgert an. Mit der Karte in der Hand machte Ruth auf dem Absatz kehrt und meldete mich.

Einige lange Stunden später kam ein Offizier namens Otto auf mich zu. Er war sehr unbeliebt und berüchtigt, ein dicker Mann mit einem Gummiknüppel, mit dem er auf jüdische Arbeiter einschlug, wenn sie seiner Meinung nach nicht hart genug arbeiteten. Als sich Otto meinem Schreibtisch näherte, begann ich zu zittern.

»So, mir kam zu Ohren, dass du einen Geliebten hast. Du wirst mir sagen müssen, wer es ist.«

»Ich habe keine Ahnung, wo die Karte herkommt«, antwortete ich, »ich fand sie auf dem ...«

Er schlug hart mit der Faust auf meinen Schreibtisch, und es wurde ganz still im Büro.

»Lüg mich nicht an!«, schrie er. »Wer auch immer es war, er wusste von deinem Geburtstag. Ich bin doch nicht blöd. Unterstellst du mir etwa, dass ich blöd bin?«

»Schauen Sie mich doch an!«, erwiderte ich unterwürfig. »Wer soll mich schon attraktiv finden?« Ich fuhr mit der Hand durch mein raspelkurzes Haar. »Wer würde sich schon in mich verlieben? Niemand hier redet mit mir. Jeder tut so, als hätte ich eine schlimme Krankheit.«

Lange ließ er seinen Blick an mir hoch und wieder runter gleiten. Die Anspannung war deutlich spürbar, niemand im Büro wagte es, auch nur zu blinzeln.

»Nun gut«, sagte er schließlich. »Du wirst mit dem Lagerführer reden. Dann werden wir schon sehen, was an der Sache dran ist.« Mit diesen Worten schritt er davon. Ruth folgte ihm süffisant lächelnd. Obwohl seine Worte wie ein Todesurteil geklungen hatten, war ich sofort erleichtert. Der Oberst war Lottes Mann, und ich war Lottes Liebling.

Als ich an diesem Abend meine Suppe aß, schlenderte Otto in unser Zelt, schwang dabei seinen Knüppel beiläufig hin und her und rief meine Nummer aus.

»Sie soll sich beim Oberst melden.«

Meine Schwestern gerieten in Panik, aber ich war ganz unbekümmert. »Macht euch keine Sorgen! Mir wird schon nichts geschehen.« Ich beschwichtigte sie, während ich aufstand und mein Kleid glattstrich. Schweigsam durchquerten wir das Lager; am Ende unseres kurzen Spaziergangs klopfte Otto kurz an eine Tür und führte mich in das Büro des Obersts. Der Lagerführer war ein leicht ergrauter, gut aussehender, aber pummeliger Mann um die 60 mit wilden und wunderschönen blauen Augen.

Er saß hinter seinem Schreibtisch und hielt die Karte in der Hand. Er las sie mehrmals laut vor, in verschiedenen und fast humorvoll dramatischen Interpretationen. Dann folgte Stille.

»Otto, Sie dürfen jetzt gehen. Ich danke Ihnen.«

Otto, zuvor noch voller Optimismus, stand noch kurz verunsichert da, warf mir einen letzten Blick zu, salutierte und ging.

Der Oberst schaute mich, immer noch hinter seinem großen Mahagonischreibtisch sitzend, über den Rand seiner Brillengläser hinweg an. Er lächelte, und meine Knie hörten auf zu zittern.

»Also, wer hat diesem kleinen jüdischen Mädchen diese Karte geschrieben?«

»Herr Lagerführer«, stammelte ich, »ich fand die Karte auf meinem Schreibtisch, so wie ich es der SS-Frau Ruth schon erklärt habe. Ich habe keine Ahnung, wer sie dort zurückgelassen hat.«

»Aber irgendwoher musst du ihn kennen. Er wusste von deinem Geburtstag.«, schalt er mich.

»Er muss es irgendwann aufgeschnappt haben. Ich schwöre, ich weiß nicht, wer es ist.«, flehte ich ihn an.

Lotte kam in den Raum, lächelte mir freundlich zu und küsste den Oberst. Sie setzte sich auf den Rand seines Schreibtischs und sagte:

»So, jetzt erzählt mal, was hier los ist. Mir sind da Gerüchte zu Ohren gekommen.«

Er reichte ihr die Karte, und während sie las, begann sie hysterisch zu lachen. »›Kleine, arme Judith‹. Aha.« Sie kicherte.

Ich entspannte mich noch mehr, die Situation entwickelte sich mehr zu einem freundlichen Besuch als zu einem Kriegsgericht. Lotte schenkte der Karte auf der Stelle keine Beachtung mehr und wechselte das Thema.

»Judith, ich wollte dich sowieso etwas fragen, weil bald ein großes Fest ansteht. Du wirst doch für uns singen, oder?«

»Natürlich, ich fühle mich geehrt, Frau Lotte.« Ich konnte mein Glück kaum fassen. Wie war es dazu gekommen, dass diese Menschen meine Freunde geworden waren?

Der Oberst schaute mich ernst an. »Ich bin mir sicher, dass du eines Tages als Sängerin Karriere machen wirst.«

Ich war sprachlos. Und dann fragte ich ohne zu überlegen: »Werde ich denn eines Tages frei sein?«

Er hielt inne, und die Stimmung im Raum wurde noch ernster. »Ja, eines Tages wirst du frei sein.« Er sagte es mit sachlicher Stimme, behielt die Karte und entließ mich.

Als ich auf die Tür zuging, rief er hinter mir her: »Judith!« Mein Herz fing wie wild an zu rasen. Trieb er nur seine Spielchen mit mir? Stattdessen erhob er sich, rückte seine Uniform zurecht, kam um den Schreibtisch herum und überreichte mir eine Papiertüte.

»Hier sind Vitamine für dich.« Ich konnte es kaum fassen. Ich dankte ihm, lief rückwärts Richtung Tür, drehte mich um und rannte aus seinem Büro.

Meine Schwestern und Freundinnen warteten voller Sorge auf mich. Ich überreichte ihnen die Tüte und verkündete die Neuigkeit: »Wir werden sehr bald frei sein!« Tatsächlich fand mein Besuch beim Oberst nur einige Monate vor unserer Befreiung statt.

Am nächsten Tag kam ein Offizier, den ich noch nie gesehen hatte, in die Fabrik, um das Rätsel um die berüchtigte Karte zu untersuchen. Es überraschte mich nicht, dass diese Angelegenheit nicht beim Oberst endete. Zum Glück suchte er nicht das Gespräch mit mir und befragte mich auch nicht, vermutlich auf Geheiß des Obersts, dafür befragte er aber alle anderen Mitarbeiter meiner Etage. Dann versuchte der Offizier, die Sache einem armen, jungen und naiven Wehrmachtssoldaten um die 18 mit kindlichen Gesichtszügen anzuhängen, der im Büro nebenan arbeitete. Zum Glück konnte man ihm nichts nachweisen.

Die nächsten Wochen brachten Schießereien und Chaos mit sich. Während der Woche, in der ich Nachtschichten hatte, hörte ich im Radio Hitlers Ansprache ans Reich. »Wir werden den Krieg gewinnen! Wir werden den Krieg gewinnen!« Aber hinter vorgehaltener Hand und verschlossenen Türen erzählten meine zivilen Bürokollegen etwas ganz anderes. Die Russen kamen näher. Um uns herum geriet alles aus den Fugen. Ich konnte es förmlich spüren.

III. BEFREIUNG, FRÜHJAHR 1945

An einem Morgen, es stellte sich heraus, dass es unser letzter Morgen in Sömmerda werden sollte, bereiteten wir uns gerade auf unsere tägliche Arbeitsroutine in der Fabrik vor, da kam Otto in unsere Baracken. Der unerwartete Besuch verängstigte die Frauen; man wusste nie, was von ihm zu erwarten war.

Mit lauter, heiserer Stimme bellte er: »Wir verlassen das Lager. Wir werden marschieren. Jeder, der versucht wegzulaufen oder sich im Lager zu verstecken, wird auf der Stelle erschossen. Und es wird mit keinem Deutschen geredet.«

Und so ließen wir die eine Routine für eine neue hinter uns. Schweigsam marschierten 400 Gefangene durch die kühle Luft des nahenden Frühlings. Wir bewegten uns wie blinde Mäuse und gehorchten jeglichen Befehlen. Wochenlang gingen wir in eine Richtung, um dann spontan die Richtung zu wechseln. Wenn ein amerikanisches oder russisches Flugzeug über uns hinwegflog, schrien uns die SS-Leute an, und wir ließen uns auf den Boden fallen oder zerstreuten uns am Wegesrand. Wenn ein Gefangener stehenblieb, wurde er auf der Stelle erschossen. Wir marschierten den ganzen Tag, von Dorf zu Dorf. Jede Nacht hielten wir an einem Bauernhof an, wo wir in den Ställen eingeschlossen wurden und die SS-Leute sich dann in den beschlagnahmten Häusern zurückzogen. Erschöpft erfreuten wir uns an der Wärme und am Geruch der Tiere sowie am kratzigen Heu. Unsere tägliche Nahrung bestand aus einer gekochten Kartoffel. Ich aß etwas davon am Abend und bewahrte mir den Rest für den Marsch am nächsten Morgen auf. Damit es mir niemand stehlen konnte, schlief ich mit dem Rest der Kartoffel zwischen den Beinen. Wenn am Morgen die Hähne krähten, die SS-Offiziere »Raus!« brüllten und jemand nicht schnell genug aufwachte und aus dem Stall lief, wurde er erschossen.

Jedes Mal wenn die Russen näher aufrückten, wiesen uns die Deutschen an, die Richtung zu wechseln. Ich erinnere mich, wie wir durch eine Kleinstadt liefen und ein verwirrtes Kind unsere geschorenen Köpfe und ausgemergelten Körper unverhohlen anstarrte. »Das sind nur Kriminelle«, erklärte die Mutter ihrem Sohn. Ich sah sicherlich wie eine Kriminelle aus. Ich trug ein Kopftuch über meinem kurzen Haar und hatte mich schon länger nicht mehr im Spiegel angeschaut, Frieda sagte mir jedoch, dass meine Sommersprossen so dunkel und breit geworden waren, dass sie zu einem breiten, braunen, schlammigen Fleck um meine Nase und auf den Wangen verschmolzen. Zum ersten Mal spürte ich, wie die Hoffnung in mir schwand. Das einzige, was ich noch denken konnte, war: »Das war's. Das ist das Ende für uns alle.«

Es war ein endloser Marsch, der nur durch die feindlichen Bombenangriffe, die eine Plage für uns waren, unterbrochen wurde. Die Explosionen donnerten über uns, der Boden bebte unter uns, und sowohl Soldaten als auch Gefangene hetzten dann gleichermaßen von der Straße, um Schutz unter Bäumen oder im Dickicht zu suchen. Es war zwar schon April, aber es war immer noch bitterkalt. Meine durchgelaufenen Stiefel fielen endgültig auseinander, und ich sah mich gezwungen, meine graue Decke zu zerreißen und die Fetzen um meine blutenden Füße zu wickeln. Die körperliche und seelische Qual dieser letzten Wochen war unerträglich. Es quetschte das letzte Fünkchen Leben aus uns heraus, und obwohl wir wussten, dass es nicht mehr lange dauern konnte und dass die Deutschen nicht ewig mit uns herummarschieren konnten, gaben viele auf. Manche legten sich einfach auf die Straße und weigerten sich, wieder aufzustehen. Sie wurden sofort erschossen.

Von uns Mädchen hatte Frieda wegen ihres kürzeren Beins die meisten Probleme. An einem grauen Nachmittag, nach ungefähr drei Wochen, hörte Frieda einfach auf zu laufen. Ich drehte mich fragend zu ihr um und sah ihr ausdrucksloses Gesicht. Ich ging zwei Schritte auf sie zu, nahm sie bei der Hand, aber sie schüttelte mich wieder ab. Die Angst stieg in mir hoch, und entschlossen packte ich sie am Arm, aber sie stieß mich von sich. Einen kurzen Augenblick schauten wir uns regungslos an.

Dann sagte sie leise und ruhig: »Ich kann nicht mehr. Sollen sie mich doch erschießen.« Es fing an, heftiger zu regnen, und die kalten Regentropfen platschten sanft auf die sowieso schon nasse, unbefestigte Straße. Sie trug eine gestreifte, dreckige, bunte Häftlingsmütze. Ich weiß nicht, woher sie die hatte, aber als der Regen stärker wurde, wusch er die Farbe aus der Mütze aus, die ihr ins Gesicht lief, einen schlammigen, clownsartigen Regenbogen auf ihrer Nase schuf und sich in ihren Augenringen sammelte. Sie sah grotesk aus.

Als ihre Knie nachgaben, schlangen Marta und ich unsere Arme um Friedas Taille, zogen sie wieder hoch, legten ihre Arme um unsere Schultern und schleiften sie mit. Sie flehte uns an: »Bestraft mich nicht! Hört auf, mich mitzuzerren! Ich kann nicht mehr. Ich werde nicht überleben. Lasst mich hier und geht. Falls ihr überlebt, sagt ihnen, dass ich es versucht habe. Ich habe es wirklich versucht. Bitte … lasst mich!« Aber wir trugen sie mit uns, und ihre Stiefel zogen dabei Spuren durch den Schlamm. Wir marschierten weiter.

Die Tage gingen mühevoll und schleppend dahin. Eines Abends waren wir in einem Stall gleich den vielen anderen Ställen in den Nächten zuvor, aber diese Nacht, als die Bäuerin mit den Kartoffeln kam, brachte sie uns auch ein wenig Gemüse und Zuckerrüben, das wir in kleine Stückchen brachen und dann miteinander teilten. Sie lächelte freundlich, während wir aßen. Sie behandelte uns so nett und mitfühlend, dass ich mich später, als ich mit dankbarem und gesättigtem Bauch im Stroh lag, tief in meinem Inneren fragte, ob es doch noch Hoffnung für uns gab.

Als es schon lange dunkel und still war und das Mondlicht durch die dünnen Bretter der Stallwände fiel, weckte Chaichu Marta, Frieda und mich leise auf. Sie achtete darauf, dass die anderen Mädchen nicht wach wurden, und flüsterte: »Ich habe eine Idee. Frieda kann nicht mehr laufen. Wir können nicht mehr lange so weitermachen … Ich glaube, dass wir uns hier im Heu verstecken sollten. Die Frau hat Mitleid mit uns, und ich glaube nicht, dass sie es übers Herz bringen wird, uns zurückzuschicken, wenn sie uns findet.« Wir blickten einander ernst an. Das war zwar ein gefährlicher Plan, aber hatten wir eine Wahl? Wir suchten uns bequeme und unauffällige Plätze, in denen wir uns vergruben, und warteten bis Sonnenaufgang.

Am nächsten Morgen, als die Türen aufgerissen wurden und der müde SS-Offizier heiser »Raus!« schrie, blieb ich still im Heu und Dreck vergraben liegen, auch wenn der Staub mir zusetzte, in meinen Mund eindrang und in meinen trockenen Augen juckte. Es folgte das übliche Spektakel: Schritte, einige nüchterne und bestimmte Worte, dann fielen die Türen wieder zu. Es breitete sich Stille über den Stall aus, die Art von Stille, die ich nicht mehr gehört hatte, seit ich meine Heimatstadt verlassen hatte. Es wurde so unglaublich ruhig; die Stille wurde nur von Geräuschen, die hin und wieder durch das abgesunkene Dach schallten, und die wiehernden Pferde unterbrochen. Ich blieb den ganzen frühen Morgen über halb erfroren versteckt liegen, atmete die Landluft ein, war aufgeregt und erleichtert. Dann war wieder das Knarzen der sich öffnenden Tür zu hören, und die Sonne fiel auf den Boden. Ich hielt den Atem an, mein Magen verkrampfte sich. Sobald ich ihn mit den Tieren reden hörte, war mir klar, dass es der Bauer war.

Obwohl wir das Gefühl hatten, dass man ihm trauen konnte, wollten wir zumindest eine weitere Nacht und noch einen Tag warten, damit es der SS unmöglich würde, zurückzukommen und uns zu holen.

Und dann war es vorbei mit der Stille. »Verdammte Scheiße! Was macht ihr hier?« Meine Muskeln waren von Kopf bis Fuß angespannt, und ich hielt den Atem an. Ich hörte nur noch das Geräusch meines pochenden Herzens in den Ohren. Und dann hörte ich ein fremdes Mädchen weinen, und mit Entsetzen wurde mir bewusst, dass wir nicht die einzigen Gefangenen gewesen waren, die die Idee gehabt hatten, zurückzubleiben.

»Ihr könnt hier nicht bleiben. Die werden wiederkommen und euch erschießen. Die werden mich erschießen!« Er stürmte durch den ganzen Stall, suchte nach mehr Gefangenen, und tatsächlich wurde er fündig.

»Wo auch immer ihr seid, ihr solltet besser rauskommen. Ich weiß, dass noch mehr von euch da sind.« Er fing an, mit seiner Schaufel durch das Stroh zu stochern. Langsam schob ich das Heu von meinem Körper, stand auf und erblickte mindestens 15 andere ängstliche und ausgemergelte Frauen. Die Bäuerin kam, durch die Flüche und Schreie ihres Mannes aufmerksam geworden, in den Stall gerannt.

»Schrei doch nicht so rum, wir kriegen das schon irgendwie hin. Wir schicken sie zurück.«, besänftigte sie ihn.

»Ich wusste, dass das passieren würde.« Er ließ seine Schaufel fallen und schnappte sich die Heugabel, mit der er wild in unsere Richtung fuchtelte. »Geh, Theresa, und schau, ob du sie noch einholen kannst.«

Die Frau hielt inne und verschwand. Wir alle warteten atemlos und waren völlig am Ende. Sie kam nur wenige Minuten später wieder und hielt in ihren ofenbehandschuhten Händen einen großen Topf mit dicker Suppe. Ich weiß noch genau, wie diese himmlisch heiße, mit Zuckerrüben gesüßte Kartoffelcremesuppe schmeckte. Sie bestand darauf, dass wir blieben und uns tagsüber und während der darauffolgenden Nacht erholten. Und obwohl sie ihrem Mann gegenüber Wort hielt und uns am nächsten Morgen wegschickte, hatte sie uns mit ihrer Freundlichkeit unser Leben wiedergegeben.

An diesem Punkt hätten wir einfach fliehen können, wir versuchten jedoch gar nicht erst zu rennen. Wir wussten, dass es nicht mehr lange dauern konnte und die Amerikaner oder Russen ganz in der Nähe sein mussten, aber keine von uns hätte die Kraft gehabt, in der Kälte auf dem Land zwischen den Dörfern zu überleben. Wir waren so verdreckt und voller Läuse und so sehr daran gewöhnt, dass man uns einsperrte und Befehle gab und bewachte, dass wir nichts weiter als eine Herde dümmlich folgender Schafe waren. Als also am nächsten Morgen der Bauer seinen Stall öffnete, gingen wir los und begaben uns auf die Suche nach unserem ›Todesmarsch‹. Wir vermuteten zwar, dass wir für unseren Ungehorsam bestraft oder getötet werden würden, aber niemand mehr fürchtete sich davor. Der Geschmack der Kartoffelsuppe war es mir wert gewesen, gegen die Regeln zu verstoßen, ich war zufrieden und hatte mich mit meinem Schicksal abgefunden. Mit unseren vollen Bäuchen und ausgeruhten Füßen fiel es uns leicht, die Gruppe durchnässter Wächter und Gefangenen einzuholen. Erstaunlicherweise krümmte uns der Kommandant kein Haar – er war zu diesem Zeitpunkt viel zu sehr in Sorge darüber, wie er seinen eigenen Hals retten sollte, als sich mit ausgehungerten Gefangenen zu befassen. Deutschland war dabei, den Krieg zu verlieren, die Luft hallte beängstigender- und gleichzeitig zufriedenstellenderweise davon wider. Es grenzte an Absurdität, dass wir einfach weitermarschierten.

Am nächsten Abend saßen wir in alter Routine wieder in einem Stall am Rand irgendeiner Stadt fest. Meine Füße schmerzten, da die Deckenfetzen, die ich um meine Knöchel gewickelt hatte, verschlissen waren und immer dünner wurden. Mein Magen, der Gefallen an dem dampfenden Essen gefunden hatte, knurrte wütend. Es war Anfang Mai 1945, aber Wind setzte uns zu, und es lag wieder eine dichte Schicht Schnee auf dem Boden. Mir war aufgefallen, dass bei einer der SS-Frauen der Saum eines zivilen Kleides unter ihrer Uniform zum Vorschein kam, was ich sehr seltsam fand. Und die Luft war wie aufgeladen; unsere Entführer waren unruhig und benahmen sich merkwürdig. Ich stand wie unter Strom, fühlte mich lebendig und hatte abends, trotz meiner Erschöpfung, Mühe einzuschlafen.

Am Morgen hörten wir das vertraute Krähen des Hahns. Der Bauer versorgte seine Tiere und lugte ängstlich durch die Spalten seiner Stallwand zu uns hinein, als wären wir Tiere, von denen er schon gehört, aber die er noch nie gesehen hatte. Wir warteten auf das »Raus!« der SS, aber niemand kam.

Dann wurde die Stille von aufheulenden Motoren und Panzern durchbrochen. In weiter Ferne hörten wir Schüsse. Eine Frau sagte: »Wir sollten im Stall bleiben. Man könnte uns umbringen; wer weiß, ob die Russen uns überhaupt erkennen!« Aber ein mutiges junges Mädchen durchquerte auf wackeligen Knien den Stall und überprüfte die Tür. Sie lächelte triumphierend, als die Tür, die offensichtlich nicht verbarrikadiert war, knarrend einen Spalt weit aufging. Als Sonnenstrahlen durch den Spalt fielen, schluchzte sie auf: »Wir sind frei, es ist niemand mehr da, der uns bewacht!«

Keine bewegte sich. Keine sprach. Und dann stürzten alle auf einmal in einer Geschwindigkeit zur Tür, die niemand für möglich gehalten hätte.

Ich lief in die Sonne und sah das Schönste, was ich je in meinem Leben gesehen hatte. Muskulöse russische Soldaten saßen auf langsam vorwärts rollenden Panzerwagen und grinsten uns breit an. Wir liefen neben ihnen her und bettelten in gebrochenem Russisch um Essen. Ein

Mann fing an, Dosen in den matschigen Schnee zu werfen, aber wir hatten keine Messer. Frieda, Chaichu, Marta und ich rannten zurück zum Bauernhof und flehten die Familie an, uns zu geben, was sie entbehren konnten.

Nach wenigen Stunden brachen wir wieder auf. Einige der Frauen waren schon verschwunden, andere hatten sich entschieden, sich noch etwas länger am Ort auszuruhen. Von den vorbeifahrenden Russen und der Familie erfuhren wir, dass wir in der Nähe des Sudetenlands waren, das bis 1938 zur Tschechoslowakei gehört hatte. Wir fuhren per Anhalter auf russischen Armeelastwagen und Bauernkarren mit, bis wir geteerte Straßen und ein paar Autos sahen. Es gab Schilder, die auf einen naheliegenden Ort namens Tüppelsgrün hinwiesen.

Die größte Tragödie während unserer ersten Tage in Freiheit bestand darin, dass viele Gefangene starben oder krank wurden, weil sie sich überfraßen; ich weiß noch genau, wie schwer es uns fiel, uns nach dem langen Hungern zu mäßigen. Trotzdem fingen wir nur langsam, mit einfachem Brot und Suppen an.

In den Wochen nach der Befreiung herrschte auf den Straßen ein geschäftiges und chaotisches Durcheinander von Menschen aus ganz Europa. Russische Soldaten mischten sich unter die jüdischen Überlebenden und die deutsche Zivilbevölkerung, und die Märkte hallten nur so vor Sprachen aus allen Ecken der Gegend und darüber hinaus wider. Es wurde viel und ausgelassen gefeiert, nachts wurde auf den Straßen getrunken und getanzt. Alle waren offen und freundlich, man wurde auf der Straße schnell von Fremden in Gespräche verwickelt, erkundigte sich nach der Situation des jeweils anderen, seinen Erlebnissen und nach vermissten, geliebten Menschen. Wir fragten jeden, den wir trafen, nach allen, die wir in unserem alten Leben gekannt hatten. Die Fenster der Poststellen und der Gebäude vom Roten Kreuz waren zugepflastert mit zerknitterten Listen von »gefundenen« Menschen, Frauen und Männer säumten die Straßen und rempelten sich gegenseitig an, um in einer Mischung aus Angst und Hoffung einen Blick auf die Listen zu werfen.

Als wir uns nach ein paar Wochen an unser neues Leben gewöhnt hatten, wollten wir unbedingt den Rest unserer Familie wiederfinden –

in der Hoffnung, dass zumindest Bumi und Suri es durch den Krieg ge-schafft hatten. Vom Sudetenland aus wollte Marta unbedingt nach Prag reisen. Sie war davon überzeugt, dass ihr Schwager, ein erfolgreicher Anwalt, der oft davon gesprochen hatte, nach Prag ziehen zu wollen, möglicherweise überlebt hatte und tatsächlich dorthin gezogen war. Marta hatte noch zwei Schwestern, aber sie war sich sicher, dass ihre älteste Schwester und ihre drei kleinen Nichten die Lager nicht über-lebt hatten. Dann hatte sie noch eine Schwester, die auch einige Jahre älter war, aber sie hatte keine Ahnung, wo sie nach ihr suchen sollte, und war der Meinung, dass sie genauso gut in Prag wie in jeder ande-ren Stadt mit der Suche anfangen könnte. Meine Schwestern und ich hatten nicht einmal eine Vorstellung davon, wo wir mit unserer Suche beginnen sollten, und wir einigten uns, dass wir uns auf den Weg nach Prag machen würden, um unsere Freundin zu begleiten.

Wir reisten mit dem Zug, den wir während der Übergangszeit zwi-schen Krieg und Frieden umsonst nutzen konnten und der vor Zivi-listen und russischen Soldaten nur so überquoll. Wegen der Überfül-lung waren wir oft gezwungen, draußen auf den Übergangsbereichen zwischen den Wagen zu stehen, wo uns dann stundenlang der Wind durch das Haar wehte und wir uns mit tauben Fingern an der Seite des dahinsausenden Zuges festklammerten.

Am zweiten Nachmittag unserer Reise nach Prag, während wir uns über das Getöse des Zugs hinweg versuchten zu verständigen, schob ein betrunkener, auf wackeligen Beinen stehender russischer Soldat die schwere Tür auf und steckte seinen Kopf heraus. Als er uns sah, grinste er lüstern, bevor er sich langsam in unsere Richtung schob und dabei lallte: »Dawaj Djewuschka!« [Komm schon, Mädchen!]. Wir ver-suchten, ihn zu ignorieren, und Frieda drehte ihm kalt den Rücken zu, aber er hörte nicht auf, drängte sich weiter auf unsere enge Stehfläche und lehnte sich auf seinen unsicheren Beinen stehend an uns. Ich hatte furchtbare Geschichten von russischen Soldaten gehört, die junge deut-sche und jüdische Mädchen vergewaltigten, und mein Herz klopfte mir bis zum Hals. Als wir sahen, dass es sinnlos war, ihn zu ignorieren, flehten wir ihn an, uns bitte in Ruhe zu lassen, aber unser Unbehagen schien ihn nur noch mehr anzustacheln, er beugte sich zu mir und sein fauler Atem drehte mir den Magen um.

Auf einmal verschwand sein Lächeln, und er schrie mich an: »Wenn du nicht gefügig bist, schmeiße ich dich vom Zug!« Mir wurde übel, und mein einziger Gedanke in diesem Moment war, dass dieser Idiot von einem Mann uns nach allem, was wir durchgemacht hatten, mit einer einzigen Bewegung umbringen konnte. Wir flehten ihn in gebrochenem Russisch an: »Wir sind Überlebende der Nazis, bitten lassen Sie uns in Ruhe!«, aber er ließ sich nicht beschwichtigen.

Dann hörten wir einen Tumult irgendwo aus dem Inneren des überfüllten Wagens, wo sich eine kleine Gruppe russischer Soldaten einen Weg zu uns durch die Menge bahnte. Die kalte, schwere Tür wurde geöffnet, eine große Hand griff nach dem Soldaten und riss ihn am Kragen seiner Uniform zurück. Beim nächsten Halt warf man ihn aus dem Zug, und er wurde in Handschellen abgeführt. Als der Zug wieder losfuhr, luden uns der russische Offizier und seine vier Freunde aus Mitleid oder vielleicht Scham über das Verhalten eines der ihren zu sich in den Wagen ein. Sie drängten uns, ihre ›Kolbasa‹ [Wurst] und ihr Brot zu essen und führten uns in Versuchung, Wodka zu trinken, wir waren damals jedoch immer noch der Meinung, dass ein gutes jüdisches Mädchen niemals Alkohol trank. Sie waren wirklich reizend, und wir unterhielten uns und lachten, während die Sonne hinter uns unterging. In unserem schlechten Russisch erzählten wir ihnen einige unserer Erlebnisse, und sie hörten uns mit sich verdüsternden Gesichtern schweigsam zu, wobei sie sich ohne Zweifel an ihre eigenen Verluste erinnerten. In dieser kurzen Zeit der warmen und angenehmen Gesellschaft fühlte ich mich so sicher wie schon lange nicht mehr. Bis es Nacht und der Wodkapegel in der Flasche immer niedriger wurde, denn da fingen die Männer an, etwas zu nett zu werden. Wir dankten ihnen für ihre Freundlichkeit und erklärten ihnen, dass wir uns jetzt auf den Weg machen mussten. Obwohl der Zug unser Ziel noch lange nicht erreicht hatte, stiegen wir am nächsten Bahnhof aus. Wenn man jung und am Leben war, waren diese Monate nach dem Krieg eine unbeschreibliche Zeit.

Der Zug fuhr in die Dunkelheit davon, und wir befanden uns jetzt in einem Vorort von Kaschau, einer der größten Städte der Slowakei, wo die Menschen immer noch Ungarisch sprachen. Jeder, nicht nur Juden, wirklich jeder war auf der Suche nach Angehörigen, und es herrschte ein unglaubliches Sprachendurcheinander im Bahnhof, wo Menschen in der warmen Abendbrise aneinander vorbeihuschten. Während wir auf dem Bahnsteig standen, uns ein wenig verloren fühlten und darüber nachdachten, ob wir das Risiko eingehen sollten, im Dunkeln den Nachtzug zu nehmen, kam ein großer, sehr dünner und sehr ernst aussehender Mann auf uns zu und fragte uns in wunderbarem Jiddisch, wohin wir reisten. Er sagte uns, sein Name sei Chaim und dass auch er ein Überlebender sei, dessen Arbeit jetzt darin bestand, jungen Juden zu helfen und ihnen eine Unterkunft zu besorgen. Er überzeugte uns, einige Tage in Kaschau zu bleiben. »Schließlich könnten sich eure Angehörigen genauso gut hier wie an jedem anderen Ort der Welt befinden.«, sagte er achselzuckend. Er nahm uns direkt vom Bahnhof zu einer netten Jugendherberge am Stadtrand mit. Er begleitete uns zu einer Küche, wo es dank der Amerikaner heiße Mahlzeiten umsonst gab und erzählte uns ein wenig von seiner eigenen Leidensgeschichte. Dann fand er zwei Zimmer mit jeweils zwei Betten für uns, und während er uns dabei half, uns einzurichten, erfuhren wir, dass seine Hauptarbeit beim Verband darin bestand, Jugendliche anzuwerben, die daran interessiert waren, nach Palästina zu gehen, um ihnen Hebräisch beizubringen und sie für ein Leben im Kibbuz vorzubereiten. »Wir Juden müssen unser eigenes Land aufbauen. Wir brauchen einen Ort, den wir unser eigen nennen können, wo es nie mehr möglich sein wird, unser Volk zu dezimieren.«

Obwohl ich mit 16 die Bedeutsamkeit dieser Idee nachvollziehen konnte und wusste, dass ich eines Tage nach Palästina gehen wollen würde und dort meinen Traum, Sängerin zu werden, verwirklichen wollte, bestand meine Mission jetzt darin, die Überlebenden meiner Familie wieder zu vereinen. Ich hoffte vor allem, Suri wiederzufinden, die jetzt mit 21 Jahren bestimmt zu einer schönen, selbstbewussten Frau herangewachsen war. Auch wenn ihre Überlebenschancen aufgrund der Tatsache, dass sie mit einem kleinen Kind in ein Lager gebracht worden war, geringer waren, wollte ich nicht aufhören zu suchen, bis ich sie fand.

Hier im Randbezirk von Kaschau gab es kein organisiertes ›DP‹-Lager [Displaced Persons], wie es in den anderen größeren Städten der Region üblich war. Es gab einige junge Männer und Frauen auf unserer Etage, die Überlebende waren, aber viele waren auch tschechoslowakische Partisanen, die dafür gekämpft hatten, ihre eigenes Volk von den Nazis zu befreien, und die jetzt dazu herangezogen worden waren, unser Haus und andere Häuser dieser Art zu organisieren. Sie trugen Zivilkleidung, jedoch mit schweren Stiefeln und Revolvern am Gürtel kombiniert. Während der ersten Tage lernten wir eine Gruppe dieser jungen Männer kennen, wir flirteten mit ihnen auf den Korridoren, aßen gemeinsam in der Cafeteria und freundeten uns an. Als unsere erste Woche fast um war, luden wir sie sogar auf unsere Zimmer ein. Ich erinnere mich an keinen mehr, bis auf einen. Er hieß Daniel und war mit 23 der Älteste der Gruppe. Er war groß, hatte blond gelocktes Haar und intensive blaue Augen. Er erinnerte mich an Gary Cooper. Daniel war ein ruhiger Typ. Während die anderen jungen Männer schwatzten und flirteten, stimmte er selten mit ein, und wenn doch, dann nur mit einer wohlüberlegten und klugen Bemerkung oder Beobachtung. Wir unterhielten uns, und ich musste in mich hineinlächeln bei dem Gedanken, dass dieser junge Mann meinem Vater sehr missfallen hätte. In Rachov hätte ich nicht einmal im Traum daran gedacht, mit einem Nichtjuden zu flirten, aber hier und jetzt ... »Nun ja, die Welt hat sich so schnell verändert«, rechtfertigte ich mich vor mir selbst, »er ist zwar kein Jude, aber er ist mutig und klug und war daran beteiligt, uns von den Nazis zu befreien.« Falls Daniel mich um eine Verabredung bitten würde, beschloss ich, trotz des missbilligenden Geistes meines Vaters, der sich mir sicherlich bemerkbar machen würde, mich darauf einzulassen.

Während unserer zweiten Woche in Kaschau lud uns Daniel an einem schönen warmen Nachmittag ein, mit ihm auf den Markt zu gehen. Er schaute in unserem Zimmer vorbei, um uns abzuholen und setzte sich unbefangen auf einen Stuhl in der Ecke, wo er darauf wartete, dass wir uns zum Weggehen fertig machten.

»Frieda, Jentela, seid ihr bereit?«, rief Marta, als sie ungeduldig an unsere Tür klopfte.

»Wir kommen!«, rief Frieda zurück und hüpfte zur Tür raus. Ich schlüpfte in meine Schuhe, um ihr zu folgen, bedeutete Daniel mitzukommen, da sah ich, dass er seinen Revolver herausgezogen und angefangen hatte, ihn zu putzen. Meiner Ansicht nach eine merkwürdige

Geste, aber ich dachte mir nichts weiter dabei. Ich ging schon auf die Tür zu, da hörte ich das Geräusch des sich spannenden Revolverabzugs und erstarrte. Ich drehte mich um und sah, wie er mit ausgestrecktem Arm den Lauf des Revolvers direkt auf mich gerichtet hatte.

»Du gehst nirgendwohin!«, sagte er eigenartig schelmisch.

Ich lachte über seine Albernheit, wandte mich wieder der Tür zu und griff nach der Klinke, da erklang ein ohrenbetäubendes Geräusch. Bis auf Verwirrung fühlte ich zunächst nichts, und als ich mich wieder zu ihm umdrehte, sah ich mein leichenblasses Gesicht in einem matten, antiken Spiegel hinter seinem Stuhl – und ein rotes, immer größer werdendes Loch in meiner Wange.

Ich hörte die Schreie meiner Schwestern und das Dröhnen ihrer Schritte, die vom anderen Ende des Korridors auf mich zukamen. Ich hörte Daniel, der zu mir stürzte und schrie: »Lieber Gott, was habe ich getan, was habe ich getan?«

In diesem Moment wurde mir bewusst, was geschehen war. Er hatte auf mich geschossen. Ich würde sterben. Dann wurde alles schwarz.

Ich öffnete meine Augen, und alles war weiß. Ein Zimmer im Krankenhaus. Etwas in meinem Gesicht fühlte sich merkwürdig an, und als ich meine Wange berühren wollte, fanden meine Finger nur mehrere Lagen dicker, gefühlloser Gaze vor, die um meinen ganzen Kopf gewickelt war und nur meine Augen und den Mund frei ließ. Als es in meiner Verwirrung und albtraumhaften Welt wieder etwas klarer wurde, sah ich meine Schwestern und Marta mit besorgten Gesichtern um mich herum stehen. Ich schloss meine Augen und musste wohl eingeschlafen sein, denn das nächste, woran ich mich erinnere, war ein Arzt, der am Fußende meines Betts stand und sich leise flüsternd mit Frieda unterhielt.

»Was ist passiert?« Meine Stimme klang scheppernd und gebrochen.

»Du bist ein wahres Wunder, Judith. Man hat dir in die Wange geschossen, aber mach dir keine Sorgen. Es wird alles wieder gut!«, beruhigte mich der Arzt.

»Werde ich ...«, fragte ich kaum hörbar: »Werde ich eine Narbe behalten?« Mir graute davor, durch eine Narbe entstellt zu sein.

»Die rechte Seite deines Gesichts wird eine ganze Weile ziemlich geschwollen sein, aber sobald sie verheilt ist, wirst du genauso hübsch wie vorher sein. Aber vielleicht haben wir dir ein neues Grübchen verpasst.« Der Arzt öffnete seine Handfläche und brachte eine makellose Kugel zum Vorschein, die er mir in die Hand legte. Chaichu lachte erleichtert auf, aber als ich Frieda ansah, fing sie an zu schluchzen. Ich nahm ihre Hand: »Es geht mir gut, es geht mir gut ...«, wiederholte ich unzählige Male.

Ich war ein Wunder. Die Kugel war durch meine Wange eingedrungen, hatte ihre Flugbahn in meiner Mundhöhle fortgesetzt und war auf der Rückseite meines Nackens steckengeblieben – ein Phänomen, das sich die Ärzte nicht erklären konnten; aber zumindest konnte die Kugel in einer einfachen Operation entfernt werden. Nach drei Wochen wurde der Verband entfernt, dennoch blieb die eine Hälfte meines Gesichts noch einen ganzen Monat lang angeschwollen. Ich konnte meinen Mund kaum öffnen und erst recht nicht kauen. Meine Schwestern fütterten mich mithilfe eines Strohhalms, und wieder nahm ich schnell an Gewicht ab.

Während der Wochen im Krankenhaus hatte ich auch viele einsame Mahlzeiten und schlaflose Nächte, in denen ich nachdachte. Ich war in der Blüte meines Lebens, und es warteten noch so viele neue Erfahrungen auf mich. Ich war wie durch ein Wunder verschont geblieben, andere nicht. Und wegen eines dummen Unfalls war ich dem Tod so nah gewesen, nachdem ich so viel überlebt hatte!

Daniel war untröstlich und erschien jeden Tag mit bunten Blumensträußen, einer Auswahl an Süßigkeiten und anderen kleinen Geschenken in meinem Zimmer. Obwohl ich ihm immer wieder versprach, dass ich ihm verziehen hatte, konnte ich ihm nie wieder in die Augen schauen. Er war sechs Jahre älter als ich, gutaussehend und hatte den Eindruck eines intelligenten und mutigen Soldaten auf mich gemacht, doch alles, was ich jetzt sah, war ein unreifer Junge mit einer Waffe. Ich kam nicht darüber hinweg, dass jemand, der an der Waffe ausgebildet war, einen derartig dummen und furchtbaren Fehler machen konnte. Ich glaube, dass es ihm genauso ging.

Obwohl ich lebte und alles gut verheilte, war ich ein anderer Mensch geworden. Der Anblick oder das Geräusch eines Gewehrs versetzte mich in Angst und Schrecken. Ich wurde vorsichtiger, wenn ich mich mit Fremden unterhielt, und ich hörte auf, mit den Jungen auf der Straße zu flirten. Ich glaube, mir wurde zum ersten Mal bewusst, dass ich mit 16 für mich selbst verantwortlich war und dass selbst Menschen, die beste Absichten hegten, mir wehtun konnten. Insgeheim machte ich mir Sorgen, ob Gott oder mein Vater mich dafür bestraft hatte, dass ich mich auf Beziehungen mit Nichtjuden eingelassen hatte.

Letzten Endes fanden wir in Kaschau nichts über unsere Angehörigen heraus und blieben nur bis zu meiner Genesung. Zum Ende des Monats entschieden wir, dass ich jetzt kräftig genug zum Reisen war, wenngleich die rechte Seite meines Gesichts noch immer etwas blau und unförmig aussah. Ich fühlte mich schwach und meine Albträume waren voller Verstümmelungen und Blut, aber ich konnte wieder feste Nahrung zu mir nehmen und nahm auch an Gewicht zu.

In dieser Zeit diskutierten wir stundenlang darüber, wohin wir als nächstes fahren wollten; Deutschland, Ungarn, vielleicht sogar zurück nach Hause. Als ich wieder bei Kräften war, beschlossen Frieda und ich, nach Budapest zu reisen, da wir gehört hatten, dass viele Vertriebene sich dort niederließen und wir der Meinung waren, dass unsere Chancen, Suri und Bumi wiederzufinden, dort am höchsten waren. Weil Marta ganz allein war und unbedingt ihre Suche in Prag fortführen wollte und weil sie und Chaichu sich so nahe standen, willigte Chaichu ein, sich von uns zu trennen und Marta zu begleiten. Sie versprachen uns, einmal in Prag angekommen, auf jeden Fall dort zu bleiben, und wir versprachen ihnen, dass wir nachkommen und sie finden würden. So verabschiedeten wir uns eines Morgens, umarmten uns und weinten, Frieda und ich trotzten abermals den überfüllten und chaotischen Zügen und hofften auf eine sichere Reise und vielleicht sogar auf Sitze im Abteil.

In Budapest ging es überraschenderweise organisiert zu. Das ›DP‹-Lager bestand aus einem zentral gelegenen, gut zugänglichen, fünf Etagen hohen Gebäude, das Überlebenden vorbehalten war.

Ich weiß nicht mehr, woher mir plötzlich der Gedanke kam, aber direkt nach unserer Ankunft in Budapest fing ich an, nach dem jungen Mann zu suchen, der damals in Rachov ein Zimmer bei meiner Familie gemietet hatte.

Ich hatte nicht viel Mühe, Pista Greiner nach dem Krieg wiederzufinden, denn er trug einen berühmten Familiennamen. Er war außer sich vor Freude, als er hörte, dass ich überlebt hatte, und er wiederholte immer und immer wieder am Telefon, wie sehr er sich darauf freute, mich zu sehen, mehr über meine Familie und meine ganze Geschichte zu erfahren, und wir verabredeten uns. Am nächsten Tag holte er mich in unserer Wohnung ab. Sein Anblick überraschte und bestürzte mich. Pista war nur noch ein Schatten seiner selbst. Das einzige, woran man ihn noch erkennen konnte, waren seine dicken Brillengläser. Er war mit 31 Jahren ein Greis, sah erschöpft aus und war leicht gekrümmt. Von den teuren Anzügen, die nach der neuesten Mode geschnitten waren, war nichts mehr zu sehen, und als ich ihn anlächelte und begrüßte, wurde mir mulmig. Ich begann zu bereuen, dass ich nach ihm gesucht hatte.

Das Wetter war schön an diesem Nachmittag, und wir beschlossen, einen Spaziergang zu machen. Während wir durch die Stadt wandelten, erzählte er mir, dass der Übertritt zum Katholizismus seiner Familie nichts genützt hatte. Sein Vater wurde vor seiner Bank von der SS niedergeschossen, das Haus zerbombt. Er freute sich jedoch, mir mitteilen zu können, dass seine Mutter, die ihm damals jede Woche die Päckchen mit Schokolade und Sardinen geschickt hatte, überlebt hatte und dass sie beide gesund waren und zusammen in ihrem Haus lebten. Nach dem Krieg entschied er sich, in die Fußstapfen seines Vaters zu treten und nahm eine Tätigkeit in derselben Bank auf, in der sein Vater Direktor gewesen war. Und dann, auf einmal, überfiel er mich ganz aufgeregt mit seinen Plänen für mich: »Juditka, ich möchte, dass du in Budapest bleibst. Ich möchte, dass du wieder zur Schule gehst. Ich werde dich meiner Mutter vorstellen, du kannst mit ihr in ihrem Haus leben; es ist ein sehr schönes Haus. Ich werde für alles aufkommen.« Er blieb stehen und nahm meine Hände. »Das Schicksal hat es so gewollt, dass wir uns wiederfinden.«

Ich war sprachlos vor Entsetzen. Ich war 16 und mir völlig im Klaren darüber, dass ich das Leben, das er mir anbot, nicht wollte. Ich ließ ihn fröhlich weiterschwatzen, während wir weitergingen; als wir am Ende unseres Spaziergangs jedoch an meiner Wohnungstür angelangt waren, sagte ich ihm so freundlich und bestimmt wie möglich, dass ich nicht in Budapest bleiben würde. Ich sagte ihm auch, dass ich ihn nicht mehr sehen wollte.

»Wahrscheinlich darf ich dich zum Abschied nicht mal küssen, oder?« Er schaute mich verzweifelt und gleichzeitig verärgert an. Vor Verlegenheit fehlten mir die Worte. Ich schüttelte den Kopf, tastete nach dem Türgriff hinter mir und schlüpfte in die Wohnung. Ich fühlte mich überhaupt nicht zu ihm hingezogen, und bei der Vorstellung, wie sich seine Lippen auf meine drückten, lief es mir kalt den Rücken runter. Ich fühlte mich schrecklich. Warum hatte ich ihn wiedersehen wollen? Ich musste mir selber gegenüber eingestehen, dass ich ihn auch damals in Rachov nicht besonders anziehend gefunden hatte. Warum nur hatte ich gedacht, es könnte jetzt anders sein? War es redlich gewesen, ihn wiederzusehen, nur um meine Neugierde zu befriedigen? Um meinem Selbst gut zu tun?

Ich schloss die Tür hinter mir, wirbelte herum und blickte in Friedas erwartungsvolles Gesicht.

»Ich werde ihn nie wiedersehen. Hast du gesehen, wie er aussah?«

Einen kurzen Augenblick standen wir nur da und sahen uns an. Dann lachte sie erleichtert.

»Gott sei Dank!«

Wenn ich jetzt auf diese Situation zurückschaue, wird mir bewusst, dass ich ihn sogar als Kind in Rachov nur deswegen so gemocht hatte, weil er mir das Gefühl gegeben hatte, wichtig zu sein, auch seine Intelligenz hatte ich bewundert. Wenn ein solch kluger und weltgewandter Mann sich für ein kleines ungebildetes Mädchen aus der Kleinstadt interessierte, bedeutete das nicht, dass ich irgendwie etwas Besonderes sein musste?

Ich war ja noch so jung.

Pista war nicht der einzige alte Bekannte, dem ich während der wenigen Wochen in Budapest begegnete. Zu Beginn unseres Aufenthalts spazierten Frieda und ich eine der Hauptstraßen entlang, da sah ich in einiger Entfernung eine Silhouette, die mir bekannt vorkam. Es war an einem sehr warmen und sonnigen Nachmittag, und die von der Straße reflektierte Sonne brannte mir Löcher in die Augen. Obwohl ich das Gesicht wegen des Sonnenlichts nicht richtig erkennen konnte, wurde mir fast auf der Stelle klar, wen ich da erblickte. »Bunye Tesler!«, schrie ich auf, rannte auf ihn zu und ließ eine verwirrte Frieda hinter mir stehen.

Sein Gesicht war dünner, und er sah noch verhärmter und abgespannter aus, als ich ihn in Erinnerung hatte. »Es ist Bunye!« Ich drehte mich noch einmal zu Frieda um, die ihn immer noch nicht bemerkt hatte.

Wir waren so froh, uns zu sehen, umarmten und küssten uns und sprachen die ersten Minuten kaum ein Wort. Dann erstarrte ich, und die Farbe wich aus meinem Gesicht, als mir allmählich etwas dämmerte. Er ließ mich los, als er merkte, wie steif ich wurde.

»Hast du deinen Vater gesehen? Hast du ihn schon gefunden?«, flüsterte ich.

»Was meinst du damit? Warum fragst du das?«

»Bunye, dein Vater, dein Vater lebt. Ich weiß aber nicht, wo er ist.«

Bunye war völlig überrumpelt von dieser Neuigkeit. Dann packte er mich aufgeregt und grob an den Schultern. »Hast du ihn gesehen?! Wo?«

»Vor einer Weile habe ich mich nach dir erkundigt, und jemand aus Sighet hat mir gesagt, dass dein Vater am Leben ist, aber dass du tot bist.«

Als er das hörte, bekam er einen merkwürdigen Gesichtsausdruck. »Ich muss jetzt gehen!«, sagte er und lief los. Während seine Füße ihn schon wegtrugen, drehte er sich zu mir um und schrie: »Ich werde dich wiederfinden.«

Dann war er weg.

Am dritten Abend unser Aufenthalts, nachdem wir wieder einen ganzen Tag lang die Straßen abgelaufen und Seiten über Seiten an Namen von Überlebenden, die an den Mauern der Regierungsgebäude aushingen, überflogen hatten, war ich hinuntergegangen, um etwas Zeit an der kühlen Sommerluft zu verbringen. Hinter unserem Haus hatten einige Anwohner ein großes Freudenfeuer angezündet und genossen einen perfekten Sommerabend. Ein Halbstarker spielte auf seiner Gitarre und sang dazu hebräische Lieder, während Mädchen und Jungen flirteten, scherzten und fröhlich lachten. Das Feuer war zu einer beachtlichen Höhe herangewachsen, knisterte und tanzte, als würde auch ihm die Musik gefallen. Ich setzte mich zu einem jungen Pärchen, das ich am Tag zuvor kennengelernt hatte und machte es mir auf dem Gras bequem. Wir saßen also da und unterhielten uns, als ich über das Feuer hinweg einen jungen Mann mit blassem, eingefallenem Gesicht bemerkte. Er war völlig ausgemergelt, im Licht des glühenden Feuers sah man nichts als sein hohlwangiges Gesicht und spitze Knochen. Sein Haar hatte gerade erst wieder angefangen zu wachsen, und auf seinem Schädel sah man ganz deutlich das einrasierte Kreuz, mit dem viele Männer aus den Lagern in Dachau und Buchenwald gekennzeichnet waren. Ich musste ihn die ganze Zeit anstarren, und dann bemerkte ich, dass er auch mich ansah. Dann riefen wir auf einmal beide gleichzeitig unsere Namen aus:

»Bumi!«

»Jentela!«

Ich hatte diesen in sich zusammengesackten und völlig unterernährten Mann kaum erkannt, aber die Stimme meines Bruders war immer noch die gleiche.

Wir rannten die Treppe zu meinem Zimmer hinauf, wo Frieda sich gerade fertig machte, um an den Feierlichkeiten teilzunehmen. Wir platzten durch die Tür, und ihr Erstaunen galt sicher nicht nur meiner Energie und Aufregung, sondern auch der Tatsache, dass ich mit einem fremden Mann Händchen hielt. Er war schon 20, sah aber aus wie ein Kind. Er war so schwach und mager, dass Frieda ihn nicht wiedererkannte.

»Juditka, was machst du da? Wer ist das?«

»Friedika!«

Sie stand völlig unter Schock. »Oh mein Gott, oh mein Gott.« Sie rannte auf ihn zu und erdruckte seinen zerbrechlichen Körper fast mit ihren Armen.

Dann redeten wir stundenlang am Lagerfeuer, während um uns herum junge Männer und Frauen Lieder voller Hoffnung über die Zukunft sangen. Wir schmiedeten Pläne, redeten darüber, auf ›Alija‹ zu gehen und nach Palästina zu emigrieren, um dort den Fortbestand unserer Familie zu sichern. Wie stolz unser Vater auf uns gewesen wäre.

Aber zunächst mussten wir Suri finden.

»Sollen wir zurück nach Rachov fahren?«

»Sie würde niemals zurückgehen. Außerdem müssen wir Chaichu und Marta holen! Das haben wir versprochen, Frieda. Zuerst holen wir die zwei, bevor wir woanders hinfahren.«

Wir stritten uns tagelang, drehten uns im Kreis und spekulierten darüber, wo Suri wohl stecken könnte.

Einige Tage später, wir waren uns immer noch nicht sicher, wohin wir als nächstes gehen würden, steuerte ich geradewegs auf das nächste Wunder zu. Ich ging durch den Flur, der zu meinem Zimmer führte, als ich mit einer leicht rundlichen, attraktiven Brünetten zusammenstieß, die in die entgegengesetzte Richtung hastete. Es war Bela, die Tochter des Rabbis aus unserer Heimatstadt. Obwohl wir nie eng befreundet gewesen waren, erkannten wir einander sofort, umarmten uns und weinten und überhäuften uns gegenseitig mit Fragen.

Bela war mit Suri in Auschwitz gewesen und konnte bezeugen, dass meine älteste Schwester lebte, als sie sich getrennt hatten; sie hatte seitdem gehört, dass Suri sich möglicherweise in Landsberg am Lech aufhalten würde. Dort hatten die Alliierten ein ›DP‹-Lager für heimatlos gewordene Überlebende des Holocaust eingerichtet.

Chaichu und Marta mussten warten. Einige Tage später brachen wir nach Landsberg auf.

An unsere Reise nach Deutschland kann ich mich nicht im Geringsten erinnern, obwohl wir bestimmt ein oder zwei Tage mit dem Zug unterwegs waren. Als wir am Bahnhof ankamen, wurden Frieda, Bumi und ich direkt zu einem Bus geleitet, der uns zum ›DP‹-Lager am Stadtrand fuhr. 6.000 Juden aus ganz Europa waren dort untergebracht, ständig gingen welche geschäftig im umgewandelten Militärlager ein und aus, zwölf oder 13 vierstöckige Gebäude säumten eine kleine Straße, auf deren gegenüberliegenden Seite sich andere Einrichtungen befanden. Als wir im Hauptregistrierungsbüro angekommen waren, fragten wir sofort nach unserer Schwester. Das Lager war völlig überfüllt, aber wenn sie hier untergebracht war, hofften wir, mit ihr hier leben zu können.

»Wir sind auf der Suche nach Suri Rosenberg oder Suri Bistricer. Ist sie vielleicht hier registriert?«

»Lassen Sie mich sehen.« Ein junger Mann zog eine Akte aus einem metallenen Schrank hinter ihm. »Ja. Sie ist hier mit ihrer Schwester untergebracht.«

Bumi, Frieda und ich blickten uns völlig überrascht an.

»Mit ihrer Schwester?«, rief Bumi ungläubig aus. »Wie heißt die Schwester?«

»Chaichu. Chaichu Rosenberg. Sie ist auch hier registriert.«

Mühelos fanden wir ihr Gebäude und rannten die Stufen zu ihrem Zimmer hoch, das sie sich mit anderen Mädchen teilte. Es war niemand da. Wir machten ihre Nachbarn ausfindig, fragten, ob irgendjemand etwas über sie wusste und wurden schließlich zu einem polnischen Mann gebracht, einem sehr fromm aussehenden Juden um die 35, der im selben Gebäude lebte. Sein rundes Gesicht wurde von schütterem Haar gesäumt, er war groß und hatte einen breiten Brustkorb. Irgendwie hatte er eine unangenehme Art, sein Lächeln war freundlich, aber seine Augen blieben kalt. Er hieß Ezra und stellte sich uns als Suris Verlobter vor, die zweite Überraschung an diesem Nachmittag, auf die noch einige folgen sollten. Er bestaunte mich, umklammerte meine Finger mit seinen schwitzigen Fäusten und wiederholte immer und immer wieder, wie sehr ich doch meiner Schwester ähnelte. Er lud uns in sein Zimmer ein und bat uns, Platz zu nehmen.

»Ich habe leider schlechte Neuigkeiten. Sowohl Chaichu als auch Suri geht es nicht gut. Sie sind beide im Krankenhaus.«

»Wieso? Was ist passiert?«, keuchte ich.

Er erklärte, dass Chaichu im Landsberger Hauptklinikum war und faselte vage und geringschätzig über »eine Art Herzleiden«, behauptete jedoch, dass sie wieder gesund würde. Sie war dorthin gebracht worden, einige Tage nachdem Suri in eine psychiatrische Anstalt nach München geschickt worden war.

Suri war in einer psychiatrischen Anstalt? Ich sprang auf. »Aber warum? Was ist passiert? Wie lange wird sie dort bleiben müssen? Geht es ihr gut?«

Bumi nahm mich bei den Schultern und drückte mich freundlich wieder auf den Stuhl.

Ezras Antworten waren umständlich und undeutlich, und es war mir unbegreiflich, wie schlecht er über den Zustand seiner Verlobten informiert war. Nachdem er einige unserer Fragen schlichtweg nicht beantworten konnte, stellten wir erschrocken fest, dass er sie dort noch nicht einmal besucht hatte. Mit fest zusammengepressten Lippen saß ich da, während Bumi und Frieda ihn weiterhin ausfragten. Aber seine kleinen, dunklen Augen richteten sich immer wieder auf mich. Irgendetwas stimmte nicht mit ihm.

Chaichus Krankenhaus befand sich im Landsberger Zentrum, und wir begaben uns direkt dorthin, um sie zu sehen. Sie lag in einem bequemen Bett, ihr kleiner Kopf tief in ein gestärktes, sauberes und weißes Kissen gedrückt. Ihr erdbeerfarbenes Haar war gewachsen und rahmte ihr Gesicht ein. Und obwohl sie sehr blass war, sah sie wunderschön aus, wie sie da so in ihrem Bett lag.

»Chaichu?« Ängstlich berührte Frieda ihre Hand. Sie öffnete die Augen und blickte ihre Schwester einen Augenblick lang verwirrt blinzelnd an. Und dann fing sie an zu lächeln, während ihr gleichzeitig die Tränen kamen. Sie blickte über Friedas Schulter zu Bumi und brach in glückliche Schluchzer aus. »Gott sei Dank, ihr seid gekommen. Gott sei Dank. Ich war hier ganz allein mit Suri, und ihr geht es immer schlechter. Sie haben sie in ein anderes Krankenhaus gebracht. Ich weiß nicht mehr, was ich machen soll.«

Und dann erzählte sie uns folgende Geschichte:

Suri und Ezra wollten bald heiraten. Unsere älteste Schwester hatte sich in den letzten Monaten hier in Landsberg fürchterlich verliebt. Und da Ezra so fromm war und Sex daher nicht in Frage kam, wurde Suri, die nunmal eine launische Frau war, immer enttäuschter und drängte darauf, so schnell wie möglich zu heiraten. »Aber das war der springende Punkt«, flüsterte Chaichu schwach, »Ezra ist sehr bedacht darauf, das jüdische Gesetz nicht zu missachten. Es ist ein schlimmer Verstoß gegen das Gesetz, eine Witwe zu ehelichen, wenn das Ableben des Ehemanns noch nicht offiziell bestätigt wurde. Er hat das Datum also immer weiter nach hinten verschoben. Allmählich fing Suri an, sich merkwürdig zu verhalten. Und dann ist es passiert. Vor ungefähr einem Monat kam ein Mann aus Russland angereist, hat Suri ausfindig gemacht und ihr erzählt, dass David am Leben ist und in Russland lebt. Er war mit dem ungarischen Militär dorthin deportiert worden und hatte sich bis zum Ende des Krieges verkrochen. Als Suri Ezra davon berichtete, sagte er die Hochzeit sofort ab. Er sagte, dass er sie liebte, aber dass das jüdische Gesetz an erster Stelle käme.«

Chaichu erzählte weiterhin, dass Suri schlimme Depressionen bekommen hatte. Sie aß und schlief nicht mehr, und ihr Zustand verschlechterte sich dermaßen, dass er in einen Nervenzusammenbruch ausartete. Erst die Trauer über den Verlust ihres Kindes, dann hatte sie endlich einen Mann gefunden, den sie liebte, der sich von ihr abwendete, weil ihr Ehemann, den sie nie geliebt hatte, wieder aufgetaucht war, das alles war genug, um sie an den Rand des Abgrunds zu bringen.

»Aber Chaichu, wie bist du hierher gekommen? Wir wollten nach Prag fahren, um dich dort zu holen.«

»Ich war mit Marta in Prag. Ich habe sie dort bei ihrem Schwager zurückgelassen, der tatsächlich Martas andere Schwester Pirike geheiratet hat.«, flüsterte sie. Sie freute sich so für ihre beste Freundin. »Pirike« hat auf der Suche nach Namen von Familie und Freunden Tage damit verbracht, Listen von Überlebenden und aushängende Bekanntmachungen in Hotels durchzugehen. Sie ist dabei auf Suris Namen gestoßen und konnte in Erfahrung bringen, dass sie in Landsberg ist. Pirike ist sofort nach Hause geeilt, um es mir zu berichten, und am nächsten Tag war ich schon auf dem Weg in den Osten.«

Chaichu äußerte sich nur vage über ihren eigenen Zustand, und wir befürchteten, dass der Granatsplitter von der Bombenexplosion in der Munitionsfabrik ihr Herz geschädigt hatte. Bumi flüsterte mir zu, dass er einen Arzt ausfindig machen wollte, um mehr Einzelheiten herauszufinden. Frieda und ich trösteten unsere geschwächte Schwester und versprachen ihr unter Tränen immer wieder aufs Neue, dass wir jetzt alle zusammenblieben und dass wir uns als Familie um alles kümmern würden. Sie war jetzt nicht mehr allein.

Dann forderte uns die Krankenschwester auf, Chaichu wieder allein zu lassen, damit sie sich ausruhen konnte. Wir fanden Bumi am Ende eines langen, sterilen Korridors, wo er sich mit ernster Stimme mit einem Arzt unterhielt. Bumi schüttelte schließlich die Hand des Arztes und kam zurück in unsere Richtung, sein Gesichtsausdruck hatte sich erhellt, und er wirkte ein bisschen erleichtert. Er versicherte uns, dass man keine Granatsplitter gefunden hatte und dass Chaichus Zustand sich ausschließlich auf ihre Herzmuskelstörungen bezog. Sie würde bald nach Hause kommen.

Als wir wieder im ›DP‹-Lager waren, bekamen wir eine Sondergenehmigung für uns fünf, in einem anderen Gebäude einen größeren Raum belegen zu dürfen, wo Bumi, Frieda und ich alles für die Rückkehr unserer Schwester vorbereiteten. Ein Tag ging vorüber, dann noch einer, jeden Tag verschoben wir unseren Besuch bei Suri. Zuerst überzeugten wir uns gegenseitig davon, dass wir warten wollten, bis Chaichu aus dem Krankenhaus entlassen war, damit wir sie alle zusammen besuchen konnten.

Aber Chaichu kam wieder, und wir hatten immer noch keinen konkreten Plan, wann wir unsere Schwester besuchen sollten. Obwohl es damals so wirkte, als seien wir ständig damit beschäftigt, unsere Reise nach München zu planen, wurde mir erst Jahre später bewusst, dass wir alle Angst vor einer Konfrontation mit ihr hatten. Wir hatten keine Ahnung, was ein Nervenzusammenbruch bedeutete. Wir wussten nichts über Geisteskrankheiten und hatten Angst, sie würde uns nicht erkennen oder dass sie uns irgendwie mit ihrem Wahn anstecken könnte. Wenn ich zurückblicke, glaube ich zu erkennen, dass ich deshalb eine so große Angst vor diesem Besuch hatte, weil meine Schwester und ich uns so ähnlich waren. Unser Verhalten, unsere Stimmen und unsere Art zu sprechen waren fast identisch, und in meiner Naivität hatte ich Angst, dass wenn Suri den Verstand verloren hatte, mir gleiches widerfahren konnte.

Chaichu drängte jeden Tag, dass wir endlich zu ihr fahren sollten, aber ihr Arzt machte sich Sorgen um ihr Herz und warnte uns davor, Chaichu reisen zu lassen und sie irgendeiner Form von Stress auszusetzen.

Die Tage gingen vorüber, und schon bald waren wir in unserem neuen Umfeld voll eingespannt. Bumi fand fast sofort einen Freund; dieser Freund war an der Leitung des Lagers maßgeblich beteiligt, hatte viel Geld und gab irgendwann zu, dass er einen Großteil des Geldes durch den Verkauf von Zigaretten auf dem Schwarzmarkt verdiente. Die Zigaretten kamen aus der Tschechoslowakei und zirkulierten mit unglaublichem Gewinnaufschlag in unserem abgeschirmten Umfeld. Da die Überlebenden kein Geld hatten, tauschten sie Güter ein, die zu Geld gemacht werden konnten. Die Arbeit verlangte Geschick, Scharfsinnigkeit und ein schnelles Mundwerk, und ein guter Händler machte damit sehr schnell sehr viel Geld. Bumi versuchte alles Mögliche, um eine Arbeit als Uhrmacher in der Stadt zu finden, fand aber keine Anstellung. Bumi sah sich jetzt als Kopf der Familie und in der Verantwortung, uns zu unterstützen. Und weil er jung und ehrgeizig und gierig darauf war, schöne Sachen zu kaufen, fand sich auch mein Bruder sehr schnell als Händler auf dem Schwarzmarkt wieder. Er hielt das natürlich geheim, da er wusste, dass wir das niemals gutgeheißen hätten. Aber wir waren so sehr mit unseren eigenen Erkundungen beschäftigt, dass uns seine merkwürdigen Abwesenheiten oder seine neuen Schuhe kaum auffielen.

Das Lager war eine Stadt für sich. Es gab Geschäfte, eine Zeitung, ein Theater namens *Hazomir*, ein Kino, wo jede Woche amerikanische und jüdische Filme gezeigt wurden, und eine Berufsschule, wo man alles lernen konnte, von der KFZ-Mechanik über Klempnerarbeiten bis hin zur Stenographie. Während dieser ersten Erkundungstage entdeckte ich ein Café, das Abendunterhaltung im Programm hatte, und ich konnte mein Glück kaum fassen. Ich flehte Bumi und Frieda tagelang an, mit mir dorthin zu gehen. Chaichu, die immer noch sehr schwach war, wollte lieber zu Hause bleiben und sich ausruhen.

Das Café befand sich im zweiten Stock eines der zentralen Gebäude, wo junge Juden an kleinen runden Tischen guten Kaffee und Süßigkeiten genossen. Es erstaunte mich, dass sich dort viel mehr junge Männer als Frauen aufhielten. Aber alle Kunden waren im Jugendalter oder in den Zwanzigern, saßen entspannt da und lauschten einem Klavierspieler, einem älteren Geiger und einem Saxophonisten, die unbekümmert alte Klassiker interpretierten. Wir quetschten uns durch die Menge und bahnten uns unseren Weg zu einem Ecktischchen.

Nach einem großartigen Auftritt machten die Musiker eine Pause, und etwas aufgeregt, aber furchtlos gesellte ich mich zu ihnen und kam mit ihnen ins Gespräch. Ich erfuhr, dass der Pianist Kuba, ein kleiner Mann mit lockigem schwarzen Haar und pickeliger Haut, der einzige überlebende Sohn des schüchternen Geigers war, und die zwei hatten es wie ich geschafft, mithilfe ihrer musikalischen Begabung Auschwitz zu überstehen. Ich erzählte ihnen, dass ich Sängerin sei und nichts lieber täte, als irgendwann mal mit ihnen zusammenzuarbeiten. Freundlich schlugen mir die drei vor, dass wir später in der Woche zusammen proben könnten; ein Angebot, das ich begeistert annahm.

Als die Band wieder zu spielen anfing, bahnte ich mir einen Weg zurück zu unserem Tisch und berichtete Frieda von den guten Neuigkeiten. Ich bettelte sie an, mit zur Probe zu kommen, und obwohl sie schüchtern ablehnte, ermutigte sie mich dazu, unbedingt hinzugehen.

Ein paar Tage später saß ich in einem kleinen Proberaum und blätterte durch die Noten. Wir begannen die Probe mit einem wunderschönen tschechischen Liebeslied, das wir alle kannten.

Als ich an diesem Abend im Café als ihr »besonderer Gast« vorgestellt wurde, klopfte mein Herz wie wild. Wieder saßen größtenteils Männer im Publikum. Als ich mich sammelte und das Mikrofon zurechtrückte, fiel mir eine Gruppe von Gästen auf. Sechs junge Männer hatten sich an einen kleinen Tisch gequetscht und wirkten wie gute Freunde. Sie sahen alle ziemlich gut aus, sonnengebräunt und spitzbübisch, und ich wunderte mich, dass sie nicht in der Gesellschaft von Frauen dort waren. Mein Blick wanderte immer wieder zu einem, der mir besonders aufgefallen war, er hatte ein nettes Lächeln, und auch er sah mich unentwegt an.

Schließlich sagte Kuba mich an: »Ich möchte euch Judith vorstellen, sie ist erst kürzlich aus Budapest hierher gekommen und wird ein Liebeslied für euch singen.« Nervös und erstaunlicherweise etwas verlegen stimmte ich in das Intro ein:

»Als wir jung waren
War uns nicht bewusst, wie schön
Und stark die Liebe ist.
Wenn wir uns jetzt erinnern,
Wünschten wir, wir fühlten den Aufruhr,
Den wir damals empfanden.«

Ich war so nervös, dass ich mich nicht erinnere, die Worte tatsächlich gesungen zu haben. Nachdem aber der letzte Ton verklungen war, bekam ich einen herzlichen Applaus. Frieda strahlte.

»Ich wusste, dass sie dich lieben würden.«, flüsterte sie mir zu, als ich mich wieder neben sie setzte. Später am Abend half ich meinen neuen Freunden, ihre Instrumente zusammenzupacken.

»Du hast heute Abend sehr schön gesungen …«, sagte Kuba schüchtern.

»Wir sollten uns zusammentun und noch einige Stücke einüben.« Ich war sehr aufgeregt und stolz auf sein Angebot, machte mir aber auch Gedanken, ob Kuba sich vielleicht gerade in mich verliebte.

In den darauffolgenden Wochen traf ich mich mehrmals zum Proben mit dem jungen Pianisten. Kuba war ein ausgezeichneter Musiker, und es war eine Freude, mit ihm zu singen, da er die Begleitung blitzschnell und mit Herz und Feinsinn umsetzen konnte, ganz egal ob er die Akkorde kannte oder nicht. Je mehr ich jedoch über das Lager herausfand, desto mehr begann ich mich für das Theater zu interessieren, und ich sehnte mich danach, eines Tages Teil dieser jiddischen Theatertruppe zu sein.

»Weißt du irgendetwas über das *Hazomir*?«, fragte ich Kuba, als wir uns eines Nachmittags wieder durch unsere Stücke arbeiteten.

»Natürlich«, antwortete er betont lässig. »Ich kenne viele Leute, die da mitmachen. Ich könnte dich jedem Beliebigen vorstellen, wenn du das möchtest.« Er hörte auf zu spielen. »Denkst du darüber nach, zum Theater zu gehen? Ich will nicht, dass sie dich mir wegnehmen.« Er lächelte betreten.

»Ach ja?«, forderte ich ihn heraus. »Wenn du da so viele Leute kennst, solltest du mich vielleicht dorthin begleiten.«

»Jetzt? Das geht jetzt nicht. Da wird wahrscheinlich gerade geprobt.«

»Prima«, sagte ich zufrieden. »Dann sind sie doch bestimmt alle da, und ich kann mir mal angucken, wie die so drauf sind.«

Hazomir war eine Theatertruppe, die sich Stücken jiddischer Autoren wie Jitschok Leib Perez, Scholem Alejchem und Schalom Asch verschrieben hatte. Niemand bekam dafür Geld, dennoch machten auch richtige Schauspieler mit. Im Theater fand ich eine engagierte Truppe von Sängern, Schauspielern, Handwerkern und Näherinnen vor, die jeden Tag mehrere Stunden damit verbrachten, verschiedene Stücke und Produktionen einzuarbeiten. Obwohl die *Hazomir*-Künstler immer umsonst auftraten, wurden sie von amerikanischen Juden sowie von Vereinigungen wie dem ›Joint Distribution Committee‹ mit Päckchen voller Schokolade, Sardinen, Nüssen, Milchpulver und anderen Lebensmitteln versorgt. Diese Institutionen kamen auch für Kostüme, Bühnenbilder, künstlerisches Zubehör und Reisekosten auf. Die Theatergruppe war bestrebt, ein größtmögliches Publikum zu erreichen, und innerhalb Deutschlands reisten sie von einem ›DP‹-Lager zum nächsten, um Menschen Bildung und Unterhaltung nahezubringen und ihre wiedergefundene Freude am Leben mit den anderen Überlebenden zu teilen. *Hazomir* spielte in Städten wie München, Feldafing und Stuttgart.

In Stuttgart waren fast alle Theater während des Kriegs zerstört worden. *Hazomir* war von der Stadtverwaltung eingeladen worden, als erstes offizielles Theaterensemble nach dem Krieg aufzutreten. Trümmer wurden aufgeräumt, Staub weggefegt und 400 Holzstühle für das Publikum aufgestellt. Es waren Juden und Christen gleichermaßen anwesend. Es ist dasselbe Gebäude, in dem meine Tochter heute als Mitglied des Soloensembles der Stuttgarter Oper singt.

Teil des Theaterensembles zu sein, war eine Vollzeitbeschäftigung. Das Publikum liebte es, sich die Aufführungen anzuschauen, und die Darsteller liebten es, die Stücke darzubieten. Die Menschen waren ganz versessen nach dem alten Heimatgefühl, den Liedern und Geschichten einer fast ausgestorbenen Kultur. Das *Hazomir*-Ensemble bot Unterhaltung, aber noch viel wichtiger war, dass es die Menschen daran erinnerte, was sie fast verloren und dann wiedergefunden hatten.

Kuba nahm mich also mit zur Probe in einen dunklen Raum mit hohen Decken, der nach Schweiß und Staub roch. Die Truppe befand sich mitten in der Probe eines schönen jüdischen Klassikers von Schalom Asch. Kuba und ich setzten uns in die hinteren Reihen, sehr darum bemüht, niemanden zu stören. Eine Stunde saß ich wie gebannt da und schaute zu, wie die Schauspieler nach den Anweisungen des Regisseurs langsam ihre Positionen einnahmen, aus denen am Ende eine Geschichte entstehen würde. Ich war sehr beeindruckt, wie engagiert und stolz die Schauspieler ihrer Arbeit nachgingen. Als der Bühnenmeister eine Pause ausrief, kam ein stämmiger Mann, der mit einem großen, braunen, pelzigen Bärenkostüm verkleidet war, auf uns zugeschlendert. Er nahm seinen Bärenkopf ab, und für einen Moment dachte ich, ich würde einen dieser Jungen aus dem Café wieder erkennen, die lautstark um den winzigen Tisch gesessen hatten, während ich mein tschechisches Lied gesungen hatte. Aber er sah viel älter und verschwitzter aus als der Junge, mit dem ich Augenkontakt gehabt hatte.

Während er sich näherte, flüsterte Kuba mir zu: »Das ist Pinek. Er hat großen Einfluss im Theater und im ganzen Lager. Er war von Anfang an dabei.«

Wir wurden einander vorgestellt, und dann verabschiedete sich Kuba mit den Worten, dass er jetzt zur Probe gehen müsse. Pinek ging sofort ganz schön ran.

»Hat dir schon mal jemand gesagt, dass du die schönsten Augen der Welt hast?« Ich war höflich und blieb gelassen, da ich ihn nicht im Geringsten attraktiv fand. Wir plauderten über dies und jenes, dann erzählte ich ihm, dass ich gern als Sängerin dem Ensemble beitreten würde.

»Sprichst du jiddisch?«

Verärgert antwortete ich: »Natürlich.«

»Hast du schon einmal am Theater gespielt?«

»Nicht richtig. Ich habe vor dem Krieg in der Schule an Theaterstücken mitgewirkt, jedoch nie auf Jiddisch. Aber ich möchte alles lernen. Ich kann tanzen und singen.«

»Ich weiß. Ich habe dich letztens im Café gesehen.«

Der Bühnenmeister kündigte das Ende der Pause an, und Pinek verabschiedete sich. Ich setzte mich wieder, während er zurück durch den großen Raum schritt und sich den großen Bärenkopf wieder über sein schweißnasses, verfilztes Haar schob. Die Hauptdarsteller waren gerade eingetroffen. Die Frau, eine professionelle litauische Schauspielerin vielleicht Ende 20, betrat die Bühne und begann unglaublich flüssig, anmutig und raumgreifend ihren Text zu sprechen. Ich war wie hypnotisiert und bewunderte ihr Talent. Aber die größere Überraschung war ihr Partner. Er war der attraktivste Mann, den ich je gesehen hatte, zog mich völlig in den Bann, und ich folgte ihm unablässig mit den Augen, wenn er sich über die Bühne bewegte.

Als ich es nach einer Weile schaffte, meine Augen von der Bühne zu lösen, fiel mir auf, dass Pinek mir verstohlene Blicke zuwarf. Da er von Kopf bis Fuß in einem braunen, filzigen Fell steckte und einen Bären darstellte, konnte ich kaum beurteilen, ob er ein guter oder schlechter Schauspieler war.

In der nächsten Pause sah ich, wie Pinek mit dem Regisseur sprach und auf mich zeigte. Ich atmete tief ein, verknotete meine Finger in meinem Schoß und versuchte, nicht verlegen zu wirken. Dann kam der Regisseur auf mich zu.

»Wie wärs, wenn du morgen wiederkommst, und wir werden dann schon sehen, ob wir dich als Tänzerin in unserer Aufführung unterbringen können.« Ich konnte meine Aufregung kaum verbergen, als ich seine Hand schüttelte und das Theater verließ. Ich hatte den Job.

Am nächsten Morgen wich Pinek zu meiner Bestürzung nicht von meiner Seite. Er klebte so sehr an mir, dass ich keine Gelegenheit hatte, den Flirt des Hauptdarstellers (der mir den ganzen Morgen über Blicke zugeworfen hatte) zu erwidern, als dieser auf mich zukam, um sich vorzustellen. Pinek, sogar geduscht und ohne Pelz, beeindruckte mich nicht. Obwohl ich nur eine kleine Rolle in der Gruppe erhielt, machte es mir Spaß. Zuerst war ich etwas enttäuscht, dass mein Auftritt nur so kurz war, aber ich erfuhr bald, dass später in der Saison eine chassidische, musikalische Revue geplant war. Schüchtern fragte ich den Regisseur während einer Pause nach seinen Plänen für die neue Inszenierung. Er lächelte und sagte, dass er mich aufgrund meiner Bildung und Kenntnis der Kultur ein Lied meiner Wahl singen lassen würde, wenn ich daran Interesse hätte.

Wie versprochen stellte der Regisseur mich nur eine Woche später dem Chordirigenten vor, einem verrückten und zerstreuten Mann namens Dawidowitsch. Er kam aus Litauen, war sehr mager, hatte katzengleiche, blaugrüne Augen und einen schwarzen Haarschopf mit schickem Mittelscheitel, und natürlich wollte er mich singen hören, bevor er eine Entscheidung fällte. Wir trafen uns später am Nachmittag (nachdem ich ihn zweimal ausfindig gemacht, mich nochmals vorgestellt und ihn an unseren Termin erinnert hatte), und ich sang ihm einige Takte vor. Meine Stimme gefiel ihm, und er nahm mich in den Chor auf.

Die Hauptdarstellerin, die ich an meinem ersten Tag am Theater so bewundert hatte, war auch bei den Chorproben anwesend, und obwohl ich immer höflich und freundlich zu ihr war, versuchte sie zu meinem Entsetzen, mich so klein wie möglich zu machen. Ich kann mir das nur dadurch erklären, dass sie ihren attraktiven Mitspieler dabei erwischt hatte, mit mir zu flirten; unsere Freundschaft war also von Beginn an zum Scheitern verurteilt. Dennoch war ich glücklich. Ich dachte nicht mehr an Pinek.

Meine erste Chance bekam ich tatsächlich in der chassidischen Musikrevue. Zusätzlich zu meinem Solo wurde ich noch für ein anderes Stück besetzt, in dem drei als chassidische ›Jeschiwa‹-Jungen verkleidete Mädchen eine komische Nummer sangen. Damit waren wir sehr erfolgreich, und ich bekam einen Ruf als zuverlässige Sängerin, Tänzerin und Komödiantin.

Als es sich unsere kleine Familie einige Tage später in unserem Zimmer gemütlich gemacht hatte, klopfte es an der Tür. Frieda sprang auf, um den Gast zu begrüßen, und zu meinem Entsetzen stand da ein herausgeputzter Pinek. Zum ersten Mal fielen mir seine Augen auf, funkelnde haselnussbraune Augen, sowie sein herrlich schwarzes, gewelltes Haar. Er sah genauso schneidig aus wie an dem Abend, als ich ihn im Café gesehen hatte.

»Ich würde gerne mit dir über unser nächstes Stück sprechen, das wir machen wollen. Ich denke, da könnte eine Rolle für dich dabei sein. Ich habe das Drehbuch hier. Hast du Lust, dich kurz mit mir hinzusetzen und den Text auszuprobieren?«

Ich schaute mir das Drehbuch an und sah, dass die Sprache viel förmlicher war als das gewöhnliche Jiddisch, das ich sprach. Ich schluckte und versuchte, die Rolle zu sprechen, aber der Text kam abgehackt und sinnlos aus meinem Mund heraus. Noch schlimmer, mir fiel auf, dass ich viele der Wörter falsch aussprach.

Ich konnte sehen, dass Pinek mich nicht beleidigen wollte, aber dass er auch nicht glücklich war mit dem, was er hörte. Niedergeschlagen musste ich feststellen, dass ich nicht an die Hauptdarstellerin mit ihrem offensichtlichen Training und ihrem gefühlvollen litauisch-jiddischen Erbe herankam. Sogar Pinek sprach und las besser jiddisch als ich.

Er ließ mich jedoch nicht hängen, sondern setzte sich neben mich und fing an, mir Tipps zu geben.

»Ich bin mir nicht sicher, ob ich das vortragen kann. Ich bin sprachlich nicht gut genug für die Hauptrolle.«

»Versuch es noch mal, tu so, als wärest du die Hauptdarstellerin.«

Ich kämpfte mit ein paar Sätzen und warf dann die Hände in die Luft.

»Daran können wir arbeiten«, besänftigte er mich. »Ich habe eine Idee, wie wir das wieder hinbekommen könnten. Wir könnten uns zum Abendessen in der Cafeteria treffen und es ausprobieren.«

»Das wäre nett!«, antwortete ich höflich. Es folgte ein unangenehmes Schweigen. Pinek nutzte die Gelegenheit, um aufzustehen und sich das

Zimmer anzuschauen. »Ihr habt ja gar keine Kissen oder gute Decken. Und dieser Stuhl hier fällt schon auseinander. Ich könnte euch was besorgen, wisst ihr. Ich verwalte mehrere der Gebäude hier. Braucht ihr Schuhe oder Kleidung? Ich leite auch die Kantine.«

Dann schwieg er, und ich wusste nicht, was ich antworten sollte. »Nun ja, wenn ihr irgendetwas braucht ...« Einen kurzen Augenblick standen wir einfach da. Ich verstand das als ein Zeichen, ihn zur Tür zu bringen, aber Pinek war noch nicht bereit zu gehen.

Frieda, sichtlich darum bemüht, so zu tun, als würde sie nichts mitbekommen, schielte über ihr Buch zu uns rüber. Ich stellte ihm also Frieda vor, zu der er dann unglaublich freundlich und charmant war. Offensichtlich fand sie vom ersten Moment an großen Gefallen an ihm.

Ich stand an der Tür und spürte einen eifersüchtigen Stich im Magen, als die zwei sich unterhielten. Vielleicht mochte er Frieda ja lieber als mich. Im Nachhinein wird mir klar, dass er einfach nur schlau gewesen war. Er wusste, dass wenn er Frieda für sich gewinnen würde, er mit ihrer Hilfe meine Gunst erlangen konnte. Später am Nachmittag kam Pinek wieder, und wir liefen gemeinsam zur Cafeteria, wo wir über eine Stunde am Drehbuch arbeiteten und uns bald eingestehen mussten, dass ich ein hoffnungsloser Fall war. Er fing an, mich nach dem Rest meiner Familie auszufragen, und wollte wissen, wo ich herkam. Ich erzählte ihm ein wenig über Frieda, Chaichu und Bumi. Dann erzählte ich ihm immer mehr über Suri. Ich erzählte ihm, dass wir nach Palästina gehen wollten. Dass ich davon träumte, Sängerin zu werden. Er wiederum erzählte mir von seinen drei Brüdern, die er verloren hatte, von seinen Eltern und seiner Heimatstadt Kazimierz und wie die Deutschen 1939 die Juden aus seiner Stadt geholt hatten. Er erzählte mir, dass er niemanden mehr aus der Zeit von vor dem Krieg hatte, aber dass drei Onkel überlebt hatten und in Amerika waren und dass er Pläne schmiedete, eines Tages dorthin auszuwandern.

Nach und nach wurde ich warm mit Pinek. Er war sehr aufmerksam und fürsorglich. Er drückte sich sprachgewandt aus. Während ich ihm zuhörte, musste ich die ganze Zeit daran denken, dass meine Mutter diesen Mann geliebt hätte.

Am nächsten Morgen klopfte er an unsere Tür, die Arme beladen mit einem Haufen Kissen und Decken. Mit seinem pelzigen Bärenkostüm hatte er kaum einen guten Eindruck bei mir schinden können, dafür war ich jetzt umso beeindruckter.

Wir waren schon seit einigen Wochen in Landsberg, und ich hatte Ezra seit unserem ersten Treffen nicht mehr gesehen. Ich konnte immer noch nicht verstehen, warum Suri so krank geworden war, und Chaichu wusste zu wenig darüber, wie alles passiert war. Ich beschloss, Ezra zu uns einzuladen, damit wir uns über seine Verlobte und die Gründe ihres Zusammenbruchs unterhalten konnten. Ich hoffte, dass wir vielleicht alle zusammen die Reise nach München planen konnten.

Als er anklopfte, bat ich ihn herein und führte ihn zu einem unserer kleinen Holzstühle, wobei er mich unentwegt ansah. Es war kein angenehmer, sondern eher ein abschreckender Blick, und ich spürte, wie sich meine Nackenhärchen sträubten. Es folgte ein unbehagliches Schweigen.

»Ist Bumi hier?«, fragte er beiläufig.

»Nein, er ist unterwegs. Ich dächte, Frieda wäre vielleicht da, aber sie scheint auch irgendwohin gegangen zu sein.« Ich setzte mich auf den gegenüberliegenden Stuhl.

Sein Blick lag die ganze Zeit auf mir, und als ich nervös meine Position veränderte, erschrak er.

»Jenta«, sagte er, und ich zuckte bei der Verunstaltung meines Namens zusammen. »Ich kann es kaum glauben, wie sehr du Suri ähnelst. Es tut mir leid, wenn ich dich so anstarre, aber ich kann es nicht lassen. Du bist so schön.«

Wie ein Besessener sprang er auf einmal auf, riss mich vom Stuhl und drückte mich gegen die Tür. Dann hielt er mein Gesicht fest und küsste mich mit irrem Blick hart auf den Mund. Ich hatte panische Angst und versuchte, mich gegen ihn zu wehren, kratzte nach seinen Augen und schrie: »Wenn du nicht sofort die Tür aufmachst, schreie ich so laut, dass mir alle auf dieser Etage zur Hilfe eilen werden. Ich will, dass du sofort gehst.«

Damit kam er wieder zu sich: »Es tut mir leid. Ich konnte nicht anders. Ich weiß nicht, was über mich gekommen ist. Bitte! Schrei nicht!« Er wich vor mir zurück, und ich fingerte an der Klinke herum. Zitternd riss ich die Tür auf und schaute ihn zugleich panisch und wütend an.

Er verharrte und wollte zunächst nicht gehen, aber ich meinte es ernst, und das wurde ihm klar.

»Hör zu! Ich kenne Pinek Schneiderman. Ich sehe, dass er an dir interessiert ist, aber ich glaube nicht, dass du etwas mit diesem Mann anfangen solltest. Er ist nicht fromm genug für dich. Du kommst aus einer orthodoxen Familie, und Pinek ist keiner von uns. Und du weißt, dass er nur mit dir spielt, oder? Außerdem will er ja nach Amerika. Wusstest du das? Er hat dort einen Onkel, der ein bekannter Journalist ist und ihm gerade Papiere besorgt.«

Ich blickte ihn ungläubig an. Der hatte vielleicht Nerven! Nachdem wir uns noch einen Augenblick lang fixierten und es mir heiß ins Gesicht schoss, ging er an mir vorbei, und weg war er.

Ich schloss die Tür hinter ihm und glitt mit Tränen in den Augen auf den Boden. Ich war mir jetzt sicher, dass Suri wegen Ezra so krank geworden war. Ich wusste zwar nicht, was er ihr angetan hatte, aber ich wusste, dass ich sie unbedingt sehen musste; wie absurd es war, dass ich sie noch nicht besucht hatte. Ich konnte es nicht fassen, dass ein religiöser Mann, ein frommer Mann, der sich geweigert hatte, seine Verlobte anzufassen, fast ihre Schwester vergewaltigt hätte.

Dieser Vorfall und Herrn Rosenthals sexuelle Belästigungen im ›Cheder‹ während meiner Kindheit haben mich gegenüber orthodoxen Männern sehr misstrauisch gemacht. Es war mir absolut unverständlich, wie solch fromme Juden sich derart vulgär benehmen konnten. Ich wollte nicht glauben, dass dieser Mann, der wie mein Vater an Gott glaubte und zu ihm betete, zu derartigen Grausamkeiten fähig war.

Da Pinek sich mir gegenüber so großartig verhalten hatte und ich sehen konnte, dass Frieda, Chaichu und Bumi immer noch nicht bereit waren, wollte ich Pinek fragen, ob er mich zur Nervenheilanstalt begleitete. Er willigte sofort und ohne weitere Fragen zu stellen ein. Einige Tage später nahmen wir den Zug nach München. Die meiste Zeit über saß ich schweigend da. Pinek, der spürte, dass ich sehr ängstlich und besorgt war, versuchte, mich mit Witzen und Klatsch und Tratsch aus dem Theater aufzuheitern. Ich hörte ihm jedoch kaum zu. Ein Bild aus einem amerikanischen Film mit Olivia de Havilland ging mir nicht mehr aus dem Kopf. Da war diese verrückte Frau, paranoid und ängstlich, mit glasigen Augen und wirren Haaren, die zusammenhangslos vor sich hin brabbelte. Als ihr Geliebter sie besucht, bekommt sie einen Anfall und wiederholt ständig, er solle ihr nicht zu nahe kommen. Ich hatte große Angst, dass ich meine Schwester in diesem Zustand vorfinden würde. Ich hielt die Vorstellung kaum aus, dass sie möglicherweise nicht von mir berührt werden wollte, aber ich war mir auch nicht sicher, ob ich selbst sie überhaupt anfassen wollte. Pinek berührte meine Hand, und ich erschrak. Er redete immer noch, und auch wenn ich kein Wort mitbekommen hatte, war ich überrascht, wie dieser junge Mann es schaffte, mich nur durch seine schiere Anwesenheit zu beruhigen. Dank seiner fühlte ich mich mutig. Was hatte ich für ein Glück, dass ich ihn kennengelernt hatte.

Als wir in München ankamen, nahmen wir ein Taxi zum Krankenhaus. Da wir ihre Krankheit nicht genau benennen konnten, hatten wir Mühe, ihre Station zu finden. Nachdem wir uns mehrmals durchgefragt hatten, erreichten wir schließlich den richtigen Flur und sprachen gedämpft mit der Empfangsdame. Sie brachte uns in einen sauberen und ordentlichen Raum, in dem ein paar altmodische, braune Ledersessel standen und Zeitschriften auf Beistelltischen herumlagen. Vor Aufregung konnte ich kaum ruhig sitzen und wünschte mich ganz weit weg. Pinek blätterte durch die Zeitschriften. Auf einmal hörte ich Suris heisere Stimme. Sie brabbelte auf Ungarisch, Tschechisch und Russisch, hier und da gespickt mit deutschen Wörtern, und heraus kamen Sätze, die ein sinnloses Durcheinander bildeten. Ich bewegte mich wie in Zeitlupe. Mein Herz klopfte, und in meinem Kopf drehte es sich, aber die Angst, die ich während der letzten zwölf Stunden empfunden hatte, war auf einmal verschwunden und machte einem Freudentaumel Platz, dass meine Schwester tatsächlich am Leben war, dass ich sie gefunden hatte und dass das mehr zählte als alles andere auf der Welt. Ich versuchte, mich in den wenigen Sekunden, bevor sie in den Raum trat, zu sammeln.

Suri kam um die Ecke und erkannte mich auf der Stelle. In weichen Hausschuhen tappte sie durch das Wartezimmer, stürzte sich auf mich und begann, mich haltlos abzuküssen, wobei sie laut ausrief: »Judith, Judith, du bist hier! Wie Judy Garland. Bist du nach Hollywood gegangen? Vergiss nicht, dass ich deine Agentin sein werde. Du musst mich mitnehmen, wenn du wieder zurückgehst. Ich bin so froh, dass du gekommen bist! Ich bin so froh!«

Sie sah furchtbar aus. Ihr Haar stand wild ab, genauso wie ich es mir vorgestellt hatte. Noch albtraumhafter aber waren die kahlen Stellen auf ihrem Kopf, und mein erster Gedanke war, dass sie sich selbst die Haare ausgerissen hatte. Später erfuhr ich, dass die Stellen von den Elektroschockbehandlungen herrührten, die ihr die Ärzte verabreichten. Ihre stumpfen Augen lagen tief in ihrem knochigen Gesicht, und sie konnte einfach nicht aufhören zu reden.

Pinek beobachtete uns unauffällig von seinem Ledersessel aus und war vermutlich genauso erschüttert von dem, was er sah. Als Suri sich schließlich beruhigte und sich ihre Atmung normalisierte, fiel ihr Blick auf Pinek.

»Ist dieser junge Mann dein Ehemann?«

»Nein, Suri, er ist nur ein Freund.«

Sie musterte ihn von oben bis unten und wurde dabei ganz nüchtern und ernst. Während sie ihn noch anschaute, murmelte sie: »Du solltest ihn dir schnappen. Der gefällt mir sehr.«

Sie schwieg gedankenverloren und lächelte auf einmal übers ganze Gesicht: »Weißt du, Judith, mein kleiner Junge ist in guten Händen. Hitler hat ein Kindermädchen in seiner Privatresidenz, und sie kümmert sich gut um ihn. Ich bin vielleicht krank«, sie zupfte an ihrem Nachthemd, als wollte sie einen Knicks machen, »aber ihm geht es gut.«

Ich war sprachlos vor Entsetzen. Ich öffnete den Mund, um etwas zu sagen, aber es kam nur ein Schluchzen heraus, und ich fing hemmungslos an zu weinen. Die Schwester, die während der ganzen Zeit in einer Ecke gestanden hatte, mischte sich ein.

»Ich glaube, Suri hat für heute genug Aufregung gehabt.«, sagte sie in freundlichem, aber knappem Deutsch, während sie den Blick nicht von mir wendete. »Ist es in Ordnung, wenn ich sie jetzt wieder mitnehme?«

Ich nickte. Wir verabschiedeten uns, und die Schwester nahm Suri bei der winzigen Taille und begleitete sie vorsichtig zurück.

Mir war schwindelig. Ich wusste nicht, ob ich lachen oder weinen sollte. Pinek tauchte von hinten auf und nahm ohne ein Wort meine Hand.

Es war schon dunkel, als wir den Zug zurück nach Landsberg nahmen. Wir redeten in diesen Stunden nicht viel. Trotz meines großen Kummers fragte ich mich, ob er mich immer noch wiedersehen wollte, nachdem er diesen Teil meiner Familie kennengelernt hatte. Warum um alles in der Welt sollte er sich auf Menschen einlassen, die solch eine Last zu tragen hatten?

Aber auch nach einer Woche kreuzte er immer noch bei mir auf. Schon bald sahen wir uns täglich.

Nicht lange nach unserer Reise nach München lud mich Pinek eines Abends ins Kino ein, um den Film *Der Dybbuk* zu sehen. Er hatte das Buch zum Film gelesen, und wir freuten uns beide sehr darauf, ihn zu sehen. Frieda, im Glauben, sie müsse unsere Anstandsdame sein, begleitete uns.

Zu dritt setzten wir uns also umgeben von einem gespannten Publikum in den ersten Rang. Mit einem Augenzwinkern zog Pinek eine zerknitterte Papiertüte voller Schokolade aus seiner Jacke hervor, die er im Laufe der letzten Wochen angesammelt hatte. Ich bin mir nicht sicher, aber ich glaube, er fing an, Schokolade zu sammeln, als er herausfand, wie sehr ich ihn dafür mochte.

Ungefähr bei der Hälfte des Films nahm Pinek meine Hand, beugte sich zu mir und küsste mich. Unsere Anstandsdame, die rechts neben mir saß, war völlig in Film und Schokolade vertieft und bekam nichts mit. Pinek und ich hatten unseren ersten leidenschaftlichen Kuss. Niemand hatte mich jemals so geküsst, und mir war ganz schwindelig von der Berührung seiner Lippen. An diesem Abend brauchte ich keine Schokolade mehr.

Nach dem Film brachte er uns zurück zu unserem Wohnhaus. Wie ein wahrer Kavalier wünschte er uns an der Tür eine gute Nacht, und Frieda und ich gingen hinein. Kurz darauf war ich schon im Bett, aber ich lag die halbe Nacht wach und malte mir immer wieder den Kuss aus. Pinek hatte Gefühle in mir ausgelöst, die mir völlig neu waren.

»Frieda«, flüsterte ich. »Bist du wach?«

»Mmh? Was?«, murmelte sie.

»Ach nichts.« Ich drehte mich wieder um und zog mir die Decke über den Kopf. Noch nie zuvor war es mir peinlich gewesen, meiner Schwester etwas zu erzählen.

Abgesehen von der Tatsache, dass Pinek und ich uns jeden Tag während der Proben sahen, fanden wir auch immer Gründe, um unsere Mahlzeiten gemeinsam einzunehmen und am Abend zusammen spazieren zu gehen. Innerhalb kürzester Zeit waren wir uns sehr vertraut. Und obwohl er acht Jahre älter war als ich und viel mehr Erfahrung hatte, passten wir unglaublich gut zusammen. Wir kamen aus ähnlichen Verhältnissen. Uns beiden war die Familie sehr wichtig. Wir mochten die gleiche Musik und liebten das Theater und die Poesie. Pinek war viel vernünftiger als ich und auch viel schlauer. Er war der ruhigere Part, während ich gern redete. Ich fühlte mich gut in seiner Nähe, und das reichte mir.

Unser Hauptproblem bestand allerdings in unserer religiösen Erziehung. Obwohl wir beide jüdisch waren, war ich in einem streng orthodoxen Haus aufgewachsen, wohingegen er in einer säkularen Familie groß geworden war. Ich ertrug es nicht, wenn er am Sabbat rauchte, denn in meiner Familie kam dies einem Gesetzesbruch am heiligen Tag gleich. Pinek war die Einhaltung koscherer Gesetze gleichgültig, ich hingegen achtete sehr genau darauf. Ich fragte mich ununterbrochen, was meine Eltern wohl davon gehalten hätten, dass ich mich mit einem Mann traf, der nicht unsere Art zu leben teilte.

Als wir an einem Samstag in der Stadt auf einer Bank saßen, zündete sich Pinek eine Zigarette an. Das war nicht das erste Mal, und ich hatte ihn gelegentlich schon einmal daran erinnert, dass Sabbat war. Er hatte beschlossen, meine Kommentare zu ignorieren, und ich war nicht weiter darauf eingegangen.

Wir saßen schweigend zusammen, Pinek betrachtete das Drumherum und genoss seine Zigarette, während ich von Sekunde zu Sekunde unruhiger wurde. Schließlich platzte es aus mir heraus: »Pinek, muss das wirklich sein, dass du am Sabbat rauchst?«

Er sah mich lange und ernst an und sagte dann: »Pass mal auf, du kannst glauben und tun, was du willst. Wenn du am Sabbat nicht kochen oder das Licht anmachen willst, dann werde ich dich nicht daran hindern. Aber verlange nicht von mir, dass ich deine Ansichten teile. Ich rauche am Samstag, weil es mir gefällt und weil ich nicht glaube, dass es eine Sünde ist.« Ich sagte nichts mehr und setzte mich zurück. Daraufhin belästigte ich ihn nicht weiter damit, aber ich wusste, dass wenn ich eines Tages mein eigenes Haus haben sollte, sei es hier, in Israel oder sogar in Amerika, es ein koscheres Haus sein würde, genauso wie das Haus, in dem ich aufgewachsen war.

Pinek und ich trafen uns jetzt schon seit drei Wochen, als er mich an einem schönen, warmen Tag bat, ihn in den Park zu begleiten. Er sah umwerfend aus; er trug ein neues, hellblaues Hemd und eine gut sitzende, graue Hose, die ihn bestimmt viel Geld gekostet hatten. Er war so förmlich, aufmerksam und gleichzeitig so aufgeregt, dass ich ein wenig Verdacht schöpfte, er könne etwas im Schilde führen.

Das Licht an diesem Spätnachmittag war unbeschreiblich. Die Junisonne wärmte unsere Rücken, während wir entlang der Baumreihen durch das üppige Gras spazierten. Ich musste immer wieder feststellen, wie unglaublich gut er doch aussah, während die Sonnenstrahlen auf seinem Gesicht und auf seinen Schultern tanzten.

Obwohl der Park sehr gepflegt war, fanden sich dennoch kleine Plätze mit wucherndem Gras und hochgewachsenen Blumen. Wir suchten uns solch eine wilde Ecke aus, wo wir unsere Decke ausbreiteten. Die Luft war warm und duftete nach Frühling. Alles war sehr romantisch. Dann saßen wir einige Minuten schweigsam da.

Nach einer Weile drehte ich mich zu ihm und sagte: »Pinek, ich glaube, dass dich etwas beschäftigt.«

»Warum denkst du das?«

»Deine Augen glänzen so.«

Er hielt es nicht länger aus. Wortlos zog er eine kleine Schachtel aus seiner Hosentasche und legte sie in meine Hand. Darin lag eine wunderschöne, kleine goldene Uhr mit grünem Lederarmband. In meinem kindlichen Übermut fragte ich ihn: »Warum denn grün? Ich mag doch rot.«

Lachend erwiderte er: »Schau dich doch um, hier ist alles grün. Weißt du, was heute ist? Es ist ›Schawuot‹.« Er blickte in die Schatten in der Nähe stehender, abgestorbener Bäume. »Es ist Erntezeit.« Er sagte es mehr zu sich selbst als zu mir.

Und dann, inmitten der Wildblumen des Parks, fragte mich Pinek, ob ich ihn heiraten wollte.

Ich schwieg. Ich wusste nicht, was ich sagen sollte. Ich glaube, er nahm meinen Schock als Unsicherheit auf und sagte das Merkwürdigste, das ein Mann während eines Heiratsantrags wahrscheinlich je gesagt hat.

»Sieh mal, mein Onkel kümmert sich darum, mir Papiere für Amerika zu besorgen. Komm mit mir. Wenn du mich nicht mehr magst, wenn wir dort angekommen sind, steht es dir frei zu gehen.«

Das war meiner Ansicht nach keine schlechte Idee. »Ja.« Ich lachte und schlang meine Arme um ihn. »Ich will dich heiraten.«

Als später am Abend die Sonne unterging und es kühler wurde, brachte mich Pinek zurück zu meiner Wohnung. Frieda und Bumi waren zu Hause, und als ich die Tür aufriss, kreischte ich aufgeregt und streckte mein Handgelenk in die Luft, damit die ganze Welt es sehen konnte. Mein Bruder, der Uhrmacher, bestand darauf, dass ich die Uhr abnahm, damit er sie untersuchen konnte. Widerwillig löste ich sie von meinem Handgelenk und übergab ihm das Symbol für mein neues Leben.

Bumi untersuchte sie eine Weile und drehte sie wieder und wieder in seinen Händen. Er sah mich sehr ernst an. »Hast du eine Ahnung, wie teuer das ist? Auf dem Schwarzmarkt würdest du bestimmt 50 Dollar dafür bekommen. Du solltest zu Pinek gehen und sie ihm zurückgeben. Das kann er sich nicht leisten. Er ist Schauspieler, er verdient überhaupt kein Geld.«

Seine Worte verärgerten mich ungemein. Anscheinend hatte er nicht verstanden, also wiederholte ich deutlich und knapp: »Ich bin verlobt.«

Bumi sah mich ausdruckslos an.

»Ich werde heiraten!«, rief ich. »Ich gehe nach Amerika. Und zufällig mag ich diese Uhr. Ich werde sie ihm nicht zurückgeben!«

Bumi war entsetzt. »Was willst du damit sagen, du gehst nach Amerika? Du bist zu jung, um zu heiraten. Warte, bis wir nach Palästina gehen und wir dort einen Mann für dich finden. Pinek ist ein netter Typ, aber wozu die Eile? Du kennst ihn doch kaum!«

Ich wollte nicht auf ihn hören. Ich hatte meinen Entschluss gefasst. Bumi war nicht mein Vater und würde es auch nie sein. Ich wusste, dass ich Pinek liebte und dass ich mit ihm glücklich sein konnte. Ich wusste auch, dass in Amerika die Ehe nicht für immer sein musste und dass ich ihn ja verlassen konnte, wenn ich ihn nach einer Weile nicht mehr leiden konnte.

Wie naiv von mir.

Frieda wiederum verstand sofort. Sie stand in einer Ecke, hatte die Arme um sich geschlungen und lächelte ein trauriges Lächeln. Sie mochte Pinek sehr und musste nichts sagen, damit ich wusste, dass sie uns ihren Segen gab; aber unter ihrer Freude spürte ich den Schmerz der bevorstehenden Trennung.

Da wir keine Zeit hatten, eine jüdische Hochzeit vorzubereiten, ließen wir uns von einem deutschen Standesbeamten trauen. Bumi war unser Trauzeuge, und auf einmal, ohne eine richtige Hochzeit – denn nur eine jüdische Hochzeit war für mich die richtige Art, in den heiligen Stand der Ehe zu treten, – waren Pinek und ich nach deutschem Recht Mann und Frau.

Hand in Hand gingen wir Mittagessen, und mit glänzenden Augen zeigte ich unseren Freunden meine neue Uhr. Pinek sagte, er würde mich nach dem Abendessen gern zum Kino einladen, und so sahen wir uns nur ein paar Stunden, nachdem wir »Ja, ich will!« gesagt hatten, den Film *Das goldene Tor* an, mit den Hauptdarstellern Charles Boyer und natürlich mit meiner Lieblingsschauspielerin Olivia De Havilland.

Am Ende brachte Pinek mich, so wie er es immer tat, zurück zu meinem Zimmer. Ich küsste ihn zum Abschied und rannte hinauf. Es war sehr dunkel im Flur, über der Treppe war ein Licht kaputt, und ich fand kaum zu meinem Zimmer. Als ich endlich dort angekommen war und hineinging, saß Bumi im Stuhl und las. Er schaute auf und wollte von mir wissen: »Was machst du hier?«

»Was? Was meinst du damit?«, erwiderte ich, während ich meinen Mantel auszog.

»Du bist verheiratet. Hol deine Zahnbürste und dein Nachthemd und geh zu deinem Mann.«

Ich schaute ihn erschrocken an. »Ich bin nicht verheiratet, ich hatte keine Hochzeit.«

Während ich diese Worte noch aussprach, war mein Bruder schon aufgestanden, hatte meine Nachtutensilien gepackt und mich zur Tür rausgeschoben.

Ich ging zurück durch den dunklen Flur und stolperte mit einem fest an mich gedrücktem, unordentlichem Bündel die Treppen hinunter. Unten angekommen, eilte ich zum Licht der Straße. Ich versuchte, mich mit meinem Krempel rauszumanövrieren und stolperte auf dem Bürgersteig, wo ich von zwei Händen aufgefangen wurde. Es war Pinek.

»Was machst du denn immer noch hier?«, rief ich aus.

Er zuckte mit den Schultern. »Ich wusste, dass du kommen würdest.«

Kurze Zeit zuvor hatte sich Pinek mit einem professionellen Schauspieler namens Sobel angefreundet, dessen Begabung und Erfahrung im Theater Pinek hoch schätzte. Einige Monate, bevor Pinek und ich uns kennenlernten, waren Sobels Sohn Milech und Milechs Freundin Ruschka nach Landsberg gekommen, hatten aber kein Zimmer bekommen. Sobel, der nicht weiter wusste, dass er ein Zimmer für sich allein hatte, und wandte sich an Pinek, von dem er wusste, dass er ein Zimmer für sich allein hatte, und flehte ihn an, Milech und Ruschka zeitweilig bei sich aufzunehmen.

Sobel, Milech und Ruschka waren nicht in Konzentrationslagern gewesen. Sie waren allerdings vor den Nazis nach Russland geflüchtet, wo sie das Ende des Krieges abgewartet hatten. Da Pinek eine ähnliche Flucht über die russische Front hinter sich hatte und nachvollziehen konnte, was sie durchgemacht hatten, versprach er, ihnen zu helfen.

Dieser Gefallen sollte mindestens 20 Gefallen aufwiegen, denn Milech und seine Freundin blieben über sechs Monate und verließen anscheinend nie die Wohnung. Milech klagte immer darüber, krank und schwach zu sein, und die einige Jahre ältere Ruschka bekochte ihn den lieben langen Tag, damit er wieder etwas mehr Fleisch auf seine dünnen Knochen bekam. Für Schäferstündchen war Milech allerdings nie zu krank, und es störte ihn auch nicht, seine Zärtlichkeiten zur Schau zu stellen. Umgekehrt hatten Pineks Untermieter derlei nicht ertragen müssen, denn Pinek und ich hatten noch nie Zeit in seinem Zimmer verbracht.

Schweigsam, mein Bündel an mich gedrückt, ging ich mit Pinek zu seinem Zimmer. Er musste wirklich geahnt haben, dass ich wiederkommen würde, denn Milech und Ruschka waren nicht zu sehen. Auf dem kleinen Küchentisch lag eine weiße Tischdecke, und darauf standen importierte Sardinen, weißes, französisches Brot und süße Tomaten.

»Hättest du gerne eine Tasse Tee?«, fragte er mich.

Ich schüttelte den Kopf.

»Möchtest du etwas essen? Bist du hungrig?« Er deutete auf den Tisch.

»Eigentlich nicht«, flüsterte ich. Ich konnte nichts essen. So hatte ich mir meine Hochzeitsnacht nicht vorgestellt. Pinek war so lieb gewesen, all das so herzurichten, aber ich war enttäuscht. Er sah, wie ich mich fühlte.

»Weißt du, das sind jetzt noch nicht unsere Flitterwochen. Die machen wir später.«

Ich fing an zu weinen, und er küsste mich und wischte meine Tränen mit den Fingern weg. Wir waren beide sehr müde und beschlossen, ins Bett zu gehen, jedoch erstarrte ich, als mir klar wurde, dass dies bedeuten würde, dass ich mich vor ihm auszog. Pinek bemerkte mein Zögern und flüsterte: »Die Rolläden sind unten, niemand außer mir wird dich sehen.« Zu meinem Entsetzen knipste er die Lampe in der Ecke an.

»Ich will aber nicht, dass du mich siehst!«, zischte ich mit angespannter, schriller Stimme und schlang meine Arme um mich.

Er ging auf mich zu und nahm meine Hände. »Ich würde dich aber sehr gerne sehen.« Er küsste mich leicht und zuckte verlegen mit den Achseln. »Weil du wunderschön bist.«

Ich zögerte noch kurz, dann fing ich mit zitternden Fingern an, meine Bluse aufzuknöpfen.

Ich stand schüchtern, mit geschlossenen Augen da und ließ geschehen, dass er mich anschaute.

»Du bist so schön!«, war alles, was er flüstern konnte.

In dieser Nacht lagen wir lange wach und redeten und redeten, trotz unserer Erschöpfung, stundenlang im Dunkeln. Ich lag neben ihm und fühlte mich wie eine Zwölfjährige. Ich muss auf ihn furchtbar jung und unreif gewirkt haben. Aber er war ein wahrer Gentleman, und als sich nach einer langen Nacht die ersten Anzeichen der Morgendämmerung bemerkbar machten, schmolz die Aufregung des Tages endlich dahin, und wir schliefen beide ein.

Ruschka war eine kräftige, einfache Frau um die 21, die mich von Anfang an nicht mochte. Als ich in Pineks Zimmer zog, war es ihr nicht im Geringsten unangenehm, ihrer Verärgerung über die neue Zimmergenossin Ausdruck zu verleihen. Sie sagte zu Pinek Dinge wie: »Wozu ist dieses kleine Mädchen denn gut? Die kann ja nicht mal Wasser kochen!« Ich versuchte, freundlich zu ihr zu sein, ging ihr aus dem Weg, lächelte, wenn wir uns doch kreuzten (was in unserem kleinen Zimmer oft geschah), aber es half mir nicht, ihre Gunst zu erlangen. Ich seufzte nur unter ihren feindlichen Blicken. Offensichtlich fühlte sie sich durch mich bedroht, da sie nun nicht mehr die einzige Frau im Haus war.

Da ich wusste, wie gut Ruschka kochen konnte, hatte ich gehofft, dass sie mir etwas beibringen würde, doch obwohl sie sich unaufhörlich über meine mangelnden Kenntnisse im Haushalt beklagte, weigerte sie sich, mich unter ihre Fittiche zu nehmen. An einem Abend während unserer ersten Woche als verheiratetes Paar hatte sie ein sehr schmackhaftes Nudelgericht gemacht, von dem wir nicht genug bekommen konnten.

»Das schmeckt unglaublich gut. Wie hast du das gemacht?«, fragte ich.

»Das ist doch keine große Sache«, antwortete sie. Die Männer steckten ihre Köpfe tief in ihre Schalen. »Du nimmst ein bisschen Mehl, ein paar Eier und machst einen Teig.« Sie musterte mich missbilligend. »Jede Frau kann das.«

Bevor wir geheiratet hatten, hatte sich Pinek nicht so sehr durch seine Zimmergenossen gestört gefühlt. Zwischen dem Theater, seinem Engagement im ›DP‹-Lager, dem Roten Kreuz und seinen Freunden hatte er nur wenig Zeit auf seinem Zimmer verbracht. Manchmal, wenn er nach einem langen Tag nach Hause kam, wartete auf dem Tisch sogar ein großer, warmer Teller mit Abendessen auf ihn.

Aber nach und nach wurden die Spannungen zwischen uns vieren unerträglich. Und obwohl Pinek immer häufiger eindeutige Anspielungen fallen ließ, musste er sich eingestehen, dass Milech und Ruschka von sich aus nicht so schnell ausziehen würden. Also ließ mein Mann seine Beziehungen spielen, um ein eigenes Zimmer für sie zu finden und strich es sogar, damit sie an ihrer neuen Unterkunft nichts auszusetzen hätten. Endlich waren Pinek und ich frei und konnten wie Mann und Frau zusammenleben.

IV. PINEKS GESCHICHTE

Mein Name ist Pinek Schneiderman. Ich bin einer der wenigen jüdischen Überlebenden einer kleinen Stadt namens Kazimierz Dolny in Zentralpolen.

Der Künstler Chaim Goldberg ist wohl der berühmteste Einwohner meiner Heimatstadt gewesen. Er war vor allem für seine Darstellungen jüdischen Lebens in Kazimierz Dolny bekannt. Auch mein Onkel S. L. Shneiderman gelangte als jiddischer Schriftsteller nach dem Krieg zu etwas Ruhm.

Am 1. September 1939, einen Monat vor meinem 19. Geburtstag, ging Hitlers erste Bombe auf meine kleine Stadt nieder und richtete große Verwüstung an. Ich lief gerade mit einem Freund an einem Park entlang, da sah ich die Explosion, spürte die Erde unter mir beben und warf mich instinktiv unter eine Baumgruppe. Es war das erste Mal, dass ich Zeuge einer Explosion wurde. Ein langsames Grollen hallte durch die Straßen, und dann herrschte einen Augenblick lang entsetzliche Stille. Während mein Freund und ich uns immer noch im Gestrüpp versteckt hielten, umhüllte uns zuerst eine unerträgliche Hitzewelle, gefolgt von einer Leere. Ich war von Angst gelähmt, meine Lungen ächzten nach Luft. Meine Augen brannten hinter den Lidern, während ich darauf wartete, dass sich die entsetzliche Hitze verflüchtigte. Ein qualvoller Moment.

Nachdem diese erste Bombe meine Stadt getroffen hatte, breitete sich Panik unter den Einwohnern aus. Nicht nur die Juden, alle packten ihre Sachen und flüchteten aufs Land. Die Straßen waren leer. Meine Großeltern, Onkel, Tante, Vater, Mutter, meine drei Brüder Moische, Israel, Motek und ich fanden in einer Scheune Platz, wo wir alle gemeinsam schliefen. Es war das erste Mal, dass die ganze Familie unter einem Dach schlief. Dort blieben wir drei Tage, bis mein Vater der Meinung war, dass es sicher wäre, in unsere Häuser zurückzukehren.

Nicht lange, nachdem die erste Bombe eingeschlagen war, begannen die Deutschen der Zivilbevölkerung Verordnungen aufzuerlegen. In der ganzen Stadt gab es zunächst eine Ausgangssperre von sechs Uhr abends bis sechs Uhr morgens. Wer sich während dieser Zeit draußen aufhielt, bekam gleich eine Kugel ab.

Schnell verschlechterte sich die Lage für die Juden. Die zweite Verordnung bestand darin, dass sich jeden Morgen 200 junge jüdische Männer zusammenfinden mussten, um für die deutschen Besatzer Zwangsarbeit zu leisten. Unser Bürgermeister wählte in Übereinstimmung mit dem Erlass, jedoch unter größtmöglicher Wahrung der Selbstbestimmung, sechs ältere Juden zur Bildung eines Judenrats aus, die den Turnus bestimmten.

In meinem Haus kamen vier Männer in Frage: mein Vater, ich, Moische und Israel. Mit erst zehn Jahren war Motek freigestellt. Wenn mein Vater, der Schuhmacher, dran war, nahm ich seinen Platz in unserem Familiengeschäft ein, in dem wir Frauenschuhe reparierten und anfertigten.

An einem kühlen Tag im November 1939 war dann ich an der Reihe. Meine engsten Freunde und ich hatten uns schon wochenlang über die politische Situation unterhalten und Gerüchte analysiert. Moniek, Jankel, Luzer und ich waren zu dem Schluss gekommen, dass sich unsere Situation rapide verschlechterte. In Kazimierz zu bleiben, bot sich uns nicht länger als Option an, und wir beschlossen, nach Osten aufzubrechen. Moniek, dessen Eltern das Haus besaßen, das meine Familie mietete, war etwa sechs Jahre älter als ich, Luzer ein Jahr älter, und Jankel war genauso alt wie ich.

Zu dieser Zeit hatten die Deutschen und die Sowjetunion den Hitler-Stalin-Pakt besiegelt, in dem festgelegt war, dass das eroberte Polen entlang des Flusses Bug aufgeteilt wurde. Unser Plan bestand darin, uns bis auf die andere Seite des Flusses durchzuschlagen und uns auf sowjetischem Gebiet zu verstecken. Aber der Weg dorthin war sehr gefährlich. Die 200 Kilometer lange Strecke zum Bug war nur mit dem Zug zu überwinden, und der nächste Bahnhof befand sich knapp 25 Kilometer von zu Hause entfernt. Und in der Zwischenzeit machten die Deutschen Jagd auf die Juden.

Wir waren jung und entschlossen. Zu Fuß, im Schutz der Wälder, war unserer Meinung nach die sicherste Möglichkeit, die Entfernung zu bewältigen. Auch wenn unsere Eltern dem nur unwillig zustimmten, war mein Vater ein weiser Mann, der ahnte, dass dunkle Zeiten auf uns zukamen. Am Abend vor unserer Flucht gab er mir eine goldene, amerikanische Zehn-Dollar-Münze für den Notfall mit. Wir packten jeder eine Tasche voll mit Pullovern und Essen und begannen unsere lange Reise zum Fluss.

Wir schliefen tagsüber und liefen nachts. Da Polen sehr ländlich geprägt ist, war es einfach, uns im Schatten der Nadelwälder fortzubewegen. Dennoch waren wir hin und wieder gezwungen, Stadtrandbezirke zu durchqueren, und in diesen Fällen bekam unsere Reise aufs Neue eine gefährliche Note. Wir schafften es jedoch jedes Mal, uns durchzuschmuggeln und weiter unserer Wege zu gehen. Wir benötigten mehr als eine Woche, um den Bug zu erreichen. Am Ufer des eisig wirbelnden Flusses erfuhren wir, dass es Polen gab, die für eine stattliche Summe Juden mit einem kleinen Ruderboot über den Fluss brachten. Was man uns nicht sagte, war die Tatsache, dass man nach der Überquerung des Flusses in eisiger Dunkelheit immer noch nicht auf sowjetischem Gebiet war. Erst in Rawa Ruska, dem nächstgelegenen bewohnten Ort, waren wir sicher. Und ›sicher‹ war unter deutscher Besatzung während des Zweiten Weltkrieges ein relatives Wort. Die Polen, die unseren Fahrtpreis über den Bug abkassiert hatten, hatten uns auch wohlweislich verschwiegen, dass Rawa Ruska eine Fliegenfalle war. Kaum hatten wir die Stadt betreten, wurden wir schon verhaftet und in Gewahrsam genommen. Wir wurden mit Hunderten von Männern in eine Großraumzelle des hiesigen Gefängnisses geworfen; Juden, Polen, Ukrainer, jeder hatte eine andere Geschichte zu erzählen. Ein kunterbuntes Gemisch aus Sprachen strömte aus ihren Mündern, während sie so da saßen, umherschritten oder auf Feldbetten lagen. Viele waren Schwarzmarkthändler, die man beim Schmuggeln von Lebensmitteln oder Treibstoff erwischt hatte. Andere, wie wir, waren darauf aus gewesen, Schutz bei den russischen Besatzern zu suchen. Es gab sogar sowjetische Faschisten, die beim Fluchtversuch aus Russland erwischt worden waren, um sich im deutsch besetzten Teil des Landes zu verstecken.

Wir trafen viele Juden, die eine ähnliche Reise über den Bug hinter sich hatten, und von ihnen hörten wir, dass das Hauptanliegen der Russen – aus lächerlichen und unbekannten bürokratischen Gründen, die sich nur durch die Ironie des Krieges erschlossen, – darin bestand, einen zum Gegenteil des ursprünglichen Plans zu zwingen. Wenn man dem russischen Kommandanten erzählte, dass man vor den Deutschen geflüchtet war und ihn um Bleiberecht anflehte, schickten sie einen als Zeichen des guten Willens an ihre neuen Nachbarn zurück. Wenn man zugab, dass es ein Fehler gewesen war, in russisch besetztes Gebiet zu flüchten und sie um Abschiebung zurück zu ihren Familien anflehte, ließen sie einen nicht gehen. Ich vermute, dass die Russen davon ausgingen, dass man kein Spion war oder eine sonstige Bedrohung darstellte, wenn man nicht darauf drängte, in Russland zu bleiben, und in diesem Fall war es ihnen gleichgültig, ob man blieb. Dennoch war es eine verrückte Taktik, die genauso viel Sinn ergab wie der Krieg selbst.

Am Morgen nach unserer Festnahme wurden wir zum Verhör aus der Zelle geholt und zum Kommandanten geführt. Wir erzählten ihm, wir seien alle Freunde, die vor der Zwangsarbeit geflüchtet seien, aber dass wir einen schrecklichen Fehler begangen hatten und uns verzweifelt zurück zu unseren Familien in Polen sehnten.

Der Kommandant schaute uns lange Zeit über seinen Schreibtisch hinweg an, lehnte sich zurück und sagte gelassen: »Dort wird man euch umbringen. Warum wollt ihr wieder zurück?«

Verschiedene Gedanken rasten durch meinen Kopf. Hauptsächlich waren wir verhaftet worden, weil wir ohne Papiere in der Stadt unterwegs gewesen waren; das war unser Verbrechen. Die Russen hatten keine Ahnung, dass wir gerade erst angekommen waren. Es hätte genauso gut möglich sein können, dass wir schon seit Monaten in Rawa Ruska lebten und arbeiteten.

Ich schaute ihm direkt in die Augen: »Unsere Familien sind drüben. Wir möchten zurückgehen und unsere Familien beschützen. Wir haben lange nichts mehr von ihnen gehört.«

Es folgte ein kurzes und knappes Schweigen, dann atmete er zischend ein. »Nun, es tut mir leid. Ihr dürft nicht zurück.« Als der Kommandant diese Entscheidung gefällt hatte, setzte er sich steif auf und kritzelte etwas auf unseren Bericht. »Ihr seid aus der Haft entlassen.« Jetzt waren wir Flüchtlinge in Russland.

Eigentlich wollten alle vier in dieser ziemlich großen Stadt bleiben. Aber da wir kein Einkommen und kein Dach über dem Kopf hatten, hätten wir so nicht lange überlebt. Es gab keine Arbeit, und ohne Geld gab es weder Essen noch Unterkunft. Als wir das Ausmaß des Elends auf dieser Seite der Grenze erfasst hatten, wurde uns klar, dass der sowjetisch okkupierte Teil Polens auch nicht zum Verweilen einlud. Unser langfristiges Ziel wurde Palästina. Wir verbrachten viele Stunden damit, einen sicheren Weg zur rumänischen Grenze ausfindig zu machen, von wo aus wir als blinde Passagiere Europa verlassen wollten.

Moniek, Jankel, Luzer und ich stapften müde und hungrig durch den frischen Schnee, überstanden die stillen, bitteren russischen Abende und näherten uns nach und nach Lemberg. Aber wo wir auch hinkamen, die Probleme schienen überall die gleichen zu sein. Lemberg war wie Rawa Ruska völlig überlaufen mit Flüchtlingen, und es gab keinen Platz, wo man bleiben konnte. In einer Synagoge fanden wir Zuflucht, aber selbst dort war es so überfüllt, dass wir uns nicht einmal hinlegen konnten. Schließlich schafften wir es bis nach Śniatyn an der polnisch-rumänischen Grenze. Wir mussten feststellen, dass es schlicht unmöglich war, die Grenze zu überqueren. Es gab Hunde und Wächter auf beiden Seiten des langen Stacheldrahtzauns, die jeden, den sie erwischten, auf der Stelle erschossen.

So kämpften wir uns durch ein wahres Martyrium in diesem bitterkalten Winter von 1940. Ende Februar entschlossen wir uns, nach Lemberg zurückzukehren, und hofften, uns dort den jüdischen Vertriebenen anschließen und Arbeit finden zu können. Wir waren erst seit einigen Wochen wieder in der Stadt, als die örtliche Verwaltung, gänzlich überfordert mit dem Flüchtlingsansturm, eine neue Verordnung erließ, dass alle jungen Flüchtlinge zur Arbeit in die Kohleminen nach Sibirien geschickt werden sollten. Und es gab Gerüchte. In dunklen Gassen, Unterkünften und Auffanglagern wurde gemunkelt, dass wohin auch immer die jüdischen Flüchtlinge geschickt wurden, sie niemals zurückkehrten. Hinter vorgehaltener Hand wurde erzählt, dass junge Männer auf offener Straße von Soldaten aufgegriffen wurden und dass ihre Familien sie nie mehr zu Gesicht bekamen. Und so standen wir in einer Schlange im Schnee an, ehe wir von sowjetischen Soldaten ausgesucht und auf Laster aufgeladen wurden, um zu einem schrecklichen Ort gebracht zu werden.

Wir saßen zusammengedrängt auf Liegen, Moniek und ich schauten Luzer und Jankel an, die uns gegenüber saßen. Wir wussten, dass wir tatsächlich in Schwierigkeiten waren, und dass wir vom Laster runter mussten, um zu überleben. Anders als die Deutschen schossen die Sowjets jüdischen Flüchtlingen nicht in den Rücken, und in der Sekunde, in der die Soldaten sich wegdrehten, sprangen Moniek, ich und ein paar andere raus und rannten um unser Leben.

Zerschlagen und erschöpft machten Moniek und ich uns langsam zurück auf den Weg zur sowjetischen Grenze und waren im März 1940 wieder in der Heimat. Unsere Freunde haben wir nie wieder gesehen.

Zu Hause angekommen, mussten wir feststellen, dass unsere Häuser beschlagnahmt und unsere Familien in ein Ghetto gebracht worden waren. Uns blieb nichts anderes übrig, als ihnen dorthin zu folgen. Es handelte sich um ein verfallenes, überfülltes Gelände im heruntergekommensten Viertel unserer Stadt, wo man die Juden hineinstecken und sich selbst überlassen konnte.

Sobald ich mich mit meiner Familie dort niedergelassen hatte, meldete ich mich beim Roten Kreuz. Viele waren an Typhus erkrankt und der Verband suchte verzweifelt nach gesunden, jungen Freiwilligen für die Krankenstation, die von den Deutschen in einem konfiszierten Hotel errichtet worden war. Weil ich die Kranken behandelte und zwischen den Reihen weißer Betten und agonisierender Körper lebte, atmete und arbeitete, erkrankte auch ich bald an Typhus.

Ich hatte Glück und war stark und besiegte die Krankheit.

Und das Leben ging weiter.

1942 wurde das Ghetto aufgelöst, und alle Juden wurden in eine andere vorübergehende Bleibe nach Opole Lubelskie gebracht. Man erzählte uns, dass im neuen Ghetto alle arbeiten sollten. Da ich beim Roten Kreuz tätig war, bekam ich die Aufgabe zugewiesen, zwischen den beiden Ghettos hin und her zu fahren, um beim Umzug zu helfen. Die Kranken und Alten waren die ersten, die verlegt wurden, unter ihnen auch meine Großeltern.

Dort angekommen, wurden zu meiner und jedermanns Überraschung die Mitarbeiter des Roten Kreuzes von der SS daran gehindert, wieder zu gehen, und mit der Gruppe der Alten, die wir transportiert hatten, in die Baracken gedrängt. Ich trat vor und versuchte, indem ich auf meine rot-weiße Armbinde über dem Jackenärmel hinwies, die Situation zu erklären, aber ohne Erfolg. In der allgemeinen Verwirrung hörte ich, wie die Türen zugeschlagen und verriegelt wurden und blieb zunächst ruhig inmitten der sich anbahnenden Katastrophe stehen. Düster schaute ich meine Kollegen an. Wir wussten alle, dass wir in Schwierigkeiten waren.

Stundenlang saßen wir in den Baracken, bis uns langsam dämmerte, dass der Boden an manchen Stellen aus frisch bearbeiteter, weicher Erde bestand. Die Rote-Kreuz-Mitarbeiter begannen sofort, in der Hoffnung auf eine Fluchtmöglichkeit in der Erde zu graben. Wir nahmen

Steine und verschiedene Utensilien aus Holz zu Hilfe, mit denen wir einen Tunnel unter die Mauer gruben, um dann mitten in der Nacht lautlos aus dem Lager zu flüchten. Zu Fuß marschierten wir zurück nach Kazimierz.

Ich kehrte mit der schwerwiegenden Erkenntnis in unser Ghetto zurück, dass die Juden in den Tod ziehen würden, falls es aufgelöst werden sollte. Ich drängte meine Eltern und meine Brüder, die Weichsel zu überqueren, die sich auf der anderen Seite von Opole Lubelskie befand. Ich hoffte, dass es in der nächsten Region keine Liquidierungen geben würde.

Innerhalb von wenigen Tagen und mit der Hilfe eines polnischen Bauern, der in der Nachbarstadt lebte, konnten mein Vater, meine Mutter und mein jüngster Bruder sich aus dem Ghetto wegstehlen und den Fluss überqueren. Da meine zwei anderen Brüder das Glück hatten, für die Deutschen zu arbeiten, mahnte mein Vater sie, sich nicht vom Fleck zu rühren. Wir wussten, dass es ihnen dort besser ergehen würde.

Da der Frühling jetzt nahte, stand viel Wasser auf dem schmelzenden Eis. Es war sehr gefährlich, den knapp 2,5 Kilometer breiten Fluss zu dieser Jahreszeit zu überqueren. Dank unserer Taschenlampen und einem guten Gleichgewichtssinn schafften wir es sicher ans andere Ufer. Wir erreichten Janowitz und fanden diese Kleinstadt nicht nur ohne Ghetto vor, sondern viele Freunde wieder, die wie wir aus Kazimierz hergeflüchtet waren. Mit ihrer Hilfe fanden wir eine bescheidene Wohnung.

Nach einer Woche erreichte uns die furchtbare Nachricht, dass das Ghetto in Kazimierz und auch das Arbeitslager, in dem meine Brüder gearbeitet hatten, liquidiert worden waren. Wir waren krank vor Sorge und hatten nicht mehr viel Hoffnung, sie wiederzusehen, als sie kurze Zeit darauf an einem frühen Morgen durch unsere Tür schlenderten.

Sie erzählten uns schreckliche Geschichten von jungen Männern, Müttern, Kleinkindern und anderen, die beim Versuch, aus dem Lager zu flüchten, erschossen worden waren. Irgendwie hatten meine Brüder ihre Flucht überlebt.

In Kazimierz gab es eine ältere Frau namens Sonia, mit der ich mich angefreundet hatte. Ohne ihren Mann zog sie tapfer ihre zwei Töchter allein groß. Die ältere der beiden, Mita, wurde meine erste Liebe. Als das Ghetto aufgelöst worden war, war Sonia wie meine Familie über die Weichsel geflüchtet und – nachdem sie einige Monate unsere Nachbarin in Janowitz gewesen war – mit ihren zwei Töchtern nach Radom, einer großen polnischen Stadt, gezogen. Sonias Bruder war dort ein berühmter Arzt – ein Spezialist, der viele deutsche Offiziere behandelte. Sonias Familie hoffte, dass in seiner Nähe die Chance größer war, den Krieg zu überleben.

Die Frauen hatten jedoch Angst, alleine zu reisen, und als Sonia mich bat, sie zu begleiten, willigte ich, liebeskrank – wie ich war – und trotz der lauernden Gefahren, ein. Wir verbrachten die Nacht in Zwoleń, als die SS bekannt gab, dass alle jüdischen Frauen und Männer sich auf dem Hauptplatz zu versammeln hätten. Jeder, der sich dem widersetzte, würde erschossen werden. Mita und ich wurden zum Hauptmarktplatz geschickt, wo wir zusammen mit Hunderten anderer junger Juden stundenlang darauf warteten, dass etwas passierte. Auf einmal rief ein hochrangiger Offizier Mitas Namen auf, und sie wurde mitgenommen. Ich wusste sofort, was passiert war: Sonia hatte ihren Bruder kontaktiert, und als die Nachricht übermittelt wurde, dass man Mita festhielt, hatte er seine Beziehungen spielen und sie wieder auf freien Fuß setzen lassen. Für mich konnte er nichts tun, und später am Nachmittag wurde ich auf einen Laster befördert und mit Hunderten anderer junger Männer und Frauen, Jungen und Mädchen nach Skarżysko Kamienna gebracht, einem der größten Arbeitslager in Polen.

Ich habe meine Eltern und meine Brüder nie wiedergesehen.

In diesem Lager hatten die Deutschen 1942 wohl begonnen, mit Gas als schnellem und billigem Mittel der Massenvernichtung zu experimentieren. Hierzu benutzten sie versiegelte Lastwagen, die sie mit Menschen vollstopften und in die sie dann Kohlenmonoxid pumpten. Damals wusste ich das natürlich nicht.

Als ich dort ankam, traf ich einige Freunde aus meiner Heimatstadt wieder sowie einen alten Bekannten aus Kazimierz Dolny namens Jitzchak. Wir arbeiteten zusammen bei der *Hasag*, einer der größten Munitionsfabriken in Polen, wo auch viele polnische Zivilisten arbeiteten, die im Gegensatz zu uns jedoch entlohnt wurden. Nach einigen Wochen waren Jitzchak und ich enge Freunde geworden, und zusammen mit anderen alten Freunden waren wir uns einig, dass wir fliehen und die über 110 Kilometer zurück nach Janowitz bewältigen mussten, um endlich in Sicherheit zu sein.

Wir sprachen uns unauffällig ab, dass wir uns um Punkt ein Uhr nachts aus der zweckentfremdeten Lagerhalle, in der wir mit ungefähr 600 anderen Gefangenen zusammengepfercht waren, schleichen, den Stacheldraht durchschneiden und über den großen Zaun flüchten würden. Da ich immer sehr tief schlief, sollte Jitzchak mich zur verabredeten Zeit wecken, damit wir uns der Gruppe anschließen konnten.

Als am nächsten Morgen um sechs Uhr der Alarm ertönte, öffnete ich die Augen. Jitzchak schlief noch.

Ich schaute ihn ungläubig an. »Warum hast du mich nicht geweckt?« Er guckte mich an, als wäre ich verrückt geworden. »Du hast gesagt, du würdest nicht mitgehen. Du hast mir in die Augen geschaut und gesagt: ›Ich gehe nicht mit.‹«

Bis heute habe ich keine Erinnerung an meine Worte. Benommen gingen wir zum Appell und dann zur Arbeit. Unsere anderen Freunde, mit denen wir die Flucht geplant hatten, waren nirgends zu sehen.

»Siehst du, die sind weg, und wir sind hier, und das ist alles deine Schuld!«, sagte Jitzchak.

»Aber warum bist du denn nicht mitgegangen?«, fragte ich ihn. Er warf mir einen bitteren Blick zu. »Ohne dich gehe ich nirgendwohin. Du bist mein Glücksbringer.«

An diesem Abend war Jitzchak immer noch sauer auf mich. Als wir nach der Arbeit von der Munitionsfabrik zum Lager zurückkehrten, hörten wir auf einmal schreiende SS-Männer und heulende Hunde auf der anderen Seite des Stacheldrahtzauns. Innerhalb einer Stunde wurden Tausende von zurückgekehrten Arbeitern von brüllenden SS-Leuten gezwungen, sich auf dem Appellplatz im Zentrum des Lagers in Reih und Glied aufzustellen.

Es wurden sieben junge Männer hereingeführt. Obwohl sie übel zugerichtet waren, erkannte ich sofort meine Freunde. Man brachte sie zur großen Plattform, wo sie sich vor die jüdischen Massen hinstellen mussten, dann schossen sie jedem von ihnen ohne viel Aufhebens zu machen in den Kopf. Der Kommandant des Lagers verkündete: »Jetzt habt ihr gesehen, was mit euch geschieht, wenn ihr versucht zu fliehen.« Und damit die Lektion auch wirklich saß, zerrten die SS-Leute willkürlich 20 Männer aus unseren Reihen, unter ihnen Jitzchak und mich. Sie luden uns auf einen Lastwagen und fuhren uns anderthalb Kilometer raus aus dem Lager in den angrenzenden Wald.

Vor uns lag eine frisch ausgegrabene, riesige Grube. Zwei SS-Männer holten Schaufeln aus dem Lastwagen und überreichten sie zehn Männern, zu denen Jitzchak und ich gehörten. Dann drängten sie unsere Gruppe zurück, während sie die anderen zehn Männer vorwärts schoben, bis diese um die tiefe Grube herumstanden. Ein SS-Offizier, der in einem Geländewagen saß, stieß einen Schrei aus und mähte die zehn mit einem Maschinengewehr nieder. Dann jagten uns die SS-Offiziere zur Grube und schrien uns an, wir sollten die Männer vergraben.

Atemlos versenkten wir unsere Schaufeln in der Erde, während die SS-Leute um uns herum in den sandigen Boden schossen. In einem Ledergürtel hatte ich die schwere, amerikanische, goldene Münze versteckt, die mein Vater mir Jahre zuvor gegeben hatte. Im Laufe dieser albtraumhaften Fahrt verlor ich meinen Gürtel und mit ihm auch die Münze.

Warum diese Männer erschossen wurden, warum die SS dieses Spiel mit uns trieb, werde ich nie verstehen. Es gab wirkungsvollere Methoden, ein solches Exempel zu statuieren.

Eines Nachmittags, als ich in der Munitionsfabrik etwas außerhalb von Skarżysko Kamienna arbeitete, steckte mir ein polnisches Mädchen, mit dem ich mich angefreundet hatte, einen Brief zu. Er war von Sonia, die sich jetzt mit Mita in Warschau aufhielt. Sie hatte herausgefunden, wohin man die Juden aus Zwoleń gebracht hatte, und versuchte verzweifelt, mich zu finden. Sie hatte sich mit einem polnischen Mädchen angefreundet, die in meiner Fabrik arbeitete und oft nach Warschau fuhr. Sonia gab ihr eine an mich adressierte Nachricht mit, und das Mädchen konnte meinen Namen erstaunlicherweise richtig zuordnen und überreichte sie mir.

Der Brief war kurz. Es besagte, dass meine Familie nach Treblinka deportiert worden war, eines der berüchtigtsten deutschen Todeslager in Polen. Vermutlich waren sie direkt nach ihrer Ankunft vergast worden.

Der kurze Kontakt mit Sonia und diese unvorstellbaren Nachrichten entfachten eine Glut in mir – den leidenschaftlichen Willen, um jeden Preis durchzukommen. Hätte ich Mita nicht begleitet, wäre ich jetzt höchstwahrscheinlich tot gewesen. Ich war erfüllt von Entschlossenheit und kämpferischer Erregung. Diesen albtraumhaften Neuigkeiten, die auch den Untergang für mich hätten bedeuten können, entsprangen Hoffnung und ein neu entflammter Lebenswille.

Einige Tage später kam ein SS-Offizier auf der Suche nach einem professionellen Maler durch die Fabrik. Ich meldete mich freiwillig und machte selbstsicher einen Schritt vor, da ich spürte, dass sich mir hier eine großartige Gelegenheit bot. Auch wenn ich in meinem ganzen Leben noch nie eine Wand gestrichen hatte.

Man schickte mich zu den Privatunterkünften der Offiziere, wo ich das Handwerk von der Pike auf von meinem Partner erlernte, einem älteren jüdischen Maler und Mitgefangenen. Den Ehefrauen der Offiziere begegnete ich freundlich und charmant, und meine Arbeit machte ich gewissenhaft und umsichtig. Ich ließ meine Beziehungen spielen und konnte auch Jitzchak für unseren Trupp dazugewinnen. Mit dieser fast normalen Arbeit überlebten wir bis 1944 zweieinhalb Jahre Lager.

Als sich die Russen der deutschen Grenze näherten, verlegte uns die SS näher an Deutschland. Jitzchak und ich wurden in ein größeres Lager nach Tschenstochau gebracht. Dort blieben wir bis Dezember und arbeiteten wieder in einer Munitionsfabrik. Etwa sechs Monate später rückten die Russen immer näher und auch dieses Lager wurde aufgelöst. Wir wurden dann zu Tausenden nach Buchenwald deportiert. In Buchenwald gab es keine Arbeit, nur qualvollen Hunger, und jeden Morgen wachte ich mit der Erwartung auf, vergast zu werden. Innerhalb von drei Monaten wurde aus meiner ohnehin dürren Statur ein ausgemergeltes Skelett, mein Gewicht fiel auf etwa 40 Kilogramm. Jeden Morgen um sechs Uhr stellten wir uns in Reih und Glied zum Anwesenheitsappell. Mit zusammengebissenen Zähnen stand ich in meinem dünnen Baumwollhemd und den Holzschuhen da und quälte mich durch die stundenlange Aufzählung jedes einzelnen Namens auf der Liste. Wir sahen, wie andere Juden vor unseren Augen in der Kälte einfach erfroren.

In Buchenwald schwanden mein Glaube an das Schicksal und mein Lebenswille so schnell wie mein Körperumfang, und ich glaube, dass ich Jitzchak damit große Angst einjagte. Bis Buchenwald war ich – Not und Kummer trotzend – immer optimistisch geblieben. Jetzt war ich bereit zu erfrieren, mich aufzugeben und mit allem abzuschließen.

Jitzchak war jedoch der Meinung, ich wäre sein Glücksbringer, der einzige Grund, warum er bisher überlebt hatte. Er fand einige weggeworfene, feste Papiertüten, die zum Transportieren von Zement benutzt worden waren, und wir wickelten sie uns um den Rumpf. Diese staubige Pappe hat uns das Leben gerettet.

Nach drei Monaten in diesem Lager kam eines Tages ein SS-Soldat in die Baracke, in der Jitzchak und ich lebten und fragte nach 200 Arbeitsfreiwilligen. Ich sah dies als die letzte Möglichkeit zur Rettung und hob, ohne mit der Wimper zu zucken, ohne einen weiteren Gedanken daran zu verschwenden, meine Hand. Und obwohl ich kaum gehen konnte, schloss ich mich der immer größer werdenden Reihe von Männern an. Wäre ich ohne Arbeit und schwach wie ich war in der Baracke geblieben, hätte ich sicherlich nicht mehr lange überlebt. Es war mir gleich, wo ich hingeschickt wurde, es war mir gleich, um welche Art von Arbeit es sich handelte, es war mir gleich, ob ich mich gerade freiwillig gemeldet hatte, um erschossen zu werden, aber ich wusste, dass ich unbedingt aus Buchenwald raus musste. Und Jitzchak, der meinen Wahn und meine völlige Leere spürte, Jitzchak, der mir überall hin gefolgt war, schwieg und blieb zurück.

Es hatten sich nur 199 Freiwillige eingefunden. Der SS-Soldat rief: »Wir brauchen noch einen Gefangenen!«

Jitzchak und ich schauten uns über die Entfernung hinweg fest in die Augen. Es verging ein kurzer Augenblick.

»Wir brauchen noch einen Freiwilligen!«

Langsam hob Jitzchak die Hand und lächelte mich an, als wollte er sagen: ›Zum Teufel, was solls?‹ Schließlich hatte ich bis jetzt immer Recht behalten.

Wir wurden auf einen weitläufigen, verdreckten Platz in der Nähe der Schuppen gebracht, wo ein SS-Mann zu unserer Überraschung jedem von uns einen ganzen Brotlaib aushändigte.

»Siehst du, Jitzchak, wir gehen nicht nur weg, wir bekommen auch noch zu Essen!« Wir lachten und zerteilten hungrig unsere Beute. Es war ein guter Tag, trotz allem. Warum sollten sie Nahrung an Männer verschwenden, die gleich sterben sollten? Die Arbeit wartete um die Ecke, wir konnten sie deutlich riechen, so wie wir die frischen Brotlaibe in unseren Händen riechen konnten.

Nur kurze Zeit später wurden wir in Züge verladen, und wir befanden uns auf einer Tagesreise zu einem kleineren Lager namens Dora-Mittelbau, nördlich von Nordhausen. Wir wussten es damals nicht, aber an diesem Ort experimentierten deutsche Wissenschaftler mit Massenvernichtungswaffen. Dieses äußerst geheime Lager befand sich tief unter dem Harz. Die Koordinaten, so erfuhren wir später, waren streng geheim.

In Dora wurde ich für den Dienst eingeteilt, der Fundamente für große metallene Maschinen legte, die wiederum Waffen produzierten. Meistens arbeiteten wir nachts, da tagsüber ein nicht endender Bombenhagel den Boden über uns zum Erbeben brachte. Die Alliierten wussten, dass das Lager irgendwo hier war, konnten es aber nicht genau bestimmen. Von außen war Dora nur anhand des großen Eingangs des Zugtunnels erkennbar. Die Alliierten hatten schlichtweg übersehen, dass der Zugtunnel keine Öffnung auf der anderen Seite des Berges hatte.

Dieser Eingang öffnete sich in eine riesige, von Menschen geschaffene Höhle mit hohen Felsdecken. Einige Tausend Gefangene aus aller Welt arbeiteten hier unter Tage. Interessanterweise arbeiteten die einzigen Juden im Lager ausschließlich in unserem kleinen Trupp.

Meine Arbeit war extrem gefährlich. Unter uns waren riesige Löcher ausgehoben worden, und wir versuchten, sie mit tonnenweise Zement zu füllen, um somit die Grundträger zu schaffen. Ich schleppte Schubkarren voll von diesem schweren, breiigen Gemisch über verzogene, dünne und instabile Bretter, lud es dann in den riesigen Abgrund ab und kehrte um, um das Ganze zu wiederholen. Unsere Last war kaum zu tragen, und jeder von uns war schwach und völlig unterernährt. Den ganzen Tag über rutschten Gefangene beim Versuch, ihre schweren Schubkarren auszubalancieren, aus und ertranken im weichen Zement unter ihnen.

Ich arbeitete schon seit einigen Wochen in Dora, als ich beim Überqueren der Bretter stolperte und fast fiel. Wie durch ein Wunder hatte ich noch die Kraft, mich abzustützen und auf dem Brett zu bleiben, während meine Knie einknickten. Ich rang mit der Schubkarre, die ich zittrig festhielt, bis ein anderer Gefangener mich von hinten packen konnte und festhielt. Das war wie ein Erwachen.

In Zement begraben zu sein, zu ertrinken, Teil einer entsetzlichen Maschinerie zu werden, die dazu beitrug, meine Kultur und meine Geschichte auszulöschen, war ein viel schrecklicheres Schicksal als jede Kugel. Ich beschloss, von dem Tag an in den Baracken zu bleiben und mich zu verstecken. Die Bomben der Alliierten ließen den Boden jeden Tag ein bisschen mehr erzittern. Jeder wusste, dass der Krieg bald zu Ende sein würde.

Als am Morgen meine Gruppe zum Zählappell gerufen wurde, war ich nicht dabei. Die SS machte nicht viel Aufhebens darum, sie dachten wohl, ich sei im Zement vergraben. Zwei Tage vergingen, und ich war weder zur Arbeit noch zum Essen erschienen. Ich schaffte es, mich in die Küche zu schleichen, Essensreste und Gemüseabfälle aus dem Müll zu stehlen. Aber jeden Tag kam ich dem Hungertod näher, und Panik stieg in mir auf, weil ich hier festsaß. Auf diese Weise hätte ich nicht mehr lange durchgehalten, aber die Bombenangriffe nahmen innerhalb von drei Tagen dermaßen zu, dass das Lager evakuiert wurde. Die Alliierten hatten endlich die unterirdische Fabrik gefunden.

Fast einen Monat lang marschierten wir ziellos von Ort zu Ort, durch die Städte, übers Land. Stündlich fielen Gefangene um. Einmal am Tag bekamen wir Brot, manchmal schwarzen Kaffee, manchmal Suppe, je nachdem wohin wir unterwegs waren und was gerade zur Verfügung stand. Die Deutschen ließen diejenigen, die umfielen, einfach dort liegen und erschossen andere, die nicht hinterherkamen. Schließlich kamen wir in Dachau an, es war Ende April.

Obwohl die Sonne unsere Gesichter wärmte, die Frühlingsvögel sangen und die Felder grün waren, war Dachau gegen die blühende Jahreszeit immun. Als wir durch die Tore traten, wurde auch nur der leiseste Hauch süßer Frühlingsluft von einem grauenhaften Gestank überlagert. Um uns herum lagen Leichenberge in der Sonne. Auch die Baracken, in denen wir schlafen sollten, waren voller Toter, und im Stroh auf dem Boden wimmelte es nur so vor Läusenestern. Jitzchak, ich und einige Freunde entschlossen uns, draußen zu schlafen. Das Lager war um diese Zeit schon so unorganisiert und die SS-Leute waren so damit beschäftigt, ihre eigene Haut zu retten, dass es ihnen egal war. Es gab keine Essensrationen, keine Zählappelle, nichts funktionierte mehr. Wenn ein geistig verwirrter Gefangener schrie, es gebe Brot, fielen Gefangene übereinander her, kämpften sich mit spitzen Ellbogen, wild fuchtelnden Armen und anderen die Gesichter zertretend dorthin durch, um dann nichts vorzufinden. Die SS war, außer bei den Türmen und dem Stacheldrahtzaun, nirgends mehr zu sehen.

Nachdem wir nur wenige Tage in diesem grauenhaften Gestank ohne Essen ausgeharrt hatten, beschloss die SS, die überlebenden Gefangenen aus Dachau zu evakuieren. Wir wurden in mit Stacheldraht überzogene, offene Viehwaggons getrieben und zu unbekannten Bestimmungsorten transportiert, erst ging es nach Westen, dann Osten, Norden und wieder Osten. Es war zu spät für die SS, uns zu beseitigen. Eines Nachts hielt der Zug einfach mitten im Wald an. Obwohl es schon Mai war, fielen Schneeflocken, die sich auf unsere Augenlider legten. Die Stille des Waldes wurde jäh unterbrochen, als Schüsse fielen. Wir brauchten nur eine Schreckenssekunde, um zu begreifen, dass wir ins Kreuzfeuer der Alliierten und der Deutschen geraten waren. Ich sah, wie Gefangene um mich herum von Kugeln getroffen wurden, hörte das ohrenbetäubende Geräusch von immer und immer wieder in menschliches Fleisch eindringendem Metall. Und so plötzlich wie es angefangen hatte, hörte es wieder auf. Über den Hügeln ging die Dämmerung auf, es schneite immer weiter, und es wurde plötzlich ganz still. Wir lagen auf dem Boden der Waggons, hielten die Hände über unseren Köpfen und spitzten die Ohren nach dem geringsten Geräusch. Und dann hörten wir die Echos entfernter Autos vor uns sowie jiddische Ausrufe: »Mir zenen frei!!!«

»Wir sind endlich frei! Schma Jisrael ...«

Wir hoben unsere Köpfe. Ich sah Jitzchaks verblüfften Gesichtsausdruck und schaute mit Sicherheit nicht anders drein. Es war kein SS-Soldat mehr zu sehen.

Ich flüsterte ihm zu: »Lass uns noch still liegen bleiben! Wir müssen aufpassen. Vielleicht sind da noch ein paar verrückte Deutsche, die nur darauf warten, dass wir aus dem Wagen springen.«

Wir lagen noch eine halbe Ewigkeit da, hörten Jubelrufe und das Geräusch von entkräfteten Männern, die auf den gefrorenen Boden sprangen. Es war wunderschön, die Menschen meines Volkes rannten umher, schrien, sangen und lachten. Ich hob den Kopf und sah überall Gefangene, die sich ziellos von dem aufgeregten Durcheinander und der Energie in der Luft treiben ließen. Ich sah einen anderen Mann, der törichterweise große Säcke voller Brot auf seinen Schultern schleppte. Ich sah einen Mann, der inmitten seines Jubels starb. Sein Blick ging hoch, erschöpft und froh, seine kalten Finger hielten einen Brotlaib fest gegen seine Brust gedrückt. Ich spürte die kalte Luft und die harten, unbequemen Bretter unter meinem knochigen Körper. Ich spürte meinen guten Freund neben mir, der das Treiben lauschend und beobachtend verfolgte. Ich merkte, dass ich weinte.

Jitzchak, unser Freund Jakob (ein Mann, den wir in Tschenstochau kennengelernt hatten) und ich machten uns auf die Suche nach einer Stadt oder einem Bauernhof, wo wir hofften, dass uns freundliche Deutsche zu Essen und einen Platz zum Schlafen geben würden. Meine Haut war vom Läusebefall entzündet und blutig, und ich war so dünn, dass meine Knochen überall hervorstanden. Aber ich fühlte mich lebendiger als je zuvor. Ich war 23 Jahre alt, und mein Leben gehörte wieder mir.

Wir waren zu Fuß unterwegs zum nächsten Dorf und kamen so nach Allach, im Nordwesten von München. Wir versuchten es gleich beim ersten Haus. Wir klopften an und warteten, aber niemand kam zur Tür. Jitzchak wandte sich schon wieder zur Straße, aber da ich mir sicher war, dass jemand zu Hause weilte, blieb ich und klopfte nochmals. Schließlich wurde ein Knauf gedreht und die Tür ging knarrend auf.

»Bitte tun Sie uns nichts!«, erklang die schwache Stimme einer älteren Frau durch den schmalen Spalt in der Tür.

»Haben Sie keine Sorge!«, beruhigte ich sie. »Wir möchten nur fragen, ob Sie vielleicht etwas Heißes zu Essen für uns haben. Bitte, wir brauchen Ihre Hilfe. Wir verhungern!«, sagte ich auf Deutsch.

Sie starrte durch den Spalt auf mein schwarz-weiß gestreiftes Gefängnishemd. »Es tut mir leid. Wir haben selber nicht genug zu essen.« Die Frau versuchte, die Tür wieder zu schließen, aber ich stellte meinen Fuß dazwischen. »Wir sind keine Verbrecher. Wir sind nur Juden, die im Konzentrationslager waren. Bitte, wir werden Ihnen nichts antun.« Ich sah sie an, und sie sah mich an. Nach einer kurzen Zeit wurde der Spalt größer, einladender. Sie weinte.

Die Frau hatte eine schöne Tochter, blond und blauäugig, etwa 16 Jahre alt, ich erinnere mich nicht an ihren Namen, und als sie uns sah, begann auch sie zu weinen. Wir blieben auf Abstand und versicherten ihnen, so gut wie es mit unserem gebrochenen Deutsch ging, dass wir ihnen nichts antun wollten. Als die alte Frau Wasser für die Badewanne heizte, zogen wir uns in der Diele vor ihren Augen nackt aus. Sie nahm sofort unsere Kleidung mit nach draußen, um sie dort zu verbrennen; der Stoff war dermaßen befallen, dass unsere Kleidung vor Läusen nur so wimmelte. Die Tochter machte sich in den Schränken des Vaters und der Brüder, die vor einigen Jahren zum Wehrdienst einberufen worden waren, auf die Suche nach Sachen, die unseren mageren Körpern passen könnten. Dann schrubbten die Frauen jeden von uns bestimmt eine Stunde lang mit einer kräftigen Seife und Desinfektionsmittel ab.

Die Frauen hatten nicht gelogen, das Essen im Haus reichte nicht, um alle satt zu machen. Wir versprachen ihnen, so viele Lebensmittel wie möglich aus den Kellern der SS zu stehlen, und ich arbeitete einen Plan aus. Sie waren von unserem Versprechen derart angetan, dass sie großzügig einwilligten, uns ein paar Tage zu beherbergen – bis wir wieder zu Kräften gekommen waren. An diesem ersten Nachmittag kochte die Mutter einen kleinen Topf heißer Suppe und einfachen Haferbrei für uns. Jitzchak und Jakob schlangen ihr Essen runter, aber ich aß fast nichts. Mein Körper war so erschöpft, dass ich kaum meine Augen offen halten konnte und meine Hand schaffte kaum den Weg zu meinem Mund. Das junge Mädchen brachte mich nach oben in ein Bett mit weißen Laken und einem Oberbett aus Daunen. Völlig erschöpft ließ ich mich auf diesen Luxus fallen.

Als der Tag anbrach, spürte ich einen warmen Sonnenstrahl auf meinem Gesicht, und langsam öffnete ich die Augen. Durch die Dielenbretter hörte ich gedämpfte Stimmen von unten. Ich sah das schimmernde Licht auf dem weißen Bettzeug. Ich blickte an meinem weißen Nachthemd runter und verstand die Welt nicht mehr, ich hatte keine Ahnung, wo ich war. Ehrlich gesagt dachte ich einen Augenblick, ich wäre gestorben und Gott hätte mir im Himmel ein Bett gegeben. Dann erkannte ich aber die gedämpften Stimmen, die Wirklichkeit holte mich wieder ein, und ich schlüpfte aus dem Bett, stand erst auf unsicheren Beinen da und kroch dann benommen die Treppe hinunter.

Als ich verschüchtert in die Küche schlurfte, unterhielten sich meine Freunde fröhlich mit den Frauen und hatten ein komplettes Frühstück vor sich stehen.

»Willkommen zurück, Pinek«, lachten sie. »Hast du gut geschlafen?«
»Habe ich den ganzen Tag und die ganze Nacht durchgeschlafen?«
»Du hast zwei Tage und Nächte durchgeschlafen. Bist du hungrig?«, fragte Jakob.

Zwei Wochen blieben wir bei den Frauen. Sobald wir wieder zu Kräften gekommen waren, schlichen wir wie versprochen schnell und heimlich in die SS-Bunker und stahlen, was wir mitnehmen konnten. Wir hatten vor nichts Angst und ließen nichts unberührt. Säcke voller Kartoffeln und Konserven, getrocknetes Rindfleisch und Salami, Bohnen und Mehl. In unserem Bestreben, uns für die Freundlichkeit der Frauen zu revanchieren, brachten wir ihnen mehr mit, als im Haushalt Platz war.

Zwei Wochen vergingen, und dann wurde von den Alliierten verkündet, dass ›DP‹-Lager eingerichtet worden seien. Gleichzeitig wurde eine neue Verordnung erlassen, die es privaten Anwohnern verbot, ehemaligen Insassen aus Konzentrationslagern Unterschlupf zu gewähren. Das machte uns unglaublich wütend. Sechs Jahre lang hatten die Nazis uns herumkommandiert, hatten uns gezwungen, hierhin oder dorthin zu gehen, und jetzt machten die Alliierten genau das gleiche mit uns. Was für eine Enttäuschung.

Als die offenen Lastwagen der Alliierten in die Stadt kamen, um die Juden zu den neuen Lagern zu bringen, hatten wir entsetzliche Angst. Es war, als wäre unsere Freiheit letztendlich doch nicht unsere Freiheit.

Erst später, als wir Geschichten über Feindseligkeiten zwischen dem deutschen Volk und den Juden hörten, mussten wir widerwillig zugeben, dass es einer militärischen Regelung bedurfte. Aus Hass wurde schnell Gewalt, und die Alliierten wollten unbedingt Frieden bringen. Ungern verließen wir die Bequemlichkeit unseres neuen Heimes, aber vom ersten Augenblick an behandelten uns die Amerikaner mit Respekt und Ehrerbietung, womit sie uns zu verstehen gaben, dass ihnen zumindest ein wenig bewusst war, was der Krieg für die Juden bedeutet hatte.

Die Lastwagen fuhren uns zu einem der größten ›DP‹-Lager in Deutschland, das am Stadtrand von Landsberg in einer alten deutschen Militäranlage errichtet worden war.

Wir gehörten zu den ersten, die sich dort niederließen. Ich meldete mich sofort als Freiwilliger beim Roten Kreuz und half bei der Organisation des Lagers. Die öffentlichen Toiletten zum Beispiel waren eine Schande, und ich drängte die Deutschen, diesen Bereich zu reinigen. Ich half dabei, zwei der Wohnhäuser einzurichten und ein besseres System für die Unterbringung der Juden zu entwickeln. Ich ersann Listen für die täglichen Essensrationen. Als das Hauptverwaltungsgebäude fertig gebaut war und ein Vorstand mit Vorsitzendem gewählt worden war, schloss ich mich einer Gruppe an, die dem Lager Kultur darbieten wollte. Wir fanden einen großen Saal, den wir in einen Zuschauerraum verwandelten, wir fertigten Flugblätter, ließen Schauspieler, Tänzer und Sänger vorspielen, engagierten einen musikalischen Leiter und Näherinnen und suchten jiddische Theaterstücke für die Saison aus. Wir nannten unser Theater *Hazomir*.

Und den Rest kann Judith erzählen.

V. AMERIKA

Im Juni 1945, nur kurz nach Pineks Befreiung und bevor er nach Landsberg kam, traf er einen amerikanischen Offizier, der ein bisschen jiddisch konnte. Pinek erzählte ihm, dass sich einer seiner einzigen überlebenden Verwandten in den Vereinigten Staaten befand und dass dieser zumindest bis 1939 als Journalist für die jiddisch-amerikanische Zeitung *The Jewish Daily Forward* gearbeitet hatte. Er erklärte dem Offizier, dass er verzweifelt auf der Suche nach einer Möglichkeit sei, Emil eine Nachricht in den Staaten zukommen zu lassen, da er vielleicht sogar sein einziger überlebender Verwandter sei.

Zu Pineks Erstaunen erwiderte der Offizier, dass seine Mutter Abonnentin des *Forward* sei und dass er ihm sehr gern helfen wollte, Kontakt zu seinem Onkel herzustellen. Und Pinek hatte noch mehr Glück, als sich herausstellte, dass Emil 1945 immer noch unter dem Namen S. L. Shneiderman für den *Forward* arbeitete. Pinek bekam schnell eine Antwort, in der stand, dass Emil alles daran setzte, seine Kontakte im US-Außenministerium spielen zu lassen und dass es nicht mehr lange dauern würde, bis Pinek die Papiere hätte, die er für eine Ausreise nach Amerika benötigte.

Als Pinek also in seinem schwitzigen Bärenkostüm auf mich zugeschlendert gekommen war, lagen seine Papiere schon fast vollständig vor, sodass seiner langen Reise über den Atlantik und dem neuen Leben kaum mehr etwas im Wege stand.

S. L. Shneidermans Artikel konnte man oft in jiddischen Tageszeitungen wie dem *Morgen Journal*, in der *New York Times* oder in bekannten Magazinen lesen. Er hatte einige Bücher über politische Ereignisse des frühen 20. Jahrhunderts geschrieben, einschließlich eines zweibändigen Werks über den Spanischen Bürgerkrieg. Viele Jahre später sollte er Richard Nixon als persönlicher Berater und Experte in polnischen Angelegenheiten nach Polen begleiten. Emil (dessen Spitzname aus seiner Zeit in Paris stammte) war in derselben Stadt geboren, in der Pinek aufgewachsen war, und er hatte Journalismus in Warschau studiert. Dort lernte er seine Frau Hala kennen. Er begann, für polnische und jiddische Zeitungen zu schreiben und wurde 1931 als Auslandskorrespondent nach Paris geschickt. Von dort aus sollte er über den Spanischen Bürgerkrieg Bericht erstatten. Bevor die Deutschen 1940 in Paris einmarschierten, gab es eine jiddische Bewegung in New York, die versuchte, eine größtmögliche Anzahl von jiddischen Journalisten zu retten. Man ließ Emil und Hala, die ihn bei seinen Arbeiten oft unterstützte, in die Vereinigten Staaten bringen.

Emil war wenig begeistert, als er Pineks Brief mit der Neuigkeit von seiner neuen tschechischen Braut erhielt. »Du musst erstmal alleine herkommen und dich dann von New York aus darum kümmern, dass sie dir als deine Ehefrau folgen kann!«, antwortete Emil missmutig. Aber mein sturer Ehemann, der außerdem ein glühender Befürworter Palästinas war, schrieb seinem Onkel in aller Ruhe zurück, dass das alles kein Problem sei. Er und seine Braut würden einfach nach Palästina gehen, anstatt in die USA zu reisen.

In Amerika angekommen, verursachte der Brief einiges an Aufregung. Emil wollte den einzigen Überlebenden der Familie seines ältesten Bruders in seiner Nähe haben. Palästina und das Los, das dieses Land erwartete, waren immer noch unsicher, und seiner Ansicht nach war das eine gefährliche und leichtsinnige Idee. Tatsächlich handelte es sich nicht um einen Bluff. Pinek wäre nie ohne mich nach Amerika gegangen und hätte mich für nichts in der Welt allein in Landsberg zurückgelassen. Heute glaube ich, dass sein Hauptansporn daher kam, dass ich jung war und gern flirtete und dass außerdem meiner Auffassung nach unsere Heirat so lange keine Verbindung vor Gott war, bis er ein Glas unter der ›Chuppa‹ zerbrochen hatte. Pinek hatte Angst, ich würde des Wartens müde werden und jemand anderen finden. Vielleicht hätte er Recht gehabt.

Als Pinek den Gedanken aussprach, anstatt in die USA nach Palästina zu gehen, war ich davon sehr angetan, denn Bumi und Frieda hatten Pläne für Palästina, und in den Staaten kannte ich niemanden.

Aber Emil fand sich letztendlich damit ab, dass ich jetzt Teil seiner Familie war, bemühte noch mehr Kontakte, und schon bald sollten Pinek und ich unterwegs nach New York sein. Jacques, Emils jüngerer Bruder, der damals auch in den Vereinigten Staaten lebte, schickte uns ein Päckchen nach Landsberg als eine Art Friedensangebot. Unter den darin enthaltenen Leckereien befanden sich Schokolade, Sardinen und Kaffee sowie ein schöner, marineblauer Mantel, der in England gefertigt worden war. Obwohl gebraucht, waren der Schnitt und die Qualität besser als alles, was wir in den letzten Jahren gesehen hatten. Pinek hatte schon einen Wintermantel, und weil er es nicht mehr ausgehalten hatte, mich in meinem schäbigen Ding herumlaufen zu sehen, brachte er den Mantel zum Schneider und machte ihn mir zum Geschenk. In diesem Mantel kam ich später in Amerika an.

Im Sommer 1946 war Suri noch immer im Krankenhaus. Wir besuchten sie oft, und es ging ihr einfach nicht besser. Die Elektroschockbehandlungen halfen nicht. Bumi kontaktierte in seiner Verzweiflung unseren Onkel Herschel in Palästina und bat ihn, uns Geld zu schicken, damit wir Suri eine bessere Behandlung zukommen lassen konnten. Herschel, der 1928 von Belgien nach Erez Israel ausgewandert war, war der jüngste Bruder meines Vaters. In meinem Geburtsjahr war er im Rahmen der ›Alija‹ ausgewandert, und ich hatte viel über ihn gehört. Er war einer der ersten Männer gewesen, die die Diamantenindustrie nach Palästina gebracht hatten, und er konnte sehr gut davon leben.

Onkel Herschel half nur allzu gern und bot sogar an, alle Kosten zu übernehmen. Er war der Meinung, dass er es seinem älteren Bruder schuldig war, die Verantwortung für dessen überlebende Kinder zu übernehmen.

Zufällig übernahm ein neuer, guter Arzt, den Suri während ihrer Inhaftierung in Buchenwald kennengelernt hatte, ihre Behandlung. Sein Name war Dr. Andrej Hanusch, und Suri verdankt ihm ihr Leben. Er änderte nicht nur die Behandlungsmethode und widmete ihr einen Großteil seiner Zeit, er lud sie auch an den Weihnachtsfeiertagen und an vielen Abenden zum Essen bei sich zu Hause ein. Die neue Behandlung schlug mit großem Erfolg an, und allmählich wurde sie wieder gesund. Im Juli 1947 wurde sie völlig genesen aus dem Krankenhaus entlassen und kehrte nach Landsberg zurück. Ezra war zu diesem Zeitpunkt schon nach Amerika ausgewandert, und sie hat ihn nie wieder gesehen. Sehr enttäuscht war sie darüber nicht. Kurz nach ihrer Entlassung lernte sie einen jungen Mann aus Rumänien kennen, und die zwei verliebten sich sofort ineinander. Marco war einige Jahre jünger als Suri. Von Beruf war er Boxer, schlank und stark, und er strahlte eine unglaublich positive Lebenseinstellung aus. Chaichu erzählte mir, dass Suri jeden Tag, den sie mit Marco verbrachte, mehr aufblühte. Schon bald war sie wieder so strahlend und schön wie vor dem Krieg.

Sie blieb in engem Kontakt mit Onkel Herschel, der Suri beschwor, nach Palästina zu kommen und dort bei ihm zu leben. Sie willigte ein, und obwohl sie noch nicht mit dem Rumänen verheiratet war, nahm sie ihn mit, um ein neues Leben anzufangen.

Herschel war zwar ein sehr orthodoxer, aber auch sehr moderner Mann. Er nahm Suri bei sich auf, als wäre sie sein eigenes Kind, obwohl er zu dem Zeitpunkt schon acht Kinder hatte. Bald nach ihrer Ankunft nahm er Marco am Sabbat mit zur Synagoge und war entsetzt darüber, dass dieser nicht wusste, wie man das Gebetsbuch las. Er hatte die Traditionen nie gelernt und wusste im Grunde genommen nichts über die jüdische Kultur oder das jüdische Erbe. Herschel erkundigte sich etwas ausführlicher nach Marcos familiärem Hintergrund und fand heraus, dass Marco nicht einmal ein richtiger Jude war, da seine Mutter eine Christin gewesen und Marco konfessionslos aufgewachsen war. Nachdem er all das in Erfahrung gebracht und gemerkt hatte, dass Marco mit Suris Kultur sowie all dem, woran Herschel aus tiefstem Herzen glaubte, nicht ganz wohl war, bat er Suri um ein Gespräch und versuchte ihr zu erklären, warum Marco seiner Meinung nach nicht der richtige Mann für sie war. Er brachte es ihr freundlich und rücksichtsvoll bei, und obwohl Suri sehr aufgebracht darüber war, dass er den einzigen Mann, der sie je glücklich gemacht hatte, missbilligte, fügte sie sich seinen Wünschen. Sie wusste, dass es im Sinne unseres Vaters war. Traurig trennte sie sich von ihrer Liebe. Marco ging schließlich zurück nach Rumänien.

Onkel Herschel hatte zufälligerweise einen Neffen, der also ein Cousin von Suri war und auch den Holocaust überlebt hatte. Er hatte Frau und Kind während des Kriegs verloren, und unser Onkel meinte, sie sollten sich doch einmal kennenlernen. Diesen Mann, Beresch Walzer, hat sie geheiratet, und sie sind bis zu ihrem Lebensende zusammengeblieben. Sie haben zwei Kinder und fünf Enkelkinder bekommen.

Auch Frieda fand ihre Liebe in Landsberg.

Pinek hatte die mühsame Aufgabe, sich um die Essensrationen der griechisch-jüdischen Überlebenden zu kümmern. Diese wilde Gruppe bestand aus etwa 90 Männern, von denen kein einziger jiddisch sprach. Die griechischen Juden bestanden alle darauf, sich ausschließlich auf Hebräisch zu unterhalten und getrennt von den polnischen, deutschen oder ungarischen Juden zu wohnen. Es gab jedoch keine griechischen Frauen im Lager, was mir sehr merkwürdig vorkam.

Als ich einen dieser rauhen Männer kennenlernte, fragte ich ihn zögernd: »Wie kann es sein, dass ich hier noch nie eine jüdische Frau aus Griechenland gesehen habe?«

Daraufhin antwortete er mir: »Wir wurden damals voneinander getrennt und die jungen Männer ins Warschauer Ghetto gebracht. Die Frauen wurden sofort umgebracht. Als das Ghetto bis auf seine Fundamente abbrannte, wurden die restlichen Griechen nach Auschwitz geschickt. Da sind meine Freunde und ich dann befreit worden.«

Frieda fand ihre Liebe ausgerechnet in dieser Gruppe ungebärdiger Überlebender. Mischa Molcho war allerdings ein lieber, ehrlicher und gutaussehender Mann und etwas größer als Frieda. Mit seinen dunklen Augen und der olivefarbenen Haut sahen die zwei wie ›Zigeunerzwillinge‹ aus. Sie ergänzten einander so gut, dass die Menschen sich nach ihnen umdrehten, wenn sie durch die Straßen liefen. Und Mischa hatte ein wunderschönes Lächeln, selbst wenn er es selten zeigte. Er war wohl der ernsthafteste 20-Jährige, den ich je kennengelernt habe.

Er sprach kein jiddisch und sie kein hebräisch, aber sie unterhielten sich auf holprige und zärtliche Art und Weise in gebrochenem Deutsch.

Pinek verbrachte viele Stunden in diesem Teil des Lagers, kümmerte sich dort um Kleidung und die Essensrationen für die griechischen Juden und freundete sich so mit einigen von ihnen an. Zufälligerweise verstand mein Mann sich gut mit dem jungen Mann, den Frieda mochte.

Eines Tages riss meine Schwester die Tür zu meinem Zimmer auf, stürzte herein und fragte nach Pinek. Es war offensichtlich, dass sie mit ihm über Mischa reden wollte, was mich überraschte und mir auch ein bisschen wehtat, denn wir hatten immer alles miteinander geteilt. Ich versuchte jedoch, meine Gefühle vor ihr zu verbergen.

»Er ist draußen, ganz in der Nähe, ich hole ihn!«, sagte ich, stand vom Tisch auf und trocknete mir die Hände ab. Am Ende der Straße fand ich ihn, bat ihn mitzukommen und schloss dann die Tür leise hinter mir, um ihnen die nötige Privatsphäre zu geben; ich würde die Geschichte später schon von einem der beiden herausbekommen.

Pinek setzte Frieda an unseren kleinen Tisch und gab ihr einen Schnaps. In zwei Schlucken hatte sie ihn geleert und brach dann in Tränen aus. Pinek wartete geduldig, und bald hatte sie sich schon wieder so gefasst, dass sie ihm tränenerstickt ihr Leid klagen konnte.

Obwohl Mischa und Frieda sich erst seit einigen Wochen kannten, war Frieda es schon sehr ernst mit ihm. Sie wünschte sich von Mischa, dass er sich zu ihr bekennen würde, aber Mischa erwiderte, dass er noch nicht bereit sei und ging auf Abstand zu ihr. Pinek beruhigte meine Schwester und versprach ihr, mit Mischa zu reden.

Das dauerte nicht lange. »Worauf wartest du eigentlich?«, schimpfte er am selben Abend mit Mischa. »Sie ist klug, sie ist schön, sie kann kochen, nicht so wie meine Frau. So ein Mädchen wie Frieda findest du nicht so schnell noch mal.«

Es wirkte. Einige Tage später bat Mischa Frieda um ihre Hand. Innerhalb einer Woche gehörten Mischa und Frieda zu acht Paaren, die im Rahmen einer traditionellen Massenhochzeitszeremonie, an deren Organisation mein Mann beteiligt war, verheiratet wurden. Es mag vielleicht seltsam anmuten, dass Frieda noch vor mir eine jüdische Eheschließung zuteil wurde, aber zu der Zeit hatte ich mich schon auf eine Zeremonie in Amerika eingestellt. Ich träumte davon, umgeben von

Pineks Familie unter einer edlen ›Chuppa‹ in New York zu heiraten. Auf meiner Hochzeit würde es Sektflöten geben und gut angezogene, lächelnde Gäste, die dem glücklichen Paar zunickten und nur das Beste wünschten.

Aber nicht nur meine Phantasien hielten mich von meiner jüdischen Hochzeit ab. Etwa zu der Zeit, als Frieda heiratete, wurde ich sehr krank. Ich hatte unerklärliches, aber sehr starkes Fieber und krümmte mich vor Schmerzen. Ich begann, schnell an Gewicht zu verlieren. Ich war mehrmals im Krankenhaus, aber man fand nicht heraus, was ich hatte. Insgeheim hatte ich Angst, dass Gott mich jetzt dafür bestrafte, dass ich mit Pinek zusammenlebte, bevor wir uns unter der ›Chuppa‹ die Treue geschworen hatten.

Schließlich gewannen meine Ängste die Oberhand, und ich gab meine Idealvorstellung einer prächtigen Hochzeit in New York auf. Mit einem Rabbi und zehn unserer engsten Freunde hielten wir eine kleine Zeremonie in Landsberg ab. Ein gemeinsames Abendessen konnten wir uns nicht leisten, aber wir hatten zwei Torten vom Bäcker geholt und machten Kaffee für alle.

An meiner Krankheit änderte sich durch die Heirat nichts, aber sie half mir, besser damit fertigzuwerden. Pinek kümmerte sich wie ein Arzt um mich; mein armer Mann, wie besorgt er war. Er gewöhnte sich an, immer wenn er mich sah, erst einmal mit der Hand die Temperatur an meiner Stirn zu messen. Nach mehreren Monaten voller Schmerzen, in denen ich immer mehr an Gewicht verlor und mehrmals im Krankenhaus war, stellte ein Arzt schließlich die Diagnose, dass ich an einer Blinddarmentzündung litt. Ich wurde für den Eingriff vorbereitet, und die Schwestern und Ärzte waren schon bereit für die Operation, als bei einer allerletzten Untersuchung ein anderer Arzt zum Schluss kam, dass es doch nicht der Blinddarm sei und mich wieder ins Bett schickte.

Ungefähr zu der Zeit kam Emil uns in Landsberg besuchen. Er war als Auslandskorrespondent geschickt worden, um über die Nürnberger Prozesse zu berichten. Glücklicherweise war er auch vom Lager eingeladen worden, um im Café einen Vortrag über sein Leben, Amerika, die Prozesse und den Krieg zu halten. Auf diese Weise lernten wir uns im Winter 1947 kennen. Er wohnte nicht bei uns, sondern in einem schönen Hotel in der Stadt.

Als er zu Besuch war, kam er in unser Zimmer, um mich kennenzulernen, und ich machte ihm eine Tasse Tee. Dann gingen beide zum Café (Pinek war so stolz), und ich blieb allein zurück. Später erzählte mir Pinek, dass Emil ihn beiseite genommen und gesagt hatte: »Sie ist ein hübsches Mädchen. Aber es gibt so viele Mädchen in Amerika. Warum musst du dich jetzt schon binden?« In den vielen darauffolgenden Jahren habe ich ihn immer wieder wegen dieser Worte geärgert.

Ich war ungefähr seit einer Stunde allein im Zimmer, als es auf einmal ans Fenster klopfte. »Judith, rate mal, wen ich dabei habe?!« Friedas lächelndes Gesicht tauchte auf. »Schnell, mach die Tür auf, sie ist abgeschlossen.« Ich war ganz aufgeregt und wollte die Tür öffnen, aber zu meiner Überraschung war sie nicht nur von innen, sondern auch von außen abgeschlossen. Pinek hatte mich eingeschlossen! Hat er es absichtlich getan? Ich hatte keine Ahnung. Vielleicht war er ja der Meinung gewesen, dass ich ein Nickerchen machte, da ich krank war, und er hatte es daher aus Sicherheitsgründen getan. Bis heute weiß ich es nicht.

»Die Tür ist auch von außen abgeschlossen!«, rief ich. »Kommt durch das Fenster rein!« Ich rannte zum Fenster, um es zu öffnen.

Frieda rief wieder durch die Scheibe: »Rate mal, wen ich hier habe.«

Ich erstarrte: »Es ist Bunye.«

Sie machte ein langes Gesicht. »Woher weißt du das? Wer hat es dir gesagt?«

Keiner hatte es mir gesagt. Ich wusste es einfach. Ich weiß nicht wie, aber mein Bauch sagte es mir. Er stand auf der anderen Seite der Tür.

Ich öffnete das Fenster, er kletterte hindurch und beugte sich erst nochmal raus, um Frieda beim Hineinklettern zu helfen. Dann sprang er auf den Boden, und im nächsten Moment lag ich in seinen warmen Armen. Er hielt mich schließlich auf Armeslänge von sich, sah mich mit entsetzlich traurigen Augen an und sagte: »Tja, ich glaube, ich bin zu spät, oder?« Ich lächelte nur. Da stand er, meine erste Liebe aus Rachov. Er sah so gut und wohlgenährt aus und hatte eine Reife und Ernsthaftigkeit an sich, die ich vorher noch nicht an ihm gesehen hatte.

Sie blieben nicht lang. Ich hatte Fieber, fühlte mich furchtbar, und beide konnten sehen, dass ich erschöpft war. Aber als ich in dieser Nacht im Bett lag, bekam ich Bunye Tesler gar nicht mehr aus meinem Kopf. Er war zurückgekommen!

Als Pinek zurückkam, konnte er an meinem Gesicht ablesen, wie aufgeregt ich war.

»Wie geht es dir heute?«, fragte er.

»Es geht mir gut. Weißt du, wer heute hier gewesen ist? Bunye Tesler. Bunye aus Rachov war mit Frieda hier.«

Pinek wusste alles über ihn. Er seufzte, ging durch unser Zimmer, um seinen Mantel aufzuhängen und sagte: » Weißt du, es ist noch nicht zu spät. Wir sind noch nicht lange verheiratet.« Ich erwiderte nichts. Auch er sagte nichts mehr. Mitten in der Nacht landete ich wieder im Krankenhaus. Pinek saß die ganze Zeit neben mir, und als mein Fieber sank, schaute er mich lange an, bevor er schließlich fragte: »Soll ich jetzt Frieda rufen? Bunye ist bestimmt noch in der Stadt.«

»Ich will Bunye nicht sehen.« Und das wollte ich wirklich nicht. Er nickte, und wir verloren beide kein Wort mehr über ihn.

Im Februar 1947 meldeten sich Frieda und Mischa für ein Programm an, das ihnen helfen sollte, nach Palästina auszuwandern. Die Immigration war theoretisch illegal, aber es gab viele internationale Organisationen, die Menschen dabei halfen, in die jüdische Heimstatt zurückzukehren. Frieda und Mischa fragten uns, ob sie unsere besten Daunenkissen und -betten mitnehmen könnten. Obwohl Pinek sich ungern von diesem Luxus trennte, bevor er nicht sicher war, dass er Nachschub finden konnte, akzeptierten wir beide die Tatsache, dass diese Dinge in Palästina wohl schwieriger zu finden sein würden als in Amerika. Frieda und ihr neuer Ehemann reisten mit dem Schiff, wurden jedoch von den Briten abgefangen und nach Zypern umgesteuert, wo sie zehn Monate festgehalten wurden. Auf Zypern wurde Frieda schwanger, aber sie kam in Palästina an, kurz bevor ihr erster Sohn geboren wurde.

Die Trennung von meiner Schwester war eine der schwierigsten Erfahrungen, die ich jemals durchgemacht habe. Aber ich wusste, dass die Entfernung zwischen uns unserer Liebe und der besonderen Verbindung, die wir seit der Kindheit miteinander hatten, niemals etwas anhaben konnte.

Pinek hatte sich in den Kopf gesetzt, für Chaichu Heiratsvermittler zu spielen. Jetzt, da Frieda weg war, besuchte meine ältere Schwester uns jeden Tag, um sich dieses oder jenes auszuleihen – Unterwäsche, Parfüm, sogar Lebensmittel. Ich hatte zum Beispiel ein wunderschönes Kleid. Es war aus smaragdgrünem Samt, und obwohl Pinek es für mich gekauft hatte, teilte ich es mit Frieda und Chaichu. Pinek ging es etwas auf die Nerven, dass sie so oft kam, und uns war schon klar, dass sie sich einsam fühlte, also starteten wir den Versuch, sie unter die Haube zu bringen.

Eines Abends räumten Pinek und ich nach unserem Auftritt im Stück *Kiddusch Haschem* hinter der Bühne auf, als ein gut angezogener, netter Mann auf uns zukam, Pinek gratulierte und ihm sagte, wie sehr er die Aufführung genossen habe. Die beiden waren bald in ein Gespräch vertieft. Pinek hatte ihn kaum erblickt, da musste er an Chaichu denken.

Pinek, der von Natur aus neugierig war, stellte ihm schnell einige persönlichere Fragen. Der Gentleman hieß Herschel Lazarowitz. Wie die Rosenberg-Mädchen kam er aus der Karpatenregion. Er lebte privat in einer deutschen Stadt namens Freising, war 23 und ebenfalls Überlebender.

»Bist du verheiratet?«, erkundigte sich Pinek.

Pinek vergeudete keine Zeit. Am gleichen Abend noch lud er Herschel zu uns ein und schickte mich, meine Schwester zu holen. Wir machten Tee, und die zwei verstanden sich auf Anhieb.

Chaichu und Herschel waren innerhalb von wenigen Wochen verheiratet. Sie folgten uns ein Jahr später nach Amerika. Da hatten sie schon einen kleinen Jungen, den sie nach unserem Vater Jankel genannt hatten.

Nur Bumi schien sich in Liebesangelegenheiten Zeit zu lassen. Ohne eine Partnerin an seiner Seite folgte er Suri und Frieda nach Palästina.

Jahre später vertraute Bumi sich mir an: »Ich hatte einen Traum, der mir so wirklich erschien. Vater sprach zu mir und sagte: ›Abraham, ich will, dass du nach Israel gehst. Ich weiß, dass du dort dein Glück finden wirst. Du warst zwar nie fromm, aber mache eine ›Mitzwa‹. Es ist ein neues Land, sie brauchen dich dort. Du wirst dort glücklich werden.‹«

Bumi war erst ein Jahr in Palästina, als er Sarah kennenlernte. Sie war eine dort geborene ›Sabra‹ und kam aus einer sehr armen Familie.

Sie hatte ihre Eltern verloren, als sie noch sehr jung war und versorgte ihre fünf Brüder allein. Unser wohlhabender Onkel Herschel adoptierte sie, und sie unterstützte ihn dafür in seinem Haushalt. Als Bumi in Palästina ankam, gab ihm Herschel Arbeit. Sarah und Bumi heirateten schnell, und sie ist bis heute verrückt nach ihm.

Onkel Herschel starb 2004 im Alter von 103 Jahren. Ich werde ihn immer als einen lieben, wunderbaren Mann in Erinnerung behalten, der meiner Familie in Palästina zur Seite stand. Ich traf ihn nur ein einziges Mal, als ich 1996 nach Israel reiste, aber ich werde ihn wegen seiner Liebenswürdigkeit, die er Bumi, Suri und Frieda entgegengebracht hat, stets im Herzen behalten. Er hat ihnen das Handwerk des Diamantenschleifens beigebracht und ihnen und ihren Familien eine Existenzgrundlage geschaffen.

Im Winter 1947 kamen unsere ›Affidavits‹ aus Amerika. Pinek und ich hatten Glück und gehörten zu den ersten Juden, die nach Westen aufbrachen. Aufgeregt packten wir unsere wenigen Habseligkeiten in nur einen Koffer. Pinek besaß einen schweren Goldring, den er in letzter Minute für zehn Dollar verkaufte. Es war das einzige Geld, das wir besaßen. Für Emil brachten wir als Geschenk ein Bild mit, das Pinek direkt nach dem Krieg aus der Wohnung eines SS-Soldaten konfisziert hatte.

Von Landsberg aus reisten wir nach Bremerhaven. Wir hofften, innerhalb weniger Tage auf einem Schiff nach Amerika unterwegs zu sein, aber es stellte sich heraus, dass in den Hafenanlagen gestreikt wurde, und wir harrten dort ganze drei Monate aus. Alle Flüchtlinge, denen es so erging wie uns, wurden im Erdgeschoss eines Schulgebäudes untergebracht. Es war unorganisiert, wir bekamen nicht viel zu Essen und waren die meiste Zeit über sehr hungrig. Die Menschen schliefen auf dem Holzboden und deckten sich mit dem Wenigen, was sie hatten, zu. Die meisten Reisenden hatten wie wir kein Geld, zum Glück hatten wir wenigstens die paar Dollar. In der ersten Woche kauften wir einen großen Sack mit Äpfeln. Das war mehr wert als Gold.

Als der Streik im März endete, gingen wir an Bord des Militärschiffes *Ernie Pyle*. Frauen und Männer wurden getrennt, und wir schliefen alle in Hängematten. Abgesehen davon war es eine wahre Freude, den Ozean sehen zu können. Und es gab mehr als ausreichend zu Essen. Ich erinnere mich noch genau, wie verblüfft alle über das weiße Brot waren, das wir bekamen. Ich hatte noch nie weißes Brot gesehen! Als ich hörte, dass in Amerika ›Challa‹ gegessen wurde, war ich sehr aufgeregt. Wir sagten alle: »›Challa‹ am Sabbat, das ist der Vorgeschmack des goldenen Amerika.«

Als wir schließlich den Hafen verließen, wurde ich ziemlich seekrank. Ich wäre nie auf den Gedanken gekommen, dass ich mich während der gesamten Fahrt übergeben würde, aber ich war vorher auch noch nie auf einem Schiff gewesen. Als wir an Fahrt aufnahmen, ging es mir noch schlechter. All das Essen, auf das ich mich am Vortag so gefreut hatte, war gar nicht mehr so verlockend, und die gesamten zwei Wochen, die wir auf See waren, konnte ich keinen Bissen bei mir behalten. Ich verlor schon wieder an Gewicht. Mein Mann brachte mich jeden Morgen an Deck, und ich war die ganze Zeit über einfach nur dankbar, dass wir keine Kinder hatten. Ich war ja selbst noch ein Kind.

Natürlich strotzte Pinek nur so vor Gesundheit, und er hätte großen Gefallen an der Reise gefunden, wenn ich nicht so gelitten hätte. Er redete mit jedem, insbesondere mit den amerikanischen Offizieren, die das Schiff führten. Er konnte kein Englisch, und sie konnten weder deutsch, polnisch noch jiddisch, aber irgendwie verständigten sie sich. Er freute sich so auf sein neues Leben. Als wir im Hafen von New York ankamen, fühlte ich mich, als wäre ich gerade aus einem Traum erwacht. Obwohl ich noch immer krank war, kribbelte es in mir, ich fühlte mich mutig und lebendig. Ich schaute durch das kleine, runde Bullauge, und als ich die Freiheitsstatue sah, musste ich plötzlich an Auschwitz denken. Ein schrecklicher Gedanke während eines freudigen Ereignisses, aber dieses direkte Nebeneinander habe ich heute noch vor Augen.

Emil begrüßte uns zusammen mit einem befreundeten Fotografen, der ein Bild von uns beim Verlassen des Schiffes machte. Das Foto wurde in der *New York Herald Tribune*, in den *Daily News* und natürlich im *Yiddish Paper* veröffentlicht.

Ich träumte davon, in Amerika zu arbeiten; wie wir abends von der Arbeit kämen und Pinek mir auf dem Weg nach Hause ein paar Bananen und Apfelsinen kaufen würde. Ich stellte mir vor, wie wunderbar und romantisch das wäre. Noch nie hatte ich solche Früchte gegessen. An dem Tag, als wir in den USA ankamen, spazierte Onkel Jacques mit mir den Broadway zwischen Seventh Avenue (heute Columbus) und 98th Street auf und ab. Die Verkäufer entlang der Avenue hatten ihr Obst so schön ausgelegt, dass ich Onkel Jacques bat, mir eine Banane zu kaufen. Als ich diese kostbare Frucht aß, dachte ich mir: »Das ist gar nicht so toll, wie ich es mir vorgestellt habe.« Der Geschmack war fade – das hatte ich nicht erwartet. Zum Onkel sagte ich nur: »Also, die Äpfel von unseren Bäumen in Rachov schmeckten viel besser!«

In Amerika sah ich eine völlig andere Zukunft vor mir. Früher hatte ich davon geträumt, Sängerin zu werden. Ich hatte Talent, und ich wollte damit Karriere machen. Aber in diesem seltsamen, neuen Land, veränderten sich meine Pläne allmählich. Wir hatten hier nur Pineks Onkel und Tanten, die selbst Immigranten waren. Emil und Jacques luden uns ein, einige Monate bei ihnen zu wohnen, bis wir genug Geld für eine eigene Wohnung hatten. Pinek fand nach drei Tagen eine Arbeit als Schneider in einer kleinen Textilfabrik in der Nachbarschaft. Vor dem Krieg hatte er in Polen Schuhe gefertigt, er hatte also schon einige Vorkenntnisse. Was er nicht konnte, lernte er schnell. Später arbeitete ich in derselben Fabrik und entfernte die Vorderstiche, bevor die Kleidung zusammengenäht wurde.

Onkel Emil, seine Schwester Colette und ihre jeweiligen Familien teilten sich eine große Wohnung mit sechs Schlafzimmern. Zu der Zeit hatte jedes Paar ein Kind. Onkel Emil und Hala hatten Helen, die zehn, und Tante Colette und Chaim hatten Claude, der acht Jahre alt war. Hala war schwanger, als wir dort einzogen. Ich war schockiert, dass eine 40-Jährige immer noch Sex hatte!

Direkt nach unserer Ankunft ermutigte uns Hala, in der Abendschule Englisch zu lernen. Ich war sehr naiv und ungebildet, da man mich mit 14 von der Schule genommen hatte. Ich war kaum mit angemessenen sozialen Umgangsformen vertraut, und zwischen mir und unserer gebildeten, säkularen amerikanischen Familie lagen meist Welten. Ich lernte jedoch schnell. Außerdem beschlossen wir, amerikanische Namen anzunehmen; aus Pinek wurde Paul, und mir gefiel der Klang von Judy.

Während dieser Anfangszeit war ich krank, ich hatte Fieber und konnte nicht arbeiten gehen. Ich fand es merkwürdig, dass ich während meiner gesamten Internierung in den Konzentrationslagern gesund gewesen war und dass ich krank wurde, als ich genug zu essen hatte und verliebt war. Mittlerweile war ich 19 Jahre alt, bald 20, und hatte meine positive Einstellung trotz allem nicht verloren. Ich war fest entschlossen, wieder gesund zu werden, und ich hielt an diesem seltsamen Gefühl fest, das mich auch in den Todeslagern begleitet hatte, dass ich überleben würde. Ich war mir da ganz sicher.

Zunächst wurden meine gesundheitlichen Probleme nicht besser. Bis Hala mich mit zu einem Gynäkologen nahm, der endlich eine genaue Diagnose stellte und mich wegen einer Zyste am Eierstock behandelte. Der Arzt war ein deutscher Jude, der glücklicherweise nicht viel Geld verlangte. Innerhalb von sechs Monaten war ich wieder völlig gesund und konnte Paul in seine Firma folgen. Der Arzt informierte uns auch darüber, dass wir jetzt Kinder haben könnten, und ich wurde nach nur einem Monat schwanger. Es war töricht, so schnell ein Kind zu bekommen. Wir hatten kein Geld und keine eigene Wohnung. Aber wir wollten nicht länger mit der Gründung unserer eigenen Familie warten; wir hatten fast alle verloren, und Kinder zu bekommen, war uns das Allerwichtigste.

Wir sparten jeden Cent in der Hoffnung auf ein eigenes Zuhause. Es war damals schwierig, an Wohnungen zu kommen. Wir hätten uns auch mit einem feuchten Keller mit freigelegten Drähten und ohne Heizung abgefunden, aber zum Glück fanden wir ein erschwingliches, möbliertes Zimmer in einer sicheren Gegend auf der West 94th Street. Überall wimmelte es vor Kakerlaken, und an manchen Morgen fanden wir Mäuse in unserem Kühlschrank. Aber dann brauchte ich nur Pinek anzuschauen, und ich wusste, dass es bergauf gehen würde.

Jeden Morgen um acht gingen Pinek und ich zur Arbeit. Dort zogen sich dann Männer und Frauen ihre Arbeitskleidung an. Da alle jiddisch sprachen, fühlten wir uns schnell wie zu Hause. Ich hielt trotz der Schwangerschaft bei der Arbeit durch, denn ich hatte ja vorher so lange nicht arbeiten können. Überall lag Staub, und zwischen der Fabrik und der Fahrt mit der U-Bahn war ich manchmal ganz benommen. Meine deutlichste Erinnerung an diese Zeit ist die Tatsache, dass ich ständig als »piekfein« bezeichnet wurde, was sich wie ein Schimpfwort anhörte. Ich versuchte immer, hübsch auszusehen, und vielleicht dachten manche deswegen, ich sei hochnäsig.

Paul konnte den Vorarbeiter schon bald von seiner guten Arbeitsmoral überzeugen, und da wir nach Anzahl der fertigen Stücke bezahlt wurden, verdiente er schnell 120 Dollar pro Woche. Aber ich gab viel Geld aus, und nach nur wenigen Wochen hatten wir deswegen einen fürchterlichen Streit. »Ich möchte in einer richtigen Wohnung leben! Wenn du das Geld weiterhin so ausgibst, werden wir hier nie ausziehen können.« Er zog eine Küchenschublade auf, nahm einen Haufen Papiere daraus sowie das Scheckbuch. »Hier. Von jetzt an wirst du alle Rechnungen bezahlen, und dann wirst du schon sehen, wie uns das Geld durch die Finger rinnt.«

Ich verstand prompt.

Als ich im fünften Monat schwanger war, sahen wir eine Anzeige im *Yiddish Paper* für eine schöne Wohnung in der Bronx, mit voll ausgestatteter Küche, möbliertem Wohnzimmer, einem Schlafzimmer und einem großen, modernen Badezimmer mit Wanne. Ich hatte noch nie eine Badewanne gesehen! Als wir die Wohnung besichtigten, wurden wir freundlich von einem älteren jüdischen Paar begrüßt, und sie verliebten sich sofort in Paul. Ich war so aufgeregt! Diese Wohnung war ein Palast im Vergleich zu der mäuseverseuchten Absteige, die wir bis jetzt gehabt hatten.

Auch nachdem wir in dieses Viertel gezogen waren, verbrachten wir viel Zeit mit Jacques und Nana, Hala und Emil. Nana war die erste, die mir das Kochen beibrachte, sowohl die französische als auch die jiddische Küche. Jacques besaß ein Häuschen im ländlichen Teil New Yorks am Peekskill-See, wo wir alle Wochenenden verbrachten.

Eines Abends hatte Onkel Jacques einige Freunde geladen und lud auch uns zu ihrer ›Dinnerparty‹ ein. Die Meisners waren ein sehr nettes Ehepaar, das sie noch aus ihrer Zeit in Paris kannten und erst kürzlich nach New York gezogen war. Während des Abendessens schaute mich Mrs. Meisner immer wieder merkwürdig an. Ihr Blick war so intensiv und so seltsam, dass ich anfing, mich unwohl zu fühlen.

Während des Desserts beugte sie sich zu mir und sagte: »Ich muss dir eine Geschichte erzählen. Als ich vor dem Krieg nach Paris ausgewandert bin, war ich auf einem Schiff mit einer netten, orthodoxen Familie. Sie hatten sieben Kinder, und das Interessante daran war, dass die ganze Familie sang. Da war ein junges Mädchen, das ungefähr so alt war wie du und dir so ähnlich sieht!«

Während sie redete, spürte ich mein Herz immer stärker klopfen. Ich hatte einen Onkel, einer der Brüder meines Vaters, den ich nie kennengelernt hatte. Es ging das Gerücht um, dass er aus Belgien geflohen war, als Hitler an die Macht gekommen war. Er hatte eine Familie mit sieben Kindern.

»Können Sie sich an ihre Namen erinnern? Hieß die Familie vielleicht zufällig Rosenberg?«

Sie sah überrascht aus. »Meine Güte, ja! Ich glaube, so hießen sie! Sind Sie mit ihnen verwandt?«

Ich lachte und erzählte ihr, wer ich war. »Wissen Sie, wohin sie gegangen sind? Wie kann ich sie finden?« Ich schrie fast vor lauter Freude, und mittlerweile waren alle Augen der Abendgesellschaft auf mich gerichtet.

Sie lächelte. »Schreib der ›Jewish Federation‹, meine Liebe. Seit dem Krieg machen die jüdische Familien ausfindig.«

Ich hatte noch nicht gelernt, auf Englisch zu schreiben, also schrieb Hala den Brief für mich. Nur wenige Wochen später kam ein sauberer weißer Umschlag mit der Post, in dem ein maschinengeschriebener Brief steckte, der bekräftigte, dass es den Rosenbergs gut ging und dass sie gegenwärtig auf Kuba lebten. Die ›Federation‹ hatte sich die Freiheit genommen, mit meinen Verwandten Kontakt aufzunehmen und ihnen meine Adresse zu geben. Kurz darauf traf ein großes Paket von ihnen ein, das unter anderem einen langen Brief in wunderschönem Jiddisch enthielt (Paul musste ihn mir vorlesen, da ich nie gelernt hatte, in meiner Muttersprache zu schreiben). Es war auch ein großes Photo dabei, auf dem die gesamte Familie abgebildet war. Ich war beeindruckt von der Ähnlichkeit meines Onkel Baruch mit meinem Vater. Auf dem Boden des Pakets fand ich die größte Überraschung, einen kleinen Umschlag mit einem nagelneuen Hundertdollarschein! Es war mir unbegreiflich, wie es möglich war, dass sie es sich leisten konnten, mir so viel Geld zu schicken. Ich schrieb auf der Stelle zurück. Ein Jahr später wanderten Baruchs vier Söhne nach New York aus. Der Jüngste, Sammy, war zu der Zeit 14 Jahre alt und kam in eine ›Jeschiwa‹, die beiden mittleren Söhne fanden Arbeit in der Diamantenindustrie. Der Älteste, Jidl, fing im hohen Alter von 22 Jahren an, Maschinenbau zu studieren. Einige Monate später folgte ihnen der Rest der Familie und ließ sich in Brooklyn nieder. Als ich meinem Onkel von Angesicht zu Angesicht gegenüberstand, war ich überwältigt. Ich warf mich in seine Arme und weinte; er war meinem Vater so ähnlich. Er war viel kleiner und rundlicher als sein Bruder Jankel, aber seine Stimme, er hatte genau die gleiche Stimme. Er war ein unglaublich lieber und wundervoller Mann, und ich hatte ihn kaum kennengelernt, da hatte ich ihn schon in mein Herz geschlossen.

Baruch erzählte unzählige Geschichten über meinen Vater, und ich sehnte mich nach dem Zauber, der einen erfasst, wenn an einen geliebten Menschen erinnert wird. Baruch und mein Vater waren die besten Freunde gewesen. Als Kinder hatten sie sich früher einmal auf den Bauernhof eines Nachbarn geschlichen, um Kirschen zu klauen. Da mein Vater der Anstifter und Draufgänger der Stadt war, wurde ihm die Aufgabe zuteil, auf den Baum zu klettern und die Kirschen zu pflücken. Da er seinem Bruder das einfachere Schmierestehen und Aufsammeln der Kirschen überließ, handelte er für seine Dienste ein Geschäft mit Baruch aus: »Da ich hier die ganze Arbeit mache«, rief er ihm von oben zu, »wirst du morgen früh für mich mitbeten und die ›Tefillin‹ für mich mittragen.«

Unser erstes Kind, Norman, wurde am selben Tag wie Prince Charles geboren. Die Geburt verlief relativ einfach. Paul stellte eine Hebamme ein, die mir in der ersten Woche mit Norman zu Hause helfen sollte. »Er hat einen wunderschön geformten Kopf«, sagte die Hebamme, »dieses Baby wird einmal ein sehr intelligenter Mann werden.« Wenn ich die Hebamme heute wiedertreffen könnte, würde ich ihr gern sagen, dass sie Recht behalten hat und er Arzt geworden ist. Als Norman zur Welt kam, hatten wir 500 Dollar gespart, wovon wir jeden Cent für unser Kind ausgaben, und bald schon wieder mittellos waren.

Unser Leben wurde noch geschäftiger, als meine Schwester Chaichu, ihr Mann Herschel und ihr zweijähriger Sohn in Amerika ankamen. Sie lebten einige Monate bei uns in der Bronx, dann halfen wir ihnen, eine Wohnung zu suchen. Paul fand in der Textilbranche Arbeit für Herschel, der tagsüber hart arbeitete und abends an der ›Jeschiwa‹ studierte. Aus ihm wurde ein berühmter Rabbi, und er und meine Schwester bekamen noch fünf weitere Kinder; alle sechs hatten im späteren Leben Erfolg.

Paul liebte sein Kind abgöttisch, fast zu viel! Manchmal vernachlässigte er mich, so verrückt war er nach unserem Baby. Wir zankten uns deswegen, und schließlich bedeutete ich ihm, dass wir nicht mehr Kinder bekommen würden, wenn er nicht aufhörte, so überfürsorglich zu sein!

Unser zweiter Sohn Mark kam einige Jahre später zur Welt. Ein paar Stunden nach der Entbindung überreichte mir die Hebamme mein Baby; ich musterte ihn und weiß noch genau, wie ich dachte, dass er Norman überhaupt nicht ähnlich sah! Vielleicht war es ja nur ein Hirngespinst, aber meiner Meinung nach war das Baby, das ich nach der Entbindung gesehen hatte, viel rundlicher gewesen als dieses. Ich fing an, mit seinen kleinen Händchen zu spielen, mein Blick fiel zufällig auf die kleine blaue Armbinde, und ich wurde auf einmal gewahr, dass Berkovitsch darauf stand. Ich fing an zu schreien: »Das ist nicht mein Baby! Sie haben mein Baby vertauscht!«

Zwei Hebammen kamen in mein Zimmer gerannt. Eine ältere Frau im Nachbarbett hatte mein Kind und ich ihres! Ich bekam meinen kleinen Mark zurück und habe damit bestimmt das bessere Geschäft gemacht. Ich blieb acht Tage im Krankenhaus, und mein Mann nahm Urlaub, um mir zur Seite zu stehen. Als ich nach Hause kam, fing der kleine Norman, der schon perfekt gesprochen hatte, auf einmal wieder an, wie ein Baby zu reden und wollte sogar seine Windeln zurückhaben.

IV. DIE FARM

In den Lagern hatte Pinek eines Tages bei Schneefall am bedrohlichen Stacheldrahtzaun gestanden. Er hatte sein Gesicht himmelwärts gewandt und beobachtet, wie sich die Schneeflocken friedlich auf die dünnen Stahlkabel legten, als er eine kleine braune Wanderdrossel bemerkte, die ihn in ihren Bann zog. Dieses Wesen war völlig frei. Dennoch hatte die Drossel beschlossen, ganz friedlich genau da zu sitzen und auf die Hölle, die sie umgab, hinunterzuschauen. »Dieser Vogel«, dachte Pinek, »ist frei, überall hinzufliegen.«

Flink hüpfte der kleine Vogel schließlich in die Luft und war weg. Pinek schaute über die trostlosen, gefrorenen und kargen Felder, während der Wind in seine Haut biss und durch Leinenhemd und Papier fuhr, in das er sich gewickelt hatte, um nicht so zu frieren. »Wenn ich überlebe, kaufe ich Land, das weiter als das Auge reicht und bestelle es selbst.« Das wurde sein Lebenstraum, der Grund, warum er überleben wollte.

1951 wurde aus dem Traum meines Mannes Wirklichkeit. Als wir noch in der Bronx lebten, eröffnete ein neues Geschäft mit einer Auswahl an gutem Käse, Eiern und frischer Milch auf der 180th Street, und ich schickte Paul hin, um Milch zu holen. Er kam grinsend zurück und hatte die Arme voll mit den verschiedensten Lebensmitteln.

»Was ... Was, ist das alles ... Ich dachte, ich hätte dich zum Milchholen geschickt ...«, klagte ich und legte Mark zurück in sein Gitterbettchen.

»Alles frisch, direkt vom Bauernhof! Der neue Laden gehört Chanina Zeidler. Alles kommt direkt aus New Jersey.«

»Wer ist Chanina Zeidler?«, fragte ich.

Mr. Zeidler war der stolze Besitzer des einzigen Taxis in ganz Kazimierz gewesen. Er war ein Nachbar und entfernter Cousin von Paul, aber sie hatten sich aus den Augen verloren, als ihre Heimat ausgelöscht worden war. Wir erfuhren später, dass Chanina den Krieg überlebt hatte, indem er sich zusammen mit seiner Schwester und seiner kleinen Tochter durch einen selbst gegrabenen Tunnel, der weit hinter die russische Grenze reichte, gerettet hatte.

Als sich die zwei Männer wiedererkannt und umarmt hatten, entspann sich eine aufgeregte Unterhaltung zwischen ihnen. Chanina erklärte, dass er sein Obst und Gemüse von einer Farm eines anderen Holocaustüberlebenden in Vineland, New Jersey, bezog. Offensichtlich war Paul nicht der einzige, der sich nach eigenem Land sehnte.

Chanina bot Paul an, mit ihm nach New Jersey zu fahren, um seinen Freund zu besuchen und mehr darüber zu erfahren, wie man eine Farm in Amerika führt. Mr. Zeidler besaß ein eigenes Auto, und die zwei verbrachten einen ganzen Sonntag im Frühling damit, durch die Gegend zu fahren und verschiedene Höfe zu besichtigen. Strahlend kam Paul spät am Abend zurück und hatte zwei große Kartons voller Eier mit doppeltem Eigelb im Gepäck. »Die sind noch warm! Ich habe sie direkt von den Hühnern genommen. Solche Eier kann man nicht kaufen.« Paul wusste damals, dass sein Traum irgendwann wahr werden würde; er wusste nur nicht so recht, wie er es anstellen sollte. Denn es ließ sich nicht an der Tatsache rütteln, dass wir kein Startkapital hatten. Pauls Arbeit, er nähte jetzt Frauenkleider, war einträglich, aber zum Sparen reichte es nicht.

Mein Mann hatte einen Traum. Aber er hatte eine gute Arbeit, und wir hatten eine schöne Wohnung in einer netten Nachbarschaft. Ich hatte meine zwei Jungs und viele Freunde und kein Verlangen umzuziehen. Ich wusste, dass wenn sich mein Mann etwas in den Kopf gesetzt hatte, er es auch umsetzen würde. Ich hatte nur nicht damit gerechnet, dass es so schnell passieren sollte.

Monatelang suchte er fieberhaft nach einer Möglichkeit der Finanzierung einer Anzahlung. Widerstrebend wandte er sich schließlich an seine zwei Onkel. Emil und Jacques hörten sich geduldig an, wie Paul sie zu einer Investition in ein Landhaus zu überzeugen versuchte, wohin sie dann mit ihren Familien während der Sommerwochenenden würden fahren können. Sie würden es sich überlegen, sagten sie. Und tatsächlich war die Vorstellung, die Paul ihnen schmackhaft gemacht hatte, verlockend.

Jedes Wochenende gingen die drei auf die Jagd nach einer Farm. Sie wollten ein großes Haus, das in mehrere Wohnbereiche aufgeteilt werden konnte und nicht zu weit von Manhattan entfernt war. Mittlerweile gab es immerhin sechs Kinder und sechs Erwachsene, die ausreichend Platz brauchten. Jacques und Nana hatten Robert und George, Emil und Hala hatten Helen, die schon in der ›High School‹ war, und den kleinen Benny, der bald in den Kindergarten gehen würde.

An einem Sonntag im Sommer 1951, immer noch auf der Suche nach Land in New Jersey, stieß Paul auf eine Farm, die von niemand Geringerem als seinem guten alten Freund Jitzchak geführt wurde, dem Mann, mit dem er den Krieg überlebt hatte. Sie hatten sich aus den Augen verloren, als wir nach Amerika gegangen waren. Paul überraschte es nicht, Jitzchak bei der Arbeit auf seinem eigenen Land zu finden. Sein Traum war wohl nicht besonders originell.

In Flemington im Staat New Jersey fanden Paul und seine Investoren schließlich eine Hühnerfarm einschließlich sagenhafter 5,5 Hektar fruchtbarer Erde, nur 80 Kilometer vom *Lincoln*-Tunnel entfernt. Der Preis lag bei 26.000 Dollar. Es gab eine jüdische Gemeinde mit einer annehmbaren Anzahl an Mitgliedern und eine solide, konservative Synagoge in der Stadt. Das Haus war 1878 erbaut worden und hatte zwei Eingänge, die zu zwei eigenständigen Wohnungen mit jeweils eigener Küche und separatem Wohnraum führten. Unsere kleine Familie lebte im Erdgeschoss und nahm die unteren zwei Schlafzimmer in Anspruch. Emils und Jacques Familien quetschten sich fast jedes Wochenende ins Auto, um uns zu besuchen. Während der stickigen Sommermonate verbrachten Hala und Nana oft mehrere Wochen mit den Kindern hier.

Ich erinnere mich noch daran, als Paul mich zum ersten Mal mitnahm, um mir das Grundstück zu zeigen. Ich hatte den kleinen Norman dabei, der sich alles mit weit aufgerissenen Augen anguckte, hatte Mark aber bei Freunden gelassen. Ich trug das schöne orangefarbene Frühlingskleid, das Paul im Geschäft für mich gemacht hatte. Als ich über die Türschwelle trat, traf ich die Frau des Farmers an.

Diese musterte mich von oben bis unten, lachte hämisch und sagte in gebrochenem Englisch: »Ihre schicken Klamotten können sie hier gleich vergessen.« Sie war gerade vom Ausmisten in den Hühnerställen wiedergekommen. Ihre Stiefel waren bis oben voll von stinkendem Dung, und die Falten um Augen und Mund schienen durch den verriebenen Dreck in ihrem Gesicht viel größer. Der Boden war übersät mit Hühnerfedern, und draußen im Hinterhof liefen Hühner ziellos umher, die im Gras herumpickten. Mein Herz wurde ganz schwer. Als wir später mit dem Zug wieder nach Hause fuhren, sagte ich Paul, dass der Gedanke, aus der Stadt wegzuziehen, mir große Angst bereitete. Daraufhin erwiderte er, dass ich nicht auf die Frau hören solle, da sie verbittert darüber sei, ihren Besitz verkaufen zu müssen. Meine Einwände wurden immer schwächer, als deutlich wurde, dass die gesamte Familie diesen Hof für »perfekt« befunden hatte. Wir unterschrieben den Vertrag.

Jeder Onkel machte eine Anzahlung von 5.000 Dollar. Wir selbst hatten nur 1.500 Dollar und gaben unser restliches Geld für den Umzug aus. Da Paul und ich nicht mehr Geld in den Hof investieren konnten, wurde beschlossen, dass Paul 18 Dollar bar auf die Hand pro Woche verdienen würde. Unsere Lebenshaltungskosten würden Telefon und Strom beinhalten, und wir hatten noch die Eier und Hühner, die wir essen konnten. Alle waren mit dieser Einigung glücklich, bis auf mich.

Als wir uns mit den Voraussetzungen für den Kauf des Hofes befassten, wurde uns bewusst, dass wir noch einen zusätzlichen Partner brauchen würden, um alle Kosten abzudecken. Wir wollten mehr Hühnerställe und vielleicht noch ein kleines Häuschen bauen, um dort Landarbeiter unterbringen zu können. Wir wollten auch das Haus vergrößern und noch zwei zusätzliche Toiletten einbauen. Onkel Jacques' Freund Joseph Kaminsky, ein Pelzhändler aus Manhattan, hörte von unserem Projekt und wollte unbedingt mit seiner Frau Bronka und seinem Sohn einsteigen. Obwohl etwas exzentrisch, wussten wir, dass er vertrauenswürdig war, und wir machten ihn zu unserem vierten Partner. Im September 1951 zogen wir auf die Farm. Paul und ich hatten ja keine Ahnung, wie viele Schwierigkeiten durch die Aufteilung der Farm in so viele kleine Anteile auf uns zukommen würden. Wir lebten, wie in einem Kibbuz in Israel, ein Kommunenleben, das in Chaos ausartete.

Paul arbeite sehr hart, und da wir uns damals keine automatischen Futteranlagen oder neueren Maschinen leisten konnten, musste mein Mann die 50-Kilogramm-Säcke mit Hühnerfutter mühsam die verzogenen kleinen Stufen in den baufälligen Scheunen rauf- und runterschleppen. Nach sechs Jahren, in denen er ohne die Mühsal körperlicher Arbeit gelebt hatte, streckten ihn nun Rücken-, Gelenk- und Magenschmerzen nieder. Manchmal sah ich, wie er sich vor Schmerzen krümmte, aber er beklagte sich nie bei mir. Er wusste, dass ich unglücklich war. Ich weinte viel, seit wir unser neues Leben führten und von unseren Freunden weggezogen waren, und er wollte mich nicht noch mehr belasten.

Es folgte ein sehr strenger Winter, und unser weitläufiges Haus hatte, wie unser kleines Haus in Rachov, keine Zentralheizung. Stattdessen spendete ein großer Kohleofen im Keller Wärme, die durch den Boden strahlte. Wir mussten einen zusätzlichen kleinen Holzofen in der Küche einbauen, um der Kälte Herr zu werden. Ich war verzweifelt, war ich doch zuvor mit meiner bezaubernden Wohnung in der Bronx verwöhnt gewesen.

Der kleine Mark wurde, noch bevor der Winter sich zeigte, sehr krank. Nach nur einer Woche in unserem neuen Zuhause hatte er eine fürchterliche Ohrentzündung, die seine Ohren eitern und ihn vor Schmerzen schreien ließ. Wir kannten keine Ärzte in der Gegend, hatten keine Krankenversicherung und waren vollständig auf unsere Nachbarn angewiesen. Paul hasste es, seine Familie so unglücklich zu sehen. Unsere Tanten und Onkel besuchten uns in diesem Winter selten, und ich fühlte mich sehr, sehr allein.

Als der Frühling endlich Einzug hielt und der Flieder blühte, strömte sein Duft durch die offenen Fenster. Die roten Pfingstrosen taten es ihm gleich. Die Vögel zwitscherten und brachten mir im Küchenfenster ein Ständchen. Wir freundeten uns mit anderen Holocaustüberlebenden an, die Farmen in der Gegend besaßen, woraus sich lebenslange Freundschaften entwickelten. Ich wurde in der Synagoge aktiv. An einem dieser schönen, warmen Morgen bereitete ich gerade das Frühstück, als Paul mich strahlend anschaute. Mit funkelnden Augen rief er: »Schaut euch das an! Meine Frau hat ein Lächeln im Gesicht!« Und es war mir nicht einmal aufgefallen.

Am Anfang hatten wir 2.000 Junghennen in einem dreistöckigen, baufälligen Holzschuppen und 2.000 Legehühner in einem neueren zweistöckigen Gebäude. Die Eierpreise waren rekordverdächtig, pro Dutzend Eier machte ein Farmer einen Gewinn von einem Dollar. Damals machten sich die Menschen noch keine Sorgen um Cholesterin. Die Geflügelbranche stand am Anfang eines Aufschwungs.

Trotz der guten Preise konnte unsere Farm jedoch mit so wenigen Hühnern keinen Gewinn machen. Ein Unternehmen mit Geschäftspartnern wie das unsere musste seine Kapazitäten erweitern, um überleben zu können.

In diesem ersten Sommer war auf unserer Farm wunderbarerweise viel los, da Ausbau und Entwicklung bei Paul an erster Stelle standen. Das chaotische Wachstum kombiniert mit den Ausgaben unserer wachsenden Familie führte uns schnell vor Augen, dass wir mehr Geld und einen neuen Investor brauchten, wenn wir uns über Wasser halten wollten. Widerwillig begann Paul über einen neuen Partner nachzudenken. Charlie, Pauls dritter Onkel, der mit seiner Frau in Venezuela lebte, entschied sich, mit an Bord zu kommen. Daraus ergab sich, dass wir das Haus nochmals um zwei weitere Schlafzimmer – im östlichen Flügel – erweitern mussten.

Charlie und seine Familie besuchten uns in diesem Jahr viermal. Sie wurden von mir verköstigt, und ich verbrachte Tage damit, besondere Gerichte für seine medizinisch angeordnete Diät zu kreieren. Unser Onkel war reich, und ich hoffte, dass wir seine Gunst gewinnen konnten, wenn ich mir besonders viel Mühe gab. Wenn sie wieder nach Venezuela zurückreisten, benutzten Paul und ich das Schlafzimmer im Erdgeschoss. Ich versorgte die Kinder, putzte, kochte, buk, verpackte die Eier und war völlig erschöpft.

Mit dem Geld unseres neuen Investors bauten wir einen circa 4.600 Quadratmeter großen Hühnerstall, kauften moderne Maschinen und die neueste Futteranlage. Das ganze kostete uns 30.000 Dollar, und um das auszugleichen, erhöhten wir unsere Hypothek von 16.0000 auf 22.000 Dollar. Als das Gebäude fertig war, kamen so viele Junghennen hinein, wie das Fassungsvermögen hergab, die dann zu Legehennen heranwachsen sollten. Um den neuen Bestand kaufen zu können, mussten wir noch ein zusätzliches Darlehen über 10.000 Dollar bei ›Farmers Production Credit Borough‹ aufnehmen. Am Ende hatten wir 25.000 Hühner. Wir stellten Wanderarbeitskräfte ein, um mit der Arbeit nachzukommen. Die Agentur schickte uns in der Regel alleinstehende Männer mit Alkoholproblemen, und während der Jahre, in denen wir auf die Lohnarbeiter angewiesen waren, fühlte ich mich nur sicher, wenn Paul an meiner Seite war.

Dann wurde das Leben noch komplizierter. Paul entdeckte eines Morgens Hunderte von toten Hühnern, die überall verteilt lagen. Die Hühner waren an der Schwarzkopfkrankheit erkrankt, steckten sich durch den engen Kontakt untereinander gegenseitig an, und so verloren wir Hunderte, vielleicht Tausende von Hühnern auf einmal. Außerdem froren im Winter die Leitungen in den Ställen ein, und wir mussten sie per Hand warm halten. Wenn ich früh morgens noch vor Sonnenaufgang aufwachte, war Paul schon auf den Feldern und heizte das Wasser, damit die Hühner weiterhin Eier legen konnten. Und als wir an heißen Sommertagen mit den Kindern unsere Onkel am See in New York besuchen wollten, wurde uns klar, dass wir die Hühner nicht allein lassen konnten. Sie gingen vor Hitze in den Ställen ein und wollten sich auf ihren Hühnerstangen abkühlen. Diese klugen, kleinen Vögel stapelten sich übereinander und erstickten sich gegenseitig, wenn wir nicht da waren und darauf achteten, dass sie in einer Reihe blieben. Aber jedes Wochenende besuchten uns Familie, Freunde und Geschäftspartner, und jede Woche machte ich drei riesige Biskuitkuchen, die jeweils nicht weniger als drei Dutzend der beschädigten Eier enthielten, die wir nicht verkaufen konnten. Wenn wir alle zusammen waren, war das Leben schön.

Kinder jeden Alters tobten umher, während die Frauen auf der Veranda saßen und die Männer durch die Hühnerställe liefen und übers Geschäft sprachen. Wenn dann der Sonntagabend kam und sich der Besuch verabschiedete, träumte ich insgeheim davon, mit ihnen in die Stadt zurückzukehren.

An einem Frühlingswochenende 1953 kam uns Onkel Jacques ohne seine Familie besuchen, um mit Paul übers Geschäft zu reden. Wir hatten zu der Zeit einen ›47er Chevy Kombi‹, mit dem Paul zum Bahnhof in Raritan Junction fuhr, um seinen Onkel abzuholen. Normalerweise nahm Paul den kleinen Mark auf seine Fahrten in die Stadt mit, da der Junge das Autofahren liebte, aber weil er Mittagsschlaf hielt, bat ich Paul, ihn zu Hause zu lassen. Mit Jacques auf dem Weg nach Hause und nur 30 Meter von unserem Haus entfernt wurde Paul, der gerade von der Route 12 links in die Bonetown Road abbiegen wollte, von einem herannahenden Auto seitlich erfasst. Der ›Chevy‹ landete im Graben, und Paul wurde herausgeschleudert. Als das passierte, bereitete ich gerade das Mittagessen vor und kümmerte mich um meine Rabauken. Ich bekam nicht nur den ohrenbetäubenden Krach von aufeinander prallenden Autos und berstendem Glas nicht mit, sondern bemerkte auch den Krankenwagen nicht, der kam und sie mitnahm. Einige Minuten später hämmerte meine Nachbarin an die Eingangstür.

»Paul hatte gerade einen Autounfall. Er ist bewusstlos und auf dem Weg ins Krankenhaus nach Somerville!«, rief sie mir zu. Sie trug eine große, merkwürdig verzogene Schale aus rostfreiem Stahl mit Nanas gehacktem ›gefillten Fisch‹ mit sich. Jacques hatte benommen am Straßenrand gestanden, die Schale festgehalten und sie gebeten, sie mir zu bringen. Meine Nachbarin bot mir an, mich zur 24 Kilometer entfernten Klinik zu fahren. Ich stellte den Fisch ruhig in den Kühlschrank und sammelte die Kinder ein.

Als wir in der Notaufnahme ankamen, saß Jacques ruhig in einer Ecke. Er hatte einen kleinen Verband auf seiner Stirn.

»Wo ist Paul?«, fragte ich ihn hysterisch.

Jacques stand auf und ging schnell neben mir her. Er hörte nicht auf, sich zu entschuldigen und zu erklären, dass es seine Schuld gewesen war, dass er Paul abgelenkt hatte, weil sie übers Geschäft geredet hatten, während er fuhr. Ich fand Paul in einem Raum am anderen Ende des Korridors auf einer Rollbahre liegend. Er murmelte vor sich hin, war ganz blass und verlor immer wieder das Bewusstsein. Man hatte seine Hose aufgeschnitten, und die Kniescheibe ragte völlig freigelegt und weiß aus dem bloßliegenden Fleisch hervor. Ich schrie auf, aber der Arzt versicherte mir schnell, dass er wieder gesund werden würde. Die schlimmste Verletzung war seine kaputte Kniescheibe. Erleichterung überkam mich. Ich hatte wirklich gedacht, dass ich ihn nicht mehr lebend vorfinden würde.

Paul öffnete seine verschwommenen Augen und blickte mich an. »War Mark mit mir im Auto?«, lallte er. Ich beruhigte ihn, dass Mark in Sicherheit war und brachte die Kinder in den Raum.

Wir verbrachten ein paar Stunden mit Paul und kehrten dann wieder heim, um die Kinder ins Bett zu bringen. Später ging ich in den Eierraum und musste feststellen, dass die Eier nicht gewaschen worden waren. Ich drehte das Wasser an und fing mit der Arbeit an den großen, dreckigen Körben an. Den ganzen Tag über hatte ich nicht eine Träne vergossen, aber als ich in das trübe Wasser schaute, rollten mir die Tränen über die Wangen und ich schluchzte laut. Mir wurde bewusst, dass ich den Großteil der Arbeit, die Paul sonst erledigte, übernehmen musste, und wusste nicht, wie ich das schaffen sollte. Aber ich dankte Gott, dass er am Leben war.

Paul blieb über eine Woche im Krankenhaus, und Jacques blieb einige Tage, um mir mit der Farm zu helfen. Aber trotz der zusätzlich helfenden Hände blieb das Einsammeln der Eier an mir hängen. Diese Arbeit hatte ich nie gemacht, denn ein Huhn hackt nach einer fremden Hand, die versucht, die Eier unter ihm wegzuziehen. In meiner Panik packte ich jedes Huhn am Hals und zog es aus seinem Nest raus, um die Eier einzusammeln, ohne verletzt zu werden. Das war das Schlimmste, was ich machen konnte; gestresste Hennen legen nämlich weniger Eier.

Jacques kehrte bald nach New York zurück. Als Paul wieder nach Hause kam, beschlossen wir, einen erfahrenen Landwirt einzustellen, der die Farm leiten sollte, bis Paul wieder laufen konnte. Wir hatten einen Bekannten, der einen kleinen Stall in der Nachbarschaft besaß und einverstanden war, also stellten wir ihn ein, um die Eier einzusammeln sowie die Hühner zu füttern, zu tränken und zu säubern. Zalman Patersil war auch Holocaustüberlebender und nur wenige Jahre jünger als Paul.

Innerhalb weniger Wochen sank die Eierproduktion trotz Zalmans Pflege jedoch dramatisch. Paul machte sich große Sorgen, dass immer weniger Eier gelegt wurden, da er aber die drei baufälligen Treppen zu den Hühnerställen nicht hinaufkam, um diese zu inspizieren und dem Übel auf den Grund zu gehen, konnte er wenig mehr machen, als seinem erfahrenen Freund zu vertrauen, dass dieser sich anständig um die Hühner kümmerte. Mein Mann sorgte sich um die Eier, den finanziellen Verlust und das Geschäft, aber ich sorgte mich eher um sein Wohlergehen und seine schnelle Genesung.

In der dritten Woche seiner Rekonvaleszenz war Paul eines Morgens aus dem Haus verschwunden. Ich suchte auf der ganzen Farm nach ihm. Nach einer Stunde wurde ich panisch, dass er möglicherweise in einer entlegenen Ecke unseres Grundstücks gestürzt war, und stellte mir vor, wie er nach mir um Hilfe schrie. Der kleine Norman, der meine wachsende Unruhe spürte, half mir suchen. Wir rannten um die Gebäude herum und riefen nach ihm. Wir konnten uns gar nicht vorstellen, dass er die drei Treppen des größten Stalls auf seinen Krücken hinauf gehumpelt war, aber er hörte uns durch das kleine Fenster ganz oben im Stall und rief uns zu, dass er genau das getan hatte. Ich sagte Norman, dass er unten warten sollte und kletterte wutentbrannt die engen Treppen zu ihm hinauf.

Atemlos kam ich auf der dritten Etage an, und noch bevor er den Mund öffnen konnte, schrie ich ihn an: »Wie kannst du es wagen, hier raufzukommen und dein Leben zu riskieren? Du solltest mehr an deine Familie und nicht ständig an die Hühner denken. Die sind nicht so wichtig wie deine Kinder!«

Er sah mich verdutzt an. »Beruhige dich, mach doch nicht so einen Aufstand daraus. Mir geht es gut. Aber wir haben ein Problem.«

Der Grund für die dramatisch sinkende Eierproduktion war folgender: Zalman hatte es versäumt, unseren Hühnern frisches Wasser zu geben. Sie wurden schwach und verloren ihre Federn. Dies bedeutete, dass die meisten unserer Hühner über einen Zyklus von drei Monaten keine Eier legen würden.

Wir waren gezwungen, uns Geld zu leihen, und finanziell wurde es noch schwieriger. Kurzerhand entließ Paul Zalman. Als der neue Legezyklus der Hühner begann, waren die Eier wie durch ein Wunder viel größer, und wir konnten sogar mehr Geld pro Ei verlangen. Paul fing, entgegen den Anordnungen des Arztes, nicht nur wieder an zu arbeiten, sondern übernahm sogar den Großteil der beschwerlichen Aufgaben.

Jeder Tag auf der Farm brachte neue Probleme. Wenn es nicht die Hühner waren, dann waren es die Geschäftspartner oder das liebe Geld. Meine größte Angst galt den Lohnarbeitern, denen ich nicht vertraute. Meistens arbeiteten sie ruhig ihre Stunden ab, um ihren Lohn dann in den hiesigen Bars zu verprassen. Zum Glück gab es auch anständige und ehrliche Leute unter ihnen, wie zum Beispiel ein ungarisches Ehepaar, Elena und Kurt, die nach der sowjetischen Besetzung ihres Heimatlandes nach Amerika gekommen waren. Sie sprachen kein Englisch, aber mein Ungarisch war immer noch sehr gut, und wir konnten uns problemlos unterhalten. Zwei Jahre haben sie in dem kleinen Häuschen hinter unserem Haus gewohnt; das war eine Rekordzeit für Wanderarbeiter. Elena, die mir dabei half, die Eier zu waschen und zu verpacken, war eine anständige und biedere Frau, die unter starkem Asthma litt. Sie hatte eine gut erzogene, siebenjährige Tochter, die Piroschka hieß, und die nicht Kurts Tochter war, wie wir später erfuhren. Kurt, zehn Jahre jünger als Elena, war viel ungehobelter. Sein linkes Auge war aufgrund einer Narbe, die sich von der Augenbraue bis über die Wange zog, fast geschlossen, was ihm einen missmutigen Gesichtsausdruck verlieh. Die zwei stritten sich oft, und da es zu Meldungen wegen häuslichen Unfriedens kam, war unsere Adresse der Polizei schnell bekannt. Paul mischte sich regelmäßig ein und versuchte immer, die Konflikte gewaltlos zu lösen. Trotz ihrer Probleme waren sie dennoch gute und ehrliche Arbeiter. Wir ließen sie vor allem wegen Elena und ihrer Tochter für uns arbeiten. Elena bemühte sich sehr, uns zufriedenzustellen, und wir wussten, wie einsam und verängstigt man sich fühlen konnte, wenn man ohne Geld oder die Möglichkeit, sich in seiner Muttersprache zu unterhalten, in ein fremdes Land kam.

An einem sonnigen Nachmittag jedoch, als ich die Wäsche zum Trocknen aufhängte, schlich sich Kurt ganz nah an mich heran. Ich machte einen Satz, als sich eine Hand sanft um meine Hüfte legte, und erstarrte, als ich sah, dass es nicht Pauls Hand war.

»Ich träume von dir. Du bist so eine schöne Frau!«, flüsterte er in mein Ohr. Ohne ein Wort drehte ich mich weg und rannte ins Haus, wo Paul gerade telefonierte. Ich muss leichenblass ausgesehen haben, denn er beendete schnell sein Telefonat. Ich erzählte ihm, was passiert war, er sprang auf, lief wortlos an mir vorbei und direkt zum Häuschen, wo er Kurt befahl, sofort seine Sachen zu packen und zu gehen, sonst würde er die Polizei rufen.

»Elena und Piroschka können so lange bleiben wie sie wollen, aber du gehst.« Was Kurt widerstandslos tat.

In den letzten Wochen davor war mir aufgefallen, dass einige Schlüpfer und Unterröcke in meiner Unterwäsche gefehlt hatten. Zunächst hatte ich Elena im Verdacht gehabt, sich der fehlenden Teile bemächtigt zu haben, weil sie sich keine eigenen leisten konnte, sah später aber ein, dass es wohl Kurt gewesen sein musste.

Nach dem Vorfall tauchte Kurt noch einige Male bei Elena auf und flehte sie an, ihn reinzulassen. Wir warnten sie, dass wenn sie ihn wieder bei sich aufnehmen würde, wir auch sie wegschicken würden. Sie blieb standhaft. Ich vermute, dass er auch Piroschka sexuell belästigt hatte.

Ein anderes Mal arbeitete ein junges Paar für uns, das leicht geistig behindert war. Charlie war ein sehr ruhiger Mann mit struppigem Haar, schweren Augenlidern und langsamen Händen. Aber er war ein guter Arbeiter. Seine Frau Goldy, die ihren Spitznamen ihren langen blonden Locken zu verdanken hatte, verfügte über klare, hellblaue Augen, große Hasenzähne und lächelte immer.

Während Goldy und ich Eier verpackten, erzählte sie Geschichten von ihrem Vater, wie er betrunken nach Hause gekommen war und sie vergewaltigt hatte. Sie trug sich mit dem Gedanken, ihn im Schlaf zu töten. Sie erzählte, wie sie Charlie kennengelernt hatte und wie wundervoll er sie behandelte. Sie liebte Mark und Norman und passte oft auf sie auf, wenn wir arbeiten mussten. Goldy war großartig mit Kindern, weil sie selbst wie eine Sechsjährige spielte. Sie blieben 18 Monate bei uns, und ich bedauerte es sehr, als sie weiterzogen.

Obwohl wir noch andere nette Paare hatten, war es meistens so, dass die einen gute Arbeiter waren und andere nicht. Letztlich beschlossen wir, uns nur noch an die Agentur zu wenden und alleinstehende Männer einzustellen. Diese Männer blieben meist ein oder zwei Monate und zogen dann weiter. Einer von ihnen blieb jedoch fast drei Jahre bei uns. Sein Name war Jimmy. Er war zwar Alkoholiker, aber ein fröhlicher und anständiger Mensch, und wir liebten ihn.

An einem Sonntagmorgen im Frühwinter, nachdem es die ganze Nacht stark geschneit hatte, erschien Jimmy nicht zur Arbeit. Wir wussten, dass er am Abend zuvor in die Stadt gegangen war, und er hatte es wohl nicht zurückgeschafft. Paul nahm den Lieferwagen, um ihn zu suchen, und erblickte Jimmys schwarzen Hut, der aus einer großen Schneeverwehung am Ende der Straße hervorschaute. Paul hielt an und fand unseren stinkenden, betrunkenen Landarbeiter bis zum Hals im Schnee eingegraben.

»Mr. Paul, Mr. Paul, holen Sie mich hier bitte raus!«, lallte er. Paul beeilte sich, eine Schaufel zu holen, grub ihn aus und brachte ihn zurück zu seinem Bungalow. Jimmy war so betrunken, dass er nicht gemerkt hatte, wie kalt ihm eigentlich gewesen war. Noch Wochen später strahlte er jedes Mal, wenn er Paul sah, übers ganze Gesicht: »Mr. Paul, Sie haben mir das Leben gerettet. Sie sind ein guter Mann, Mr. Paul.«

Wenn wir alle paar Monate neue Küken bekamen, musste ausgemistet, neues Heu und Stroh verteilt werden. Für diese Arbeit reichte eine zusätzliche Hilfe im Allgemeinen nicht aus, und wir stellten einen Aushilfsarbeiter ein. Ich begleitete meinen Mann immer, wenn er einen Arbeiter abholte, den die Agentur ausgesucht hatte. Es gefiel mir nicht, wenn Paul allein losging, ich setzte mich immer auf die Rückbank und hatte unter meiner Handtasche einen Hammer versteckt.

An einem schönen Frühlingsmorgen hielten wir also an der Bushaltestelle, um unseren neuen Arbeiter John abzuholen. Als Paul mit ihm zum Auto kam, hatte ich schon kein gutes Gefühl. Weder sein Aussehen noch seine Haltung gefielen mir. Zu Beginn gaben wir unseren neuen Arbeitern immer erstmal etwas Geld für Lebensmittel und brachten sie zu einem Laden, wo sie sich für die Woche Lebensmittel kaufen konnten, bevor wir sie mit nach Hause nahmen. Unterwegs fragte Paul John nach seiner Erfahrung als Landarbeiter, bekam aber kaum eine Antwort. Er schien nervös und angespannt zu sein, und ich hatte ihn im Verdacht, dass er nach einem Drink lechzte. Zu Hause angekommen, machte Paul John mit Jimmy bekannt, half ihm dabei, seine Lebensmittel zu verstauen und zeigte ihm die Farm. Nach dem Mittagessen fing John mit seiner Arbeit in den Hühnerställen an und schaufelte den Dung auf die Düngemaschine. Dann gab Paul ihm Anweisungen, wie er das Gerät über die Felder fahren und den Dünger verteilen sollte. John schaute meinen Mann böse an, legte einen gefährlich hohen Gang ein und schoss davon. Paul jagte hinter ihm her und schrie ihn an, er solle den Motor abstellen.

Dann sagte Paul ganz ruhig: »John, das ist ein sehr teures Gerät, und wenn du damit herumfährst, als wäre es ein Rennwagen, dann garantiere ich dir, dass es kaputt geht.«

John gehorchte, als er aber für die zweite Runde den Mist reinschaufelte, gab er sich dabei schon viel weniger Mühe. Er befüllte die Düngemaschine nur zur Hälfte und fuhr dann trotzig so langsam wie möglich übers Feld.

Paul ließ John seine Arbeit beenden, holte ein paar Male tief Luft, ging dann zu ihm und sagte: »John, ich sehe, dass du nicht besonders an dieser Tätigkeit interessiert bist. Ich weiß, dass du dich gerade erst eingerichtet hast, aber ich glaube, es ist besser, wenn wir fortan wieder getrennte Wege gehen.«

Johns Augen wurden ganz wild, und er fing an, hektisch hin und her zu laufen. Er zog ein Messer aus seinem Stiefel.

»Du gibst mir sofort 50 Dollar oder ich bring dich um!«, schrie er.

Zum Glück kam in diesem Moment Jimmy mit Körben voller gerade eingesammelter Eier um die Ecke. Er ließ seine Last fallen und versuchte, John mit erhobenen Händen zu beschwichtigen: »Hey Mann, beruhige dich, beruhig dich erstmal!«

Paul war sichtlich erschüttert und sagte vorsichtig: »Ich werde jetzt ins Haus gehen und dir das Geld bringen.« John machte einen verunsicherten Schritt auf ihn zu. »Ich habe kein Bargeld bei mir. Ich komme mit Geld wieder.«, sagte er beschwichtigend.

Paul kehrte John vorsichtig den Rücken zu und ging mit langsamen und überlegten Schritten auf das Haus zu. Ich war gerade dabei, Gemüse zu schnippeln, als Paul leichenblass und zitternd hereinkam. Mein Herz klopfte mir bis zum Hals, aber er schaute mich nicht einmal an. Ich folgte ihm ins Schlafzimmer, wo er im Schrank verschwunden war. Kurz darauf raste er mit dem 22-kalibrigem Gewehr an mir vorbei, war zur Tür raus, stampfte die Verandastufen runter und rannte auf die Hühnerställe zu.

»Du bleibst hier!«, rief Paul mir zu, als würde er sein ungehorsames Kind schelten.

Ich wandte mich vom Fenster ab und lehnte mich an die Wand. Das konnte ich nicht mit anschauen.

Paul richtete das Gewehr auf John und schrie ihn in seinem polnischen Englisch an: »Runter von meinem Grundstück oder ich erschieß dich wie einen Hund!« Es herrschte für einen Moment Stille, dann war John auf und davon. Ich war so erschüttert, dass ich zum Telefon rannte und die Polizei anrief. Paul riss die Tür auf und sah, wie ich die Nummer wählte.

»Warum machst du so eine große Geschichte daraus und rufst die Polizei an?«

»Dieser Mann ist verrückt, Paul, vielleicht kommt er zurück!«, rief ich panisch auf Jiddisch. Paul nahm sanft den Hörer aus meiner Hand und legte ihn wieder auf.

Ich versuchte, diesen Nachmittag mit einem Anschein von Normalität irgendwie über die Bühne zu bringen, kochte und putzte. Paul und ich sprachen während dieser langen Stunden sehr wenig miteinander. Später, als ich die Kinder zu Bett gebracht hatte und eine Brühe für den nächsten Tag vorbereitete, kam Paul zu mir in die Küche. Er sah, dass ich immer noch zitterte, ging ins Badezimmer und kam mit einem Glas Wasser und einer Pille zurück. Ich nahm sie wortlos.

Er sah mich lange an und sagte schließlich: »Setz dich! Ich möchte mit dir reden.«

Wir setzten uns an den Küchentisch und Paul nahm meine Hand.

»Warum regen dich diese Geschichten so sehr auf? Warum zitterst du immer noch? Er ist weg. Er ist schon lange weg und wird nicht wiederkommen.«

»Paul, ich will nicht darüber reden. Ich ertrage dieses Leben nicht mehr. Wir sind frei. Wir sind nach Amerika gekommen, um uns hier sicher und frei zu fühlen und nicht um ein Leben zu führen, als befänden wir uns immer noch im Krieg. Jeden Tag gibt es eine neue Krise. Ich bin dafür nicht gemacht. Ich bekomme zu schnell Angst.«

Paul starrte mich ungläubig an. »Du warst in einem Konzentrationslager. Du hast unvorstellbar Schlimmes gesehen, erlebt und überlebt.«

»Tja, vielleicht genau deswegen! Ich ertrage es nicht mehr.«

Paul konnte es nicht nachvollziehen. Seine Erfahrungen in der Hölle hatten ihn nur umso stärker gemacht. Er verstand nicht, warum ich jetzt zusammenbrach. »Solche Johns haben wir ja nicht jeden Tag hier. Wir hatten auch gute Arbeiter. Wir werden einen Weg finden, damit es besser wird, auch wenn es uns mehr kostet. Das ist jetzt unser Leben, hier werden wir den Rest unseres Lebens verbringen und unsere Kinder großziehen.« Er sagte es ganz sanft und streichelte mir über den Kopf, als wäre ich ein Kind. »Warum nimmst du dir nicht mehr frei und engagierst dich mehr im Synagogenchor? Und findest andere Dinge, die dir wirklich Spaß machen? Wir arbeiten hier sehr hart und sollten uns etwas mehr Spaß gönnen.«

Es sollte noch Wochen dauern, bevor ich die Nächte wieder durchschlafen konnte.

Als Norman acht und Mark gerade fünf Jahre alt geworden war, beschlossen wir, noch ein Kind zu bekommen. Ich weiß es noch genau, es war spät abends, wir schauten gemeinsam fern, als Paul sich mit einem merkwürdigen Gesichtsausdruck zu mir wandte und sagte: »Lass uns noch ein Kind bekommen! Wir werden immer arm sein, wir werden uns immer abmühen, aber wir haben ein Dach über dem Kopf, und für den Sommer werde ich uns einen Garten herrichten. Vielleicht bekommen wir sogar ein kleines Mädchen.«

Er rutschte auf meine Seite der Couch und nahm meine Hand. Ich hatte doch schon genug mit den Jungs, der Hausarbeit und den Eiern zu tun, aber ich merkte, wie sehr ich mich nach einem kleinen Mädchen sehnte. Paul hatte nur Brüder gehabt und träumte von einer Tochter.

Es dauerte sechs Monate, bis ich wieder schwanger wurde, aber als es im Sommer 1954 langsam sichtbar wurde, strahlte ich nur so vor

Glück. Ich arbeitete weiterhin hart und nahm sogar die durchaus gefährliche Aufgabe auf mich, Hala das Fahren des Lieferwagens beizubringen. Ich hatte so viel zu tun, dass ich mich nicht mal daran erinnern kann, dass ich Zeit zum Essen hatte.

Unser Traum ging in Erfüllung. In den frühen Morgenstunden des 15. November fingen die Wehen an, Paul brachte mich ins Krankenhaus, meldete mich an, überzeugte sich, dass man sich um mich kümmerte, und kehrte zurück zur Farm. Damals durfte der Vater bei der Entbindung nicht dabei sein, also würde Paul auch bei unserem dritten Kind nicht im Wartebereich warten, wenn es genug Arbeit gab. Wie bei meinen zwei anderen Kindern verlief die Entbindung ohne Komplikationen, und unsere erste und einzige Tochter kam nur wenige Stunden später zur Welt.

Dann hörte ich die Stimme meines Mannes vor der Tür sowie Dr. Bambara, der fröhlich ausrief: »Herzlichen Glückwunsch, Paul, sie haben ihre Tochter. Alles ist gut gelaufen.«

Schweigen. Dann hörte ich Pauls gedämpfte und nüchterne Stimme: »Herr Doktor, nehmen Sie mich nicht auf den Arm.« Er kam durch die Tür gestürmt, bevor Dr. Bambara antworten konnte. Ohne mich auch nur eines Blickes zu würdigen, richtete er den Blick direkt auf das kleine Bündel in meinen Armen. Er zog die Windel leicht zurück. Ein Sturm der Gefühle breitete sich auf seinem Gesicht aus, seine Lachfältchen wurden sichtbar, dann verzog er seinen Mund zu einem breiten Lächeln. Wir hatten unser Mädchen, und wir nannten es Helene, wie Pauls Mutter Chaya. Nach der Geburt war ich zunächst etwas in Sorge und enttäuscht über ihr Aussehen, denn sie kam mit einer ganz platten Nase zur Welt. Aber von Tag zu Tag normalisierte sich die Form ihrer Nase, und aus Helene wurde ein wunderschönes Mädchen mit sehr ausdrucksstarken, haselnussbraunen Augen. Sie zeichnete sich insbesondere durch ihre Freundlichkeit aus. Ihr ganzes Leben lang und schon als kleines Kind stellte sie die Bedürfnisse der anderen immer vor ihre eigenen und war ständig bestrebt, für ihre Mitmenschen da zu sein.

Die meiste Zeit über verstanden sich die Kinder gut. Ich hatte viel mit dem Haus, dem Backen und den Hühnern um die Ohren, und die drei waren viel öfter sich selbst überlassen, als es heute üblich ist. Unsere schüchterne, liebe Kleine war unseren stets zu Streichen aufgelegten und widerspenstigen Söhnen nicht immer gewachsen, und das Ergebnis war manchmal ein sehr verängstigtes kleines Mädchen. Mark und Norman rannten im Haus herum, sprangen über Tische und Bänke, Dinge gingen kaputt, Lampen flogen umher, und die arme Helene kam immer wieder zu den Hühnerställen gerannt, um uns über das neueste Chaos zu informieren, das ihre Brüder veranstaltet hatten. Es versteht sich von selbst, dass ihre Brüder sich davon wenig erbaut zeigten und jeden Tag neue Vergeltungsmaßnahmen aussheckten. Wenn es draußen windig war, erzählten sie Helene, dass der Wind sie mitreißen würde, falls sie rausgehen sollte, oder sie drückten sie zu Boden und ließen langsam Spucke auf ihr Gesicht laufen. Ein Mal überzeugten sie Helene davon, dass sie adoptiert sei, und diese albtraumhafte Vorstellung begleitete sie, die so ruhig und introvertiert war, lange Zeit, ohne dass sie jemals auf den Gedanken kam nachzufragen, ob das wirklich stimmte.

Nur ein einziges Mal schimpfte ich sie aus, als sie einen der Perlenohrringe verlor, die ich ihr für viel Geld aus Israel mitgebracht hatte. Ich war außer mir wegen ihrer Gedankenlosigkeit. Sie hörte nicht mehr auf zu weinen, und ich fühlte mich schrecklich.

Als Helene fünf Jahre alt war, schickte uns die Schulschwester eine Nachricht, dass unsere Tochter den Sehtest nicht bestanden hatte und eine Brille brauchte. Ihre Gläser waren so dick wie der Boden von Colaflaschen und wurden von einem strapazierfähigen Gestell eingerahmt, das von Sonnenauf- bis -untergang auf ihrer Nase ruhte. Ich war am Boden zerstört, dass diese wunderschönen, klaren und ausdrucksstarken Augen jetzt hinter dicken Gläsern versteckt bleiben mussten. Wenn meine Freundinnen zu Besuch kamen, flüsterte ich ihr zu: »Helene, nimm deine Brille ab, steck sie weg!«, damit alle sehen konnten, wie hübsch sie war. Aber da sie ohne Brille wirklich nichts sah, wurden diese grässlichen Gläser ein notwendiges Übel und ihr ständiger Begleiter während ihrer gesamten Jugend. Es ist mir immer noch ein Rätsel, dass wir fünf Jahre gebraucht haben, um festzustellen, dass sie so schlecht sah, aber sie hatte sich nie über ihr Sehvermögen beschwert. Allerdings erinnere ich mich gut daran, wie viel Angst sie immer davor hatte, eine Straße zu überqueren, nur hatte ich es ihrem ängstlichen Charakter zugeschrieben. Im Nachhinein stellte sich heraus, dass sie Angst hatte, weil sie die herannahenden Autos nicht sehen konnte. Als sie zum ersten Mal ihre Brille aufsetzte und bei Sonnenlicht hinausging, war sie völlig baff, als sie bemerkte, dass das Laub auf den Bäumen aus einzelnen, kleinen Blättern bestand.

Aber abgesehen von den dicken Brillengläsern auf ihrer Nase, war mein kleines Mädchen immer hübsch herausgeputzt. Ich machte immer viel Aufhebens darum, strickte ihr hübsche Sachen und putzte ihre weißen Schuhe. Sie hatte nie viel Spielzeug, da wir es uns nicht leisten konnten. Sie wollte so gern eine Puppe haben, und es dauerte lange, bis wir ihr endlich eine schenken konnten. Am wichtigsten war mir jedoch, dass sie eine gute Schülerin und bei ihren Lehrern sehr beliebt war.

Als meine drei Kinder alt genug waren und unsere Farm gut lief, wurde ich Mitglied im Chor der Synagoge, wo man mich bald zur Solistin machte. Auch Paul sang im Chor, aber er hatte noch andere Dinge im Kopf, und das Geschäft verlangte seine uneingeschränkte Aufmerksamkeit. So war ich meist die aktivere im Chor und nutzte diese tolle Gelegenheit, mich künstlerisch auszudrücken.

Im Chor habe ich meine sehr gute Freundin Sylvia kennengelernt. Als die Gemeinde eines Tages mit den Vorbereitungen für den jährlichen ›Purim‹-Ball beschäftigt war, wurde ich gefragt, ob ich nicht einige Lieder singen wollte. Die Eintrittskarten für den Ball kosteten jedoch zwei Dollar, und obwohl ich zum Unterhaltungsprogramm beitrug, würde ich ohne Eintrittskarte nicht am Dinner teilnehmen können. Wir konnten uns solche Extraausgaben nicht leisten, aber alle gingen offenbar davon aus, dass wir kommen würden, da wir in unserer kleinen Gemeinde sehr aktiv geworden waren.

Ich schlug Paul vor, dass wir uns einen Babysitter besorgen, uns fein anziehen und einen besonderen Abend verbringen könnten. Ich besaß immer noch ein wunderschönes, schwarzes Samtkleid aus unserer Zeit in der Bronx, und ich träumte davon, es wieder anzuziehen. Ich hatte keine schwarzen Schuhe und sparte noch für ein passendes Paar, aber es ging auch ohne.

Paul schaute mich finster an. »Judith, wir verdienen 18 Dollar pro Woche! Da können wir nicht vier Dollar für ein Dinner ausgeben!«

Ich ging also zum Fest und sang meine Lieder. Meine neuen Freundinnen aus dem Chor lächelten, unterhielten sich und trugen alle neue Kleider, verschwenderische Perlenketten und silberne Armreifen. Aber keine von ihnen fragte mich, warum ich denn nicht zum Essen mit ihnen blieb. Ich holte meinen Mantel aus der Garderobe und ging auf die Ausgangstür zu. Da lief eine junge Frau namens Pauline hinter mir her.

»Warte, warum gehst du?« Sie lächelte mich an. »Du warst der Star heute Abend! Du bist verrückt, wenn du nicht mitkommst und am Fest teilnimmst.«

Ich schämte mich zu sehr, ihr die Wahrheit zu sagen und erfand eine dumme Ausrede. Ich beneidete die anderen Frauen, außerdem hatte es mich sehr verletzt, dass meinen Freundinnen meine Abwesenheit gar nicht aufgefallen war. Auf dem Weg nach Hause weinte ich.

Paul saß lesend in der Küche, als ich tränenüberströmt hereinkam, ich fühlte mich schrecklich. In dem Moment beschloss er, dass er sich nach einer zusätzlichen Arbeit umschauen würde, um mehr Geld zu verdienen.

Da sein Englisch mittlerweile gut und er ein intelligenter, vorzeigbarer Mann war, stellte *Agway* ihn ein, um Hühnerfutter zu verkaufen, und daraufhin klapperte er spätnachmittags die umliegenden Farmen in ganz New Jersey ab. Viele unserer Freunde und Nachbarn bezogen ihr Futter bald nur noch von uns. Paul konnte sich in ihrer Muttersprache mit ihnen unterhalten, und wenn sie übers Geschäft oder die alte Heimat redeten, verloren sie jegliches Zeitgefühl.

Die Zeit verging wie im Flug. Schon bald brachten wir unsere zwei Jungs zum Hebräischunterricht, um sie auf ihre ›Bar Mitzwa‹ vorzubereiten, die in wenigen Jahren gefeiert werden würde. An einem Winterabend wartete Paul am Auto auf das Ende von Normans Unterricht beim Rabbi und kam mit einem jüdischen Immobilienmakler ins Gespräch, der etwas in der Synagoge zu erledigen hatte. Paul, der immer neugierig war, liebte es zu wissen, was andere Menschen so machten. Der Mann erzählte ihm unter anderem, welche der kleineren Geschäfte in der Stadt gerade zum Verkauf standen. Aus Spaß fragte Paul, ob er eines kennen würde, das ihn interessieren könnte.

Der Makler strahlte und sagte: »Tatsächlich hätte ich das perfekte Geschäft für sie und ihre liebe Frau. Sie wäre so geeignet dafür.«

Mein Mann lächelte. »Für welche Art von Geschäft wäre meine Frau denn besonders geeignet?«

»Kennen Sie die Eisdiele, die nur im Sommer geöffnet hat? Die *Dairy Queen* beim Kreisverkehr?« Paul nickte. Er war schon oft mit den Kindern dorthin gefahren, um ihnen an heißen Sommertagen eine Eistüte für zehn Cent zu holen.

Paul war begeistert. Seine Gedanken fuhren Karussell, und er stellte dem Mann noch so einige Fragen. Es wurde dunkel. Paul riskierte es, dass Norman vielleicht einige Minuten warten würde und sprang mit dem Makler ins Auto, um das kleine, graue Gebäude auf der anderen Seite der Stadt zu besichtigen. Sie schlossen die Tür auf, gingen hinein und erkundeten das Lokal. Der Makler öffnete den Tiefkühler, holte einen Liter Eis heraus und warf es meinem Mann zu. »Hier, bringen sie das ihren Kindern und geben sie ihnen einen Vorgeschmack auf die *Dairy Queen*.«

Paul kam mit Norman im Schlepptau später am Abend fröhlich nach Hause. Noch in der Einfahrt verkündete er mit seinem dröhnenden Bariton: »Judith! Wir kaufen die *Dairy Queen*. Ich habe schon tausend Dollar angezahlt!« Er warf mir das mittlerweile geschmolzene Eis zu.

Ich wusste genau, dass wir keinen Cent auf der Bank hatten, und knallte das durchgeweichte ›Quart‹ auf den Tisch. »Was? Mit welchen Geld? Willst du jemanden ausrauben?«

Er holte einige Schälchen hervor und fing an, das Eis an die herbeigeeilten und aufgeregten Kinder zu verteilen, die den Schatz wohl von der anderen Seite des Hauses schon gerochen hatten.

»Wer wird den Laden denn führen?«

»Du!«

»Wer hilft dir dann beim Einsammeln der Eier?«

»Mach dir nicht so viele Sorgen! Das Einzige, was ich jetzt noch brauche, ist ein neuer Partner.«

Emil stieg auch hier ins Geschäft mit ein. Die Investition war ja auch relativ niedrig. Wir brauchten insgesamt 8.000 Dollar; Emil steuerte die Hälfte bei. So wurden wir Eigentümer der *Dairy Queen* in Flemington, und ich hatte mit der Eröffnung und der Verantwortung für die Eisdiele dann doch wesentlich mehr zu tun als vorher.

Inmitten dieser Belastung wurde ich mit meinem vierten Kind schwanger. Das war natürlich ein extrem ungünstiger Zeitpunkt. Über unsere dritte Schwangerschaft hatten wir uns sehr gefreut, aber ein viertes Kind hatten wir weder erwartet noch geplant oder gewollt. Wie würde ich das Café und ein weiteres Kind bewältigen?

Zu allem Übel gab es Probleme mit der Teilhaberschaft an der Farm. Mit Emil und Jacques lief alles reibungslos, aber mit Joseph wurden wir uns nie einig. Er war exzentrisch und launenhaft, und er hatte immer etwas an der Art und Weise zu bemängeln, wie Paul die Farm führte. Ich glaube sogar, dass er ein wenig eifersüchtig auf die gute Beziehung war, die Paul mit seinen Onkeln hatte. Er wollte so gern dazugehören, aber machte sich mit seiner Art immer mehr zum Außenseiter.

Ich werde nie den Streit vergessen, den Joseph und Paul wegen zehn Dollar hatten. In diesem Frühling beschloss Paul, Bäume zu pflanzen, und so fuhren wir an einem sonnigen Nachmittag mit dem Laster zum *Agway* und kauften vier kleine Kirschbäume und einen Pflaumenbaum. Als Joseph am darauf folgenden Wochenende die Veränderung bemerkte, stürmte er in die Küche, wo mein Mann sich gerade die Hände wusch.

»Also weißt du, Paul, du solltest deine Partner um Erlaubnis bitten, wenn du unser Geld ausgeben willst.«

Paul faltete das Küchentuch und legte es ordentlich neben das Spülbecken. »Joseph, mach du dir mal keine Gedanken um die Bäume, du wirst sowieso nicht mehr lange genug leben, um die Früchte ernten zu können.«

Von Anfang an hatten Paul und Joseph unterschiedliche Vorstellungen gehabt. Während Paul von einer ertragreichen Farm träumte, wo wir unser eigenes Obst und Gemüse ernten würden, wollte Joseph nur seine Investition aufrechterhalten und eine gute Zeit in seinem Ferienhaus verbringen.

Als Paul sich wegdrehte, schnappte Joseph sich vor lauter Wut einen Küchenstuhl und drohte meinem Mann damit. Pauls erste Reaktion war es, sich einen anderen Stuhl zu greifen. Einen kurzen Augenblick standen die beiden wie zwei Kampfhähne mit gefährlich über ihren Köpfen erhobenen Holzstühlen da. Dann ließ Joseph den Stuhl fallen und rannte hinaus, denn Paul war viel jünger und von der harten Arbeit fit und kräftig.

Nach diesem Vorfall stellte Paul seinen Onkeln ein Ultimatum: Entweder würde Joseph die Farm verlassen oder er selbst. Natürlich ging

Joseph juristisch dagegen vor; er drohte damit, die anderen Anteile aufzukaufen und den Hof mit neuen Angestellten zu führen.

Neben der Arbeit im neuen Geschäft mit dem Risiko eines möglichen baldigen Umzugs konfrontiert zu sein, das waren nicht die besten Voraussetzungen, um ein weiteres Kind zu bekommen. Wir verbrachten viele schlaflose Nächte, in denen wir bis in die frühen Morgenstunden nebeneinander wachlagen und an die Decke starrten.

Letztendlich fehlten Joseph die Mittel, um seine Drohung zu verwirklichen. Er musste gehen, und die Familie bekam gemeinsam genug Geld zusammen, um seinen Anteil aufzukaufen.

Unser viertes Kind David wurde am 12. September 1959 geboren. David war ein umwerfender kleiner Schatz mit schwarzen Augen und dunklen Haaren. Als ich ihn das erste Mal sah, musste ich weinen. Ich weinte und fragte mich insgeheim, womit ich solch ein kostbares, nachgerade vollkommenes Kind verdient hatte.

Aus Tagen wurden Wochen, und ich stellte fest, dass mich dieser kleine Wonneproppen noch glücklicher machte als meine anderen Babys. Ich war älter und reifer und wusste, dass das Leben mit ihm jetzt noch besonderer werden würde. Mir wurde bewusst, wie dumm es gewesen war, sich so viele Sorgen gemacht zu haben.

Als ich mit David aus dem Krankenhaus nach Hause kam, freute es mich sehr zu sehen, dass Helene und Mark sich darum stritten, wer den kleinen Bruder füttern und halten würde. Eines Morgens kam ich in die Küche, wo Helene und Mark sich um das Recht zankten, den Kinderwagen durch die Küche schieben zu dürfen. Mark schrie mich an: »Ich will, dass du wieder ins Krankenhaus gehst und noch ein Baby bekommst, damit ich eins haben kann und Helene eins!«

Norman, der zu der Zeit elf Jahre alt war, hielt sich aus allem heraus und mied das Baby oft. Er war ein ernsthafter Junge und war gern allein oder verbrachte seine Zeit mit Freunden. Er hatte schon zwei jüngere Geschwister ertragen müssen. Ich war 31. Ich glaube, dass er sich schämte, dass seine schon etwas ältere Mutter immer noch Kinder bekam.

David hing sehr an mir und Helene. Er ertrug es nicht, wenn eine von uns beiden nicht bei ihm sein konnte. Er hatte furchtbare Verlustängste, und es gab immer Tränen, wenn ich ihn in der Schule zurückließ. Und Helene konnte nicht mit ihren Freundinnen spielen, ohne ihn mitzunehmen.

Unser kleiner Junge hat uns letztendlich nichts als Glück gebracht; die *Dairy Queen* florierte 15 Jahre lang. Wir konnten den kleinen Laden, der zuvor nur im Sommer geöffnet hatte, bald erweitern und ein ganzjährig geöffnetes Restaurant mit kompletter Speisekarte daraus machen. Wenn an den Wochenenden viel los war, halfen Jugendliche aus dem Ort bei uns aus. Unser Restaurant war ein voller Erfolg. Mithilfe dieser Einnahmen konnten wir die Anteile unserer Geschäftspartner aufkaufen und die Farm endlich unser Eigen nennen.

Selbstverständlich kam die Verwandtschaft weiterhin zu Besuch.

Meine Liebe zum Theater hat nie aufgehört. Als David etwa zwei war, bat mich eine Freundin, sie zu einem Vorsingen beim ›Clinton Arts Center‹ zu begleiten, und ich freute mich auf die Fahrt. Als ich dort ankam und mich umsah, beschloss ich aus einer Laune heraus, auch vorzusingen. Das Stück hieß *Das Medium* von Gian Carlo Menotti, einem berühmten italienischen Komponisten. Ich bekam die Rolle, für die meine Freundin eigentlich vorgesungen hatte. Ich genoss die Proben mehr als alles andere auf der Welt. Aber ich glaube, dass meine Freundin mir nie verziehen hat, dass ich ihr die Rolle weggeschnappt habe.

Ich erinnere mich nicht mehr, wie ich für Proben und Aufführungen Zeit fand, da wir sieben Tage die Woche von 10.00 bis 19.00 Uhr geöffnet hatten. Die Kinder halfen nach der Schule und während der Wochenenden aus. Die Mahlzeiten meiner Kinder bestanden an einem Abend aus Hühnchen und Eiern bei uns zu Hause und am anderen aus Hamburgern mit Pommes Frites im Restaurant.

Die Zeit verflog. Norman wurde 16, und all seine Freunde kamen nach der Schule auf ein Eis oder einen Imbiss vorbei. Die Jugendlichen aus der Gegend machten unser Restaurant zu ihrem Stammlokal und waren immer begeistert, wenn Paul da war, denn sie liebten es, mit ihm zu reden, zu lachen oder Witze zu reißen.

Zu dieser Zeit lief das Geschäft mit den Eiern sehr schlecht, und als wir uns einige Monate abgemüht hatten, waren wir doch gezwungen, unsere Hühner aufzugeben. Wir verkauften einen Teil der Nutzflächen, blieben jedoch im Haus wohnen. 1970 entschloss sich mein Mann, eine Lizenz als gewerblicher Immobilienmakler zu erlangen. Ich weiß noch genau, wie er abends mit der kleinen Helene zusammensaß und sie ihm das Buchstabieren auf Englisch beibrachte. Sie war ihm eine große Hilfe beim schriftlichen Test.

Nun war es so, dass Paul an den Nachmittagen in einem Büro arbeitete, während ich weiterhin mit Aushilfen das Restaurant führte. Wir mussten immer noch den Kredit für das Geschäft abbezahlen, und das zusätzliche Gehalt war dabei eine große Hilfe. Als Pauls neue Tätigkeit einträglich wurde, träumte ich sehnsüchtig davon, die *Dairy Queen* zu verkaufen und eine Vollzeithausfrau zu werden.

1974 kam der Vertreter einer Gruppe von Privatpersonen, die eine Bank eröffnen wollten, in unser Restaurant und fragte Paul, ob wir Interesse hätten, es zu verkaufen. Es stellte sich heraus, dass der Besitzer sein Grundstück unbedingt verkaufen wollte, dies jedoch aufgrund unseres Pachtvertrags über 20 Jahre nicht möglich war. Der Vertreter war gekommen, um uns ein Angebot zu machen, damit wir von unserem Vertrag zurücktraten. Ich war fürchterlich aufgeregt; nachdem ich 15 Jahre lang sieben Tage die Woche gearbeitet hatte, würde mein Traum des baldigen Ruhestands vielleicht endlich wahr werden.

Paul ging mit dem Vertreter ins Hinterzimmer. Ich versuchte mitzubekommen, was gesagt wurde, während ich den Tresen beaufsichtigte. Sie blieben eine ganze Weile dort, und vor lauter Aufregung warf ich alle paar Minuten einen Blick ins Zimmer. Als der Vertreter ging, tadelte mich Paul. »Du bist mir vielleicht eine Geschäftsfrau. Du hättest wirklich etwas gelassener wirken sollen. Jetzt weiß er, dass wir interessiert sind. Überlass mir das, falls er wiederkommt.« Eine jämmerliche Schauspielerin war ich.

Der Vertreter kam tatsächlich wieder, diesmal mit einem tollen Angebot, das wir annahmen. Ich war 46 Jahre alt und hatte mich über ein Jahrzehnt gleichzeitig um die *Dairy Queen*, die Farm, die Kinder und den Haushalt gekümmert. Ich warnte Paul davor, mich jemals wieder in ein neues Geschäftsabenteuer zu verwickeln. Ich war frei, und daran sollte sich so schnell nichts ändern.

David war jetzt auf der ›High School‹, und die älteren Kinder waren schon auf dem ›College‹ oder an der medizinischen Fakultät. Ich beteiligte mich immer mehr an den Aktivitäten der Synagoge. Ich war Vorsitzende bei vielen Festen, Wohltätigkeitsveranstaltungen und Dinnern und war zwei Jahre lang sogar Präsidentin unseres Schwesternordens.

1980 kauften Paul und ich eine Eigentumswohnung in der Seniorenwohnanlage *Wynmoor Village* westlich des Pompano Beach in Florida. Seitdem verbrachten unsere Kinder und Enkelkinder den August immer mit uns auf der Farm, und im Dezember kamen sie zu uns nach Florida, um der Kälte zu entfliehen.

LETZTE WORTE

Das Leben in Amerika hat unsere Vorstellungen mehr als übertroffen. Im September 2006 feierten Paul und ich unseren 60. Hochzeitstag. Unsere Kinder und Enkelkinder haben eine ganz besondere Feier für uns ausgerichtet, worüber wir uns von ganzem Herzen gefreut haben. Für eine noch größere Freude sorgten sie dann mit der Überraschung, dass sie in unserer Namen und im Gedenken an die vier (Ur-)Großeltern, die sie nie kennengelernt hatten, eine Stiftung gegründet haben: ›The Paul and Judy Schneiderman Holocaust Memorial Fund‹. Gäste wurden gebeten, anstelle eines Geschenks einen kleinen Beitrag zu spenden. Unsere Stiftung fördert Programme des ›Flemington Jewish Community Center‹, die dazu dienen, jüngere Generationen über den Holocaust aufzuklären. Wir sind unserer Familie sehr dankbar für diese Form der Anerkennung unserer 60 Jahre währenden Ehe.

Man hat uns ein wunderbares Fest ausgerichtet, zu dem viele Freunde und Verwandte eingeladen waren. Die Sonne ging nach einer Nacht voller sintflutartiger Regenfälle auf und schenkte uns in den frühen Morgenstunden einen Regenbogen – den wir als gutes Omen ansahen, dass dies ein ganz besonderer Tag werden würde. All unsere Kinder und Enkelkinder waren von überhall her aus den USA und Europa eingeflogen. Unsere Tochter Helene kam mit ihrer Familie aus Stuttgart, wo sie an der Staatsoper singt. Sie, ihr Mann Michael und die zwei Töchter Livya und Lara waren schon zwei Wochen vorher angereist, um Ferien auf der Farm zu machen. Unser ältester Sohn Norman kam mit seiner Frau Suzanne und den drei Kindern Harris, Ross und Ericka einen Abend vor dem großen Ereignis an. Mark, der Zweitälteste, lebt mit seiner Frau Joan hier in Flemington. Ihre erwachsenen Töchter Jennifer und Erin waren eigens für das Fest nach Hause gekommen. David, unser Jüngster, kam mit seinem Mann Bob und ihren zwei jungen Töchtern Lucy und Stella aus Los Angeles eingeflogen.

Schon während des Frühstücks befand sich das alte Farmhaus in Aufruhr, da sich erstmal alle über die jeweiligen Entwicklungen im Leben austauschen mussten. In der Synagoge begannen dann die ausgelassenen Feierlichkeiten zum Hochzeitstag. Als Mitglieder des ›Flemington Jewish Community Center‹ seit 55 Jahren hatten wir unseren lieben Freund und religiösen Führer, Rabbi Evan Jaffe, gebeten, die Zeremonie vorzunehmen, bei der Paul und ich unsere Eheversprechen erneuern wollten. Unsere Zeremonie zum Hochzeitstag war eine der ersten Veranstaltungen in unserer neu erbauten, modernen und prächtigen Synagoge.

Als die Zeremonie begann, wurden mein Mann und ich zur ›Bima‹ gebeten, und als ich von dort auf meine Familie hinabschaute, fingen meine Beine an zu zittern; meine Aufregung steigerte sich ins Unerträgliche. Ich begann meine Rede, grüßte alle Anwesenden und trug einen Auszug aus meinen Memoiren vor, die ich gerade mit meiner Enkelin Jennifer schrieb. In Anbetracht meiner Nervosität klang meine Stimme erstaunlich klar. Ich fragte mich, warum ich als 15-jähriges Mädchen nicht so nervös gewesen war, als ich für Lebensmittel in Auschwitz gesungen hatte, und jetzt im Schutz der Synagoge und vor Familie und Freunden vor Aufregung heftig erzitterte. Das Publikum lachte zum Glück an den richtigen Stellen. Vor Erleichterung seufzte ich nach dem zweiten Absatz hörbar auf – sie mochten das Kapitel, das ich ausgesucht hatte. Ich warf Jennifer einen Blick zu. Sie nickte mir aufmunternd zu, ich solle weitermachen, und schenkte mir, die Daumen hochhaltend, ein breites Lächeln, als würde sie sagen: ›Oma, du bist großartig!‹

Nach meiner Ansprache hielt Paul eine bewegte Rede über die Wichtigkeit, an den Holocaust zu erinnern, und drückte seinen Stolz aus, dass unsere neue Stiftung dazu beitragen würde, dass diese Flamme in den Herzen und im Verstand der Menschen nicht erlosch. Jenn sprach dann aus der Perspektive der Enkelkinder über unsere Ehe, gefolgt von Norman, der von der kurzen Zeit erzählte, in der Paul im ›DP‹-Lager um mich geworben hatte, und hob unseren unbeirrbaren, ansteckenden Optimismus hervor. Er beendete seine Rede mit den Worten, dass unsere Verlobungszeit nur einige Wochen gedauert hatte, unsere Liebe aber während der darauf folgenden 60 Jahre stetig gewachsen war. Er schaute von der ›Bima‹ auf uns herunter und sagte, wie sehr unsere Ehe für alle vier Kinder samt ihren Partnern ein Vorbild gewesen sei – Worte, die mich ungemein berührten. Während des Empfangs sang unsere Tochter Helene einige berühmte Lieder aus dem Ghetto für uns. Diesen Tag werde ich nie vergessen.

DIE FAMILIE ROSENBERG

Jetta Rosenberg, Mutter von Judith Schneiderman, wird im Alter von 50 Jahren in Auschwitz umgebracht.

Chaim Jankel Rosenberg, Vater von Judith Schneiderman, wird mit 49 Jahren in Auschwitz umgebracht.

Suri Walcer, Ältestes der Rosenberg-Kinder, wurde 1920 geboren und lebte bis zu ihrem Tod (2012) in Israel.

Abraham (Bumi) Rosenberg, Zweitältestes der Rosenberg-Kinder wurde 1922 geboren und lebte bis zu seinem Tod (2010) in Israel.

Chaichu Lazaros, das Dritte der Rosenberg Kinder, wurde 1924 geboren, überlebte das Konzentrationslager, erlag jedoch an ihrem 64. Geburtstag dem Brustkrebs.

Frieda Molcho, das Vierte der Rosenberg-Kinder, wurde 1926 geboren und lebt in Israel.

Judith Schneiderman, das Fünfte der Rosenberg-Kinder, wurde 1928 geboren und lebt in New Jersey.

Esther Rosenberg, das Sechste der Rosenberg-Kinder, wurde 1930 geboren und kam 1945 während eines Bombenangriffs der Alliierten auf eine Munitionsfabrik ums Leben.
Sie wurde 13 Jahre alt.

Rahel Rosenberg, das Siebte der Rosenberg-Kinder, wurde 1932 geboren und kam in Auschwitz ums Leben.
Sie wurde 12 Jahre alt.

Malka Rosenberg, das Achte der Rosenberg-Kinder, wurde 1936 geboren und kam in Auschwitz ums Leben.
Sie wurde acht Jahre alt.

Geehrt sei das Andenken meines geliebten Mannes Pinek (Paul) Schneiderman, der am 30. Januar 2013 verstorben ist.

NACHWORT

Die Heimatstadt der Familie Rosenberg, das heutige Rachiw, liegt in einer Region Europas, die Gegenstand eines nicht unbedingt spaßigen Witzes ist. Jemand, der hier vor dem Ersten Weltkrieg das Licht der Welt erblickte, wurde nacheinander Bürger fünf verschiedener Staaten, ohne auch nur einmal den Wohnort gewechselt zu haben: Zunächst war er Untertan Österreich-Ungarns, dann Bürger der Tschechoslowakei und anschließend Ungarns. Nach dem Zweiten Weltkrieg wurde er Einwohner der Sowjetunion, um nach 1991 ziemlich unvermittelt zum Ukrainer zu werden. Entsprechend verwirrend ist die Vielzahl der Namen, die die Orte hier tragen und mit denen diese Region bezeichnet wird: Karpatenland, Unterkarpaten, Transkarpathien, Karpathenruthenien oder schlicht Ruthenien, um nur einige zu nennen. Heute wird gemeinhin Karpaten- oder Karpatoukraine verwendet. Dieser Name ist insofern irreführend, weil er vermuten lässt, dass die Region seit jeher zur Ukraine gehört hätte – tatsächlich haben sich beide bis zur Mitte des 20. Jahrhunderts unabhängig voneinander entwickelt.

Die zum größten Teil vom Gebirge, den Karpaten, geprägte Landschaft gehörte seit dessen Staatsgründung zu Ungarn, besiedelt wurde sie jedoch erst allmählich ab dem 13. Jahrhundert und blieb noch lange recht menschenleer. Auch am Anfang des letzten Jahrhunderts gehörten die Unterkarpaten, wie die Landschaft in Ungarn bis heute heißt, zu einer der rückständigsten Gegenden Europas. Die Infrastruktur war dürftig, eine nennenswerte Industrie gab es nicht, und ein Großteil des Landes gehörte ungarischen Großgrundbesitzern, die es als Jagd- und Erholungsgebiet nutzten. Die Leistungen der Landwirtschaft deckten lediglich ein Drittel des Bedarfs an Lebensmitteln.

Die Bevölkerung war seit jeher bunt gemischt. Bereits zu Zeiten der kaiserlich-königlichen Doppelmonarchie stellten die Ruthenen die Bevölkerungsmehrheit; laut Volkszählung des Jahres 1910 etwa 55 Prozent von fast 600.000 Einwohnern. Die Ruthenen sind orthodoxe Christen, womit sie sich nicht nur von den Ungarn, sondern auch von den benachbarten Slowaken unterschieden, die überwiegend katholisch waren. Heute nennen sie sich *Russinen*. Doch während ihre Eliten seit mehr als einem Jahrhundert um eine Anerkennung als eigenes Volk kämpfen und teilweise sogar auf einen eigenen Staat pochen, wird ihnen diese Eigenständigkeit vom ukrainischen Staat abgesprochen, ihre Sprache als Dialekt des Ukrainischen eingestuft.

Außer den Ruthenen lebten hier viele Ungarn und Deutsche, einige Rumänen und wenige Slowaken. Juden sind seit dem 17. Jahrhundert nachgewiesen, meist jedoch erst ab Mitte des 19. Jahrhunderts vor allem aus Galizien eingewandert. Gegen Ende des Habsburger Reiches lebten etwa 80.000 Juden in den Unterkarpaten, und obwohl etwa 70 Prozent von ihnen Ungarisch als ihre Muttersprache angaben, war dies wohl eher dem starken Magyarisierungsdruck geschuldet. Wie auch das Beispiel von Judiths Familie zeigt, blieb Jiddisch weiterhin stark verbreitet. Sie unterschieden sich stark von der Mehrheit der Juden im ungarischen Kernland: Während Letztere im Laufe des 19. Jahrhunderts mehrheitlich den Weg der Assimilation wählten und eine liberalere Form der jüdischen Religion praktizierten, waren die Juden in den Karpaten orthodox und sehr stark chassidisch geprägt. Dementsprechend ähnelten sie äußerlich den osteuropäischen Juden im Schtetl und hatten mit dem aufstrebenden, sich schnell verbürgerlichenden Judentum wie in Budapest nicht viel gemein.

Juden waren in allen wirtschaftlichen Bereichen tätig, vor allem im Kleinhandel. Die allermeisten Juden lebten – wie alle anderen in dieser armen Gegend – in äußerst bescheidenen Verhältnissen. So mussten die meisten Frauen und Kinder arbeiten, um für die Familie das Notwendigste heranzuschaffen.

Nach dem Ende des Ersten Weltkrieges blieb zunächst unklar, an welchen der neuen Staaten die Unterkarpaten fallen würden. Ungarn, das von den Entente-Mächten als Verlierer behandelt wurde, versuchte noch im Oktober 1918, die Region durch die Proklamation einer Autonomie für sich zu gewinnen, während viele Ruthenen insgeheim von einem Anschluss an (Sowjet-)Russland träumten. Am Ende setzte sich die gerade gegründete Tschechoslowakei durch: Mit Ausnahme der Stadt Sighet, die an Rumänien fiel, wurde die Gegend als eigenständiger, vierter Verwaltungsbezirk in den neuen Staat eingegliedert und *Podkarpatská Rus* [Unterkarpatenrussland] genannt. Strategisch war der Gewinn dieses Territoriums für die Tschechoslowakei enorm wichtig, denn es stellte eine Brücke zu Rumänien her. Beide Länder bildeten zusammen mit Jugoslawien die sogenannte Kleine Entente, die das verfeindete und nach Gebietsrevision strebende Ungarn in Schach halten sollte. Auch diesmal wurde den Bewohnern des Karpatenlands Autonomie versprochen, wie es die Versailler Verträge eigentlich festgelegt hatten. Aber dieses Versprechen löste Prag nie ein, schickte vielmehr einen Gouverneur in die Provinz. Wie schon zu ungarischen Zeiten blieb dieser Landstrich also am Rande.

In der ersten tschechoslowakischen Volkszählung von 1921 wurden die Juden als eigenständige Ethnie gezählt, und etwa 80.000 Menschen (13 Prozent der Gesamtbevölkerung) gaben an, ihr anzugehören. Eine durchaus beabsichtigte Folge dieser Zählweise war, dass der Anteil der Ungarn gering gehalten werden konnte, während die Kategorie »Deutsche« gänzlich gestrichen worden war. 1930 gab es bei einer Gesamtbevölkerung von 734.000 bereits um die 92.000 Juden. Besonders auffällig war das Wachstum der »Tschechoslowaken«, die mit 34.000 Personen inzwischen fast fünf Prozent ausmachten. Dieses Phänomen war auf die politisch gewollte Kolonisierung der Region zurückzuführen: Die Regierung in Prag entsandte tausende tschechische Beamte und Lehrer, um dem Ziel eines tschechoslowakischen Nationalstaates näherzukommen. Vor diesem Hintergrund wird auch verständlich, warum die junge Judith in der Schule tschechisch sprach: Während die nationalen Minderheiten für die Kosten ihrer Schulen selbst aufkommen mussten, wurden überall tschechische Schulen gegründet und aus staatlichen Mitteln großzügig ausgestattet. Wer mehr über das Leben in den Karpaten der Zwischenkriegszeit erfahren möchte, dem seien die Bücher des tschechischen Schriftstellers Ivan Olbracht (1882–1952) empfohlen, in denen er den Russinen und vor allem der bald darauf ausgelöschten jüdischen Welt ein literarisches Denkmal setzte.

Die tschechoslowakische Zeit erscheint Judith Schneiderman und den meisten anderen Juden im Nachhinein gleichwohl als Idylle, die 1938/39 jäh zu Ende ging. Als die Tschechoslowakei auf Druck des nationalsozialistischen Deutschland zerschlagen wurde, ergriff auch Ungarns Reichsverweser Nikolaus von (Miklós) Horthy (1868–1957) die Gelegenheit, verlorene Gebiete für die Stephanskrone ›heimzuholen‹. Kurz nachdem Hitler das Sudetenland besetzen ließ, erhielt Ungarn im

Ersten Wiener Schiedsspruch vom 2. November 1938 den südlichen Streifen der Slowakei, aber auch einen Teil der Unterkarpaten zurück. Die Umwandlung der Tschechoslowakei in eine Föderation brachte dem Karpatenland den lang ersehnten Autonomiestatus; viele Russinen träumten sogar von einem eigenen Staat. Dieses Intermezzo endete im März 1939: Die deutsche Wehrmacht marschierte in Prag ein, und während Hitler die erste Slowakische Republik ausrufen ließ, annektierte Ungarn den Rest der Unterkarpaten – so auch Rachov, das offiziell nun wieder Rahó hieß. Weniger als ein Jahr später fiel nach dem Zweiten Wiener Schiedsspruch auch Nordsiebenbürgen an Ungarn, darunter die Stadt Sighet, womit die Gegend um Rahó mit ihrem eigentlichen Zentrum wiedervereinigt war.

Für die Juden hatte die Übernahme durch Ungarn schwerwiegende Konsequenzen. Umgehend galt auch hier die kurz zuvor eingeführte antijüdische Gesetzgebung, die Juden in vielen Berufen und in großen Teilen der Wirtschaft jegliche Betätigung verbot. Wenn auch in den Karpaten die Berufsverbote nicht ohne Weiteres sofort durchsetzbar waren – die dortige Wirtschaft wäre zusammengebrochen – hatte dies für die meisten jüdischen Familien, die ohnehin sehr arm waren, schmerzhafte Auswirkungen.

Im Sommer 1941, als Ungarn an der Seite Deutschlands und Rumäniens die Sowjetunion angriff, spitzte sich die Lage dramatisch zu. Die Unterkarpaten wurden zum militärischen Aufmarschgebiet auf dem Weg der Truppen ins benachbarte Ostgalizien, das wiederum zwei Jahre zuvor infolge des Hitler-Stalin-Paktes von der Sowjetunion besetzt worden war. Den Krieg nahmen die ungarischen Behörden zum Anlass, zehntausende Juden mit »ungeklärter Staatsbürgerschaft« in die gerade eroberten Gebiete abzuschieben. Die meisten waren galizische Juden, die ab Herbst 1939 vor den Russen nach Ungarn geflohen waren und nun – wie es hieß – in ihre Heimat zurückgebracht werden sollten. Tatsächlich deportierte Ungarn aber auch tausende Juden, die seit jeher in ungarischen Gebieten gelebt hatten. Besonders betroffen war das Karpatenland. Die Juden wurden meist nachts aus ihren Wohnungen geholt, in provisorischen Lagern gesammelt und dann in Viehwaggons aus dem ganzen Land in ein primitives Lager bei Kőrösmező, keine 30 Kilometer von Rahó entfernt, gebracht. Hier mussten sie tagelang unter unmenschlichen Bedingungen ausharren, bevor sie ab dem 1. August nach und nach in LKW über die Grenze abgeschoben und ihrem Schicksal überlassen wurden. Sie irrten wochenlang ziellos umher, viele wurden von marodierenden ukrainischen Banden angegriffen und ermordet. Die meisten Juden kamen letztlich in die Stadt Kamenez-Podolsk, wo mittlerweile die deutsche Wehrmacht das Sagen hatte. Deren Führung fühlte sich durch die Neuankömmlinge gestört und forderte die ungarischen Stellen auf, die Juden zurückzunehmen. Als dies nicht geschah, fällte der SS- und Polizeichef ›Russland Süd‹, Friedrich Jeckeln, die Entscheidung, die Juden in Kamenez-Podolsk zu liquidieren. Zwischen dem 26. und dem 28. August 1941 ermordeten Angehörige der Einsatzgruppe C etwa 23.600 jüdische Kinder, Frauen und Männer. 9.000 der Opfer stammten aus der Gegend, alle anderen waren Juden, die zuvor aus Ungarn abgeschoben worden waren. Dieses Massaker gilt als die bis zu diesem Datum umfangreichste Einzelmordaktion in der Geschichte des Holocaust.

Die folgenden Jahre waren für die ungarischen Juden schwer, sie lebten im Vergleich zu den Juden in Ländern wie Polen, der Slowakei oder Rumänien jedoch in relativer Sicherheit. Obwohl immer schärfere antijüdische Gesetze und Verordnungen erlassen wurden mit der Folge, dass sich ihre wirtschaftliche und gesellschaftliche Situation immer weiter verschlechterte, bestand zumindest für die meisten keine Gefahr an Leib und Leben. Eine Besonderheit stellte der sogenannte Arbeitsdienst für Juden dar, von dem auch in Judiths Erzählung oft die Rede ist. Gegen Ende der 1930er Jahre hatte die ungarische Regierung entschieden, wehrpflichtige Männer, die sie als unzuverlässig eingestuft hatte – beispielsweise Kommunisten, aber vor allem Juden – zwar in die Armee einzuberufen, ihnen den Dienst an der Waffe aber zu verwehren. Stattdessen wurden die Männer in Arbeitsbataillone gegliedert und zu physischer Arbeit – wie dem Straßenbau oder dem Anlegen von Schützengräben – gezwungen. Obwohl diese Maßnahme nicht dazu diente, diese Männer zu ermorden, waren sie der Willkür ihrer Vorgesetzten schutzlos ausgeliefert. Ab etwa 1942 wurde die Situation der etwa 50.000 jüdischen Arbeitsdienstler an der Ostfront unerträglich. Die Armee gab ihnen oft nicht einmal das Nötigste an Kleidern und Nahrung, Hunger und Kälte kosteten viele tausend das Leben. Nicht selten jagten Armeeeinheiten ganze jüdische Bataillone über Minenfelder. Im Januar 1943 kam es zur Katastrophe, als sowjetische Truppen im Zuge der Einkesselung Stalingrads die ungarische Verteidigungslinie am Don durchbrachen. In dieser Schlacht, die als eine der größten Tragödien der ungarischen Geschichte gilt, wurde ein Großteil der 2. Ungarischen Armee vernichtet. Bis zu 100.000 Mannschaften und Offiziere kamen dabei um, darunter praktisch alle jüdischen Arbeitsdienstler. Es ist bezeichnend, dass die Rote Armee bei der Gefangennahme keinen Unterschied zwischen Waffenträgern und Arbeitsbataillonen machte. Allerdings war es mehrfach vorgekommen, dass jüdische Männer die Waffen gefallener Soldaten an sich genommen und auch gegen die Sowjets gekämpft hatten.

Spätestens seit der Schlacht von Stalingrad versuchte Horthys Regierung zwar, Tuchfühlung mit den westlichen Alliierten aufzunehmen. Doch diese Versuche waren halbherzig, zumal es Horthy auch an persönlichem Mut fehlte, Ungarn aus dem Bündnis mit Hitler-Deutschland zu lösen. Bislang war die Front weit entfernt; im Alltag herrschten Ruhe und bescheidener Wohlstand – zahlreiche, um 1942/43 entstandene Bauten zeugen in Budapest noch heute davon. Allerdings widersetzte sich Horthy weiterhin dem deutschen Druck, die Juden aus Ungarn deportieren zu lassen. So lebte Anfang 1944 die letzte, weitgehend intakte jüdische Gemeinschaft Mitteleuropas in Ungarn.

Die deutsche Wehrmacht marschierte am 19. März 1944 ohne nennenswerten Widerstand in Ungarn ein – angeblich, um die Nachschublinien im gemeinsamen Abwehrkampf zu sichern. Tatsächlich wollte Hitler einem Austritt des Landes aus dem gemeinsamen Bündnis zuvorkommen und so eine offene Flanke vor den Toren Wiens verhindern. Auch wirtschaftliche Überlegungen spielten keine geringe Rolle. Die Besonderheit dieser Besatzung bestand darin, dass die Staatsführung um Horthy und der gesamte Staatsapparat an ihrem Platz blieben, jedoch dem Nationalsozialismus wohlgesinnte Politiker in Schlüsselpositionen gehievt wurden. Diese Konstellation sollte für die ungarischen Juden bald tragische Folgen haben.

Der mit den Deportationen aus ganz Europa beauftragte ›Judenreferent‹, SS-Obersturmbannführer Adolf Eichmann (1906–1962), setzte gezielt auf die Zusammenarbeit mit den ungarischen Behörden. Das nach ihm benannte SS-Sondereinsatzkommando bestand lediglich aus etwa 150 Personen. Als Verbündete in der ungarischen Regierung gewann er vor allem den neu ernannten Ministerpräsidenten Döme Sztójay (1883–1946) und den fanatischen Antisemiten László Endre (1895–1946), einen neu eingesetzten Staatssekretär im Innenministerium. Mit Letzterem traf er fortan fast täglich zusammen, um die Einzelheiten der Deportationspläne auszuarbeiten. Die meisten ungarischen Juden sollten ins Vernichtungslager Auschwitz-Birkenau verschleppt werden, dessen Mordkapazitäten eigens für diese letzte große Deportationswelle ausgebaut wurden. Überall im Land sollte die ›Aktion‹ innerhalb kurzer Zeit und nach demselben Muster ablaufen: Zuerst sollten die Juden erfasst, gesammelt und dabei ihre Wertgegenstände konfisziert werden. Anschließend sollten sie in größere Städte gebracht werden, um sie dort in Ghettos zu sperren, die gewöhnlich in Industriebauten – etwa in Ziegeleien – eingerichtet werden sollten. Aus diesen Ghettos sollten die Juden nach und nach mit der Eisenbahn nach Auschwitz gebracht werden.

Das Land wurde in sechs Deportationszonen eingeteilt. Nordostungarn bildete dabei Zone I, zu der neben den Unterkarpaten auch die Gegenden um Kaschau (heute: Slowakei) und Nyíregyháza (heute: Ungarn) gehörten. Dass die Juden gerade aus dieser Region zuerst abgeholt werden sollten, war kein Zufall: Zum einen war bereits absehbar, dass die Karpaten erneut zum militärischen Aufmarschgebiet werden würden, zum anderen galten die Juden in diesem Winkel des Landes als fremde ›Ostjuden‹, sodass kaum mit Protesten zu rechnen war.

In Rahó, aus dem bereits 1941 mehrere Familien deportiert worden waren, begann die Verhaftung der Juden am 16. April 1944, weniger als einen Monat nach Einmarsch der Wehrmacht. Die ungarische Gendarmerie sammelte sie in einem bald völlig überfüllten Schulgebäude. Acht Tage später wurden sie von dort in ein Ghetto in Mátészalka – auf dem Gebiet des heutigen Ungarn – verschleppt. Dieses Ghetto lag nicht außerhalb der Stadt, sondern mittendrin. Es wurde lediglich durch eine provisorische Holzmauer von den christlichen Bewohnern abgetrennt. Hier hielt die Gendarmerie 16.000 Juden aus Dutzenden kleinen und größeren Orten fest. Die Lebensbedingungen waren katastrophal, die Insassen den zuweilen sadistischen Wächtern ausgeliefert. Deutsche

Einheiten gab es zu keinem Zeitpunkt am Ort. Zwischen dem 19. Mai und dem 5. Juni 1944 wurde das Ghetto von Mátészalka in insgesamt fünf Eisenbahntransporten nach Auschwitz-Birkenau ›evakuiert‹. Ihr Schicksal dürften die Wenigsten erahnt haben – Auschwitz war noch kein Begriff.

Judith und ihre Schwestern konnten vor allem deshalb am Leben bleiben, weil die deutsche Führung 1944 eine widersprüchliche Politik gegenüber Juden betrieb. Sie hielt zwar nach wie vor am Mordprogramm fest, erkannte aber in den ungarischen Juden ein großes, frisches Arbeitskräftereservoir. Die deutsche Wirtschaft, allen voran die Rüstungsindustrie, aber auch kleinere Betriebe und die Landwirtschaft benötigten dringend neue Arbeitskräfte. Der Bedarf der Kriegswirtschaft konnte bei weitem nicht mehr gedeckt werden – weder durch Fachkräfte aus Westeuropa noch durch die Verschleppung Hunderttausender italienischer Soldaten als ›Militärinternierte‹ oder die Versklavung von Osteuropäern. Zudem musste die deutsche Industrie wegen der ständigen Luftangriffe der Alliierten radikal umorganisiert, große Teile der Produktion sollten unter die Erde oder in riesige Bunkeranlagen verlegt werden. Für die dafür notwendigen Arbeiten wurden zusätzliche Zwangsarbeiter benötigt. Hitler persönlich sprach nun davon, Juden aus Ungarn dafür heranzuziehen. An sich sollte das Deutsche Reich zwar schon seit Jahren ›judenfrei‹ sein, doch angesichts der militärischen Lage wurde eine große Zahl von KZ-Häftlingen – darunter sehr viele Juden – nach Deutschland geholt. Für Ungarn ist dabei die hohe Anzahl von Frauen auffällig. Ungarische, aber auch polnische Jüdinnen wurden beispielsweise beim Bau von Flugplätzen in Ostpreußen eingesetzt. (Bei der Auflösung dieser Außenkommandos des Konzentrationslagers Stutthof wurden Tausende auf einen ›Todesmarsch‹ geschickt, der in einem Massaker am Ostseestrand von Palmnicken endete. Diese Geschichte ist in den Erinnerungen von Maria Blitz nachzulesen, die die Stiftung Denkmal 2010 veröffentlicht hat.)

Während im Sommer 1944 der fabrikmäßige Massenmord von Juden aus Ungarn in Auschwitz-Birkenau in vollem Gange war, verwandelte sich der Ort auch in ein riesiges Rekrutierungslager für Zwangsarbeiter. Von April bis Anfang Juli 1944, als Horthy die Deportationen vorübergehend stoppen ließ, wurden über eine halbe Million Juden aus Ungarn dorthin transportiert. Über 320.000 ermordete die SS sofort nach ihrer Ankunft durch Giftgas. 200.000 wurden an der Rampe aussortiert und für einen späteren Arbeitseinsatz zurückgestellt. Etwa zwei Drittel von ihnen sollte die Befreiung erleben.

Judiths Schicksal nach Auschwitz, die Tatsache, dass sie aus einem Lager in das nächste überstellt wurde, war keineswegs untypisch für aus Ungarn deportierte Juden – man denke an die beiden Nobelpreisträger Imre Kertész (*1929) und Elie Wiesel (*1928 in Sighet), die beide nach Auschwitz mehrere Lager, darunter Buchenwald, durchliefen. Judith und ihre Schwestern Chaichu, Frieda und Esther wurden in das Gelsenberglager, ein inzwischen weitgehend in Vergessenheit geratenes Außenlager von Buchenwald im Gelsenkirchener Stadtteil Horst, gebracht. Insgesamt verschleppte die SS 2.000 jüdische Frauen aus Auschwitz hierher, um unter Aufsicht der Organisation Todt bei der damaligen *Gelsenberg-Benzin AG* Zwangsarbeit zu leisten. Das Werk, das Treibstoff für die Luftwaffe produzierte, war mehrmals Ziel alliierter Luftangriffe gewesen, die Frauen wurden zu Aufräumarbeiten eingesetzt. Judith erinnert sich auch an männliche Zwangsarbeiter. Diese Männer – unter ihnen viele italienische ›Militärinternierte‹ – waren zwar nicht im selben Lager untergebracht, aber ebenso auf dem Werksgelände tätig.

Die Lebensbedingungen für die Frauen und Mädchen waren katastrophal, wenn auch die Ernährung etwas besser als in Auschwitz war. Ihre Kleidung, vor allem die Holzschuhe, waren für die harte körperliche Arbeit ungeeignet. Die meisten Frauen magerten schnell ab, viele starben an Krankheiten wie Typhus. Am verhängnisvollsten allerdings war das Verbot für Juden, bei Luftangriffen die Schutzräume aufzusuchen. Als am 11. September 1944 amerikanische Flugzeuge das Werksgelände angriffen, liefen die Frauen in Panik umher. Möglicherweise schossen die Piloten sogar gezielt auf sie, da sie mit ihren kurzgeschorenen Haaren kaum als Frauen zu erkennen waren. Die Überlebenden berichten von traumatischen Erlebnissen und dem furchtbaren Anblick vieler zerfetzter Körper, die sie in den Tagen nach dem Angriff einsammeln und in Bombentrichtern verscharren mussten. Die genaue Zahl der Todesopfer ist ebenso wenig geklärt wie der genaue Standort der improvisierten Massengräber; Forscher gehen von etwa 250 getöteten Frauen aus. Seit 1948 erinnert ein Gedenkstein an die teilweise namenlosen

Opfer; dieser befindet sich seit einer Erweiterung des Werkgeländes, das *BP* gehört, auf einem nahegelegenen Friedhof.

Einige Tage nach dem Bombenangriff wurde das Gelsenberglager aufgelöst und 1.216 Frauen nach Sömmerda überstellt, in ein weiteres Außenkommando Buchenwalds etwa 20 Kilometer nördlich von Erfurt. Hier mussten die Frauen in der Munitionsfabrik *Rheinmetall Borsig* arbeiten und unter schwierigsten Bedingungen überwintern. Als die Front sich Thüringen näherte, wurde das Lager aufgelöst und die Frauen auf einen ›Todesmarsch‹ in Richtung Süden getrieben. Der Marsch dauerte fast vier Wochen. Als die Wachleute flüchteten und sowjetische Truppen die Gruppe befreiten, waren von den ursprünglich über 1.200 Frauen nur noch etwa 175 am Leben.

Judiths Odyssee durch das Mitteleuropa der unmittelbaren Nachkriegszeit – mit längeren Aufenthalten auf der Suche nach Angehörigen in Kaschau und im zerstörten Budapest – gehört zu den spannendsten Passagen dieses Buches. Sie teilte das Schicksal von Millionen aus den zuvor nationalsozialistisch besetzten Ländern, die sich bei Kriegsende auf deutschem Boden befanden. Sie wurden offiziell ›displaced persons‹ [DP] genannt, wofür es im Deutschen keine passende Übersetzung gibt. Am ehesten treffen es Begriffe wie Vertriebene oder Entwurzelte. Die meisten – ehemalige Kriegsgefangene zum Beispiel – konnten schon bald relativ problemlos ›repatriiert‹ werden. Es gab jedoch einige Millionen, die über das Jahr 1945 hinaus in Deutschland blieben – entweder weil sie durch Grenzveränderungen heimatlos geworden waren oder ihnen bei der Rückkehr, wie im Fall vieler Litauer etwa, Verhaftung oder Tod drohten. Über 250.000 Juden – die meisten aus Osteuropa, viele krank oder traumatisiert – harrten in mehr oder weniger improvisierten ›DP‹-Lagern in Deutschland und Österreich aus und sahen einer ungewissen Zukunft entgegen. Für viele kam es aus Angst vor antijüdischen Übergriffen überhaupt nicht in Frage, in ihre Heimatländer zurückzukehren. Nach Rachov, das nun zur Sowjetunion gehörte, kehrten zwar einige hundert Juden zurück, aber die allermeisten wanderten bei der erstbesten Gelegenheit aus, vor allem nach Palästina. Judith hingegen sollte die Orte ihrer Kindheit nie wiedersehen: Für sie war es am wichtigsten, ihre überlebenden Familienmitglieder ausfindig zu machen und mit ihnen zusammen zu sein.

›DP‹-Lager befanden sich überall, selbst auf dem Gelände ehemaliger Konzentrationslager. Ihre Organisation übernahmen die Alliierten, allen voran die Amerikaner und die Briten, in deren Zonen sich die meisten Heimatlosen befanden. In diesen Lagern waren verschiedene Organisationen aktiv, die wichtigsten waren das UNRRA [United Nations Relief and Rehabilitation Association, Vorläufer des heutigen UNHCR], das amerikanisch-jüdische ›Joint‹ und ein vom Internationalen Roten Kreuz gegründeter Suchdienst, der spätere ›International Tracing Service‹. Das Leben in diesen Lagern war nicht immer einfach. Oft gab es nur das Nötigste. Darüber hinaus behagte es vielen Überlebenden nicht, sich in der Hand von Militärs zu befinden. Viele, die keine Angehörigen mehr hatten, wollten am liebsten mit anderen Überlebenden aus ihrem jeweiligen Heimatland zusammenleben. Aus diesem Grund kristallisierten sich verschiedene Gruppen heraus – zum Beispiel die von Judith ungeliebten Griechen. Das schwierige Leben in den Lagern bot auch einen Nährboden für politische Agitation – zumal für zionistische Gruppen, die für eine Auswanderung in das damals britische Palästina warben, aber es auf legalem Wege nicht bewerkstelligen durften. Trotz der Schwierigkeiten und der ungewissen Zukunft war diese Periode für die meisten Überlebenden dennoch eine Zeit des Neuanfangs. Unzählige Ehen wurden in diesen Lagern geschlossen und sehr viele Kinder geboren. Auch das rege kulturelle Leben – die Chöre, die Theatergruppen, die Zeitungen, die Sportmannschaften – und die religiösen Aktivitäten spielen eine zentrale Rolle in den Erzählungen von Zeitzeugen. In Landsberg am Lech, in dem sich die Lebenswege Judith Rosenbergs und Pinek Schneidermans kreuzten, bestand eines der größten und berühmtesten ›DP‹-Lager. Das Verhältnis zwischen den Einwohnern der Stadt und den Holocaustüberlebenden war alles andere als einfach, zumal in der Stadt deutsche Kriegsverbrecher hingerichtet wurden, wogegen sich in Teilen der deutschen Bevölkerung immer wieder lauter Protest regte. Insgesamt 23.000 Juden durchliefen das Lager in Landsberg – wie auch Jack Kagan, ein jüdischer Partisan aus dem ostpolnisch-weißrussischen Nowogródek, dessen Erinnerungen 2012 in dieser Zeitzeugenreihe erschienen sind.

Es sollte noch einige Zeit dauern, bis sich die US-amerikanischen Behörden zu einer umfassenden Lösung der Problematik durchringen und der Einwanderung einer großen Zahl von heimatlos gewordenen europäischen Juden zustimmten. So gesehen hatten Judith und Pinek großes Glück, dass Pinek schon früh Kontakt zu seinem Onkel in den USA aufnehmen und mit Judith über den Ozean fahren konnte. Es war der erste Schritt in ein manchmal schwieriges, aber erfülltes Leben in ihrer neuen Heimat Amerika.

Adam Kerpel-Fronius

AUSWAHLBIBLIOGRAFIE

Aly, Götz; Gerlach, Christian: Das letzte Kapitel. Realpolitik, Ideologie und der Mord an den ungarischen Juden 1944/45. Stuttgart 2002.

Benz, Wolfgang; Distel, Barbara (Hrsg.): Der Ort des Terrors. Geschichte der nationalsozialistischen Konzentrationslager. Band 5: Hinzert. Auschwitz. Neuengamme. München 2007.

Benz, Wolfgang; Distel, Barbara (Hrsg.): Der Ort des Terrors. Geschichte der nationalsozialistischen Konzentrationslager. Band 7: Niederhagen/Wewelsburg. Lublin-Majdanek. Arbeitsdorf. Herzogenbusch (Vught). Bergen-Belsen. Mittelbau-Dora. München 2008.

Braham, Randolph L.: A magyarországi holokauszt földrajzi enciklopédiája. Budapest 2007.

Braham, Randolph L.: The Politics of Genocide: The Holocaust in Hungary. New York 1994.

Ganzer, Christian: Die Karpato-Ukraine 1938/39 – Spielball im internationalen Interessenkonflikt am Vorabend des Zweiten Weltkrieges. Hamburg 2001.

Helmreich, William B.: Against All Odds. Holocaust Survivors and the Successful Lives They Made in America. New York 1992.

Jelinek, Yeshayahu A.: The Carpathian Diaspora: The Jews of Subcarpathian Rus' and Mukachevo. New York 2008.

Karay, Felicja: Death Comes in Yellow. Skarzysko-Kamienna Slave Labor Camp. Amsterdam 1996.

Kertesz, Julia: Von Auschwitz ins Volkswagenwerk. Erinnerungen an KZ-Haft und Zwangsarbeit. In: Distel, Barbara (Hrsg.): Frauen im Holocaust. Gerlingen 2001.

Mihok, Brigitte (Hrsg.): Ungarn und der Holocaust. Kollaboration, Rettung und Trauma. Berlin 2005.

Olbracht, Ivan: Die traurigen Augen. Drei Novellen. Stuttgart 2001.

Rejder, Alla: Jewrejskaja obschtschina sakarpatja. XX wek: Sobytija, sudby, dokumenty [Die jüdische Gemeinde in den Transkarpaten. Das 20. Jahrhundert: Ereignisse, Schicksale, Dokumente]. Uschgorod 2004.

Shandor, Vincent: Carpatho-Ukraine in the Twentieth Century. A Political and Legal History. Cambridge (Massachusetts) 1997.

Wagner, Jens-Christian: Produktion des Todes. Das KZ Mittelbau-Dora. Göttingen 2001.

Yad Vashem; Auschwitz Birkenau State Museum (Hrsg.): The Auschwitz Album. The Story of a Transport. Jerusalem 2002.

Zigelman, Yitzchak (Hrsg.): Sefer Radzyn. Veröffentlicht von der Radzyń (Podlaski) Immigrants Association. Tel Aviv 1957.

ABBILDUNGSNACHWEIS

Archiv Gelsenzentrum e. V., Gelsenkirchen: Abb. 13, 14, 15
Bildarchiv Preußischer Kulturbesitz, Berlin: Abb. 21 (Signatur: 30.014.344)
Budapest Blog (www.budapestguide.org): Abb. 17
Der Bundesbeauftragte für die Unterlagen des Staatssicherheitsdienstes
der ehemaligen Deutschen Demokratischen Republik, Berlin:
Abb. 16 (BStU, MfS, HA IX/11-Archiv, ZM 1630/Akte 1, Teil 2)
FOTO:FORTEPAN / Judit Lörincze: Abb. 3
Helene Schneiderman: Abb. 41, 42
Krisztián Bócsi: Abb. 9, 10
Magyar Nemzeti Múzeum, Budapest: Abb. 1, 2, 4, 7, 8
MMCD New Media GmbH, Düsseldorf: Abb. 45
Narodowe Archiwum Cyfrowe, Warschau: Abb. 17 (Signatur: 1-U-2125-2), 19 (Signatur: 2-8258)
Stiftung Denkmal / Marko Priske: Abb. 43, 44
Yad Vashem, Jerusalem: Abb. 11, 12, 26, 27
Judith Schneiderman: alle übrigen

ORTSNAMENKONKORDANZ

Auschwitz – Oświęcim
Huszt – Chust (Hust)
Janowitz (Jannowitz) – Janowiec Wielkopolski
Kaschau – Košice (Kassa)
Kamenez-Podolsk – Kamjanez-Podilskyj
Lemberg – Lwiw (Lwów)
Palmnicken – Jantarnyj
Prag – Praha
Pressburg – Bratislava (Pozsony)
Rachov – Rachiw (Rahó)
Sighet – Sighetu Marmaţie (Máramarossziget)
Śniatyn – Snjatyn
Stalingrad (Zarizin) – Wolgograd
Tschenstochau – Częstochowa
Tschop (Csap)
Tüppelsgrün – Děpoltovice
Warschau – Warszawa

Abb. 1: Rachov, um 1940: Panorama der Stadt. Sie liegt 430 Meter über dem Meeresspiegel.

Abb. 2: Rachov, um 1940: Ansicht der Stadt mit Brücke über die Theiß.

Abb. 3: Straßenszene in Rachov um 1940, im Vordergrund das Feinkostgeschäft *Cukrászda*.

Abb. 4: Straße in Rachov um 1940.

Abb. 5: Chaim Jankel Rosenberg, Judiths Vater, in den 1930er Jahren.

Abb. 6: Rachov 1943: Die Rosenberg-Schwestern und ihre Mutter Jetta. Oben v. l. n. r.: Chaichu,
Frieda, Suris Schwägerin Gitta Bistrocer, Judith, Suri; Mitte: Jetta mit Suris Sohn Icuko;
unten: Rahel, Malka und Esther.

Abb. 7: Im März 1939 annektiert Ungarn das Karpatenland. Reichsverweser Horthy inspiziert die einmarschierenden Truppen auf dem Hauptplatz von Tschop.

Abb. 8: Karpatenland, März 1939: Ungarische Kavallerie und Tanketten beim Einmarsch.

Abb. 9: Mátészalka, 2013: Hier befand sich das Ghetto, aus dem die Familie Rosenberg nach Auschwitz-Birkenau deportiert wurde.

Abb. 10: Mátészalka, 2013: Die Namen, die jüdische Ghettohäftlinge 1944 an die Mauer kritzelten, sind an der Klinkerfassade eines Hauses erhalten geblieben.

Abb. 11: Auschwitz-Birkenau, vermutlich Ende Mai 1944: Ankunft von Juden aus Ungarn, die meisten von ihnen aus den Karpaten. Auch Judiths Familie kam um diese Zeit dort an.

Abb. 12: Auschwitz-Birkenau, vermutlich Ende Mai 1944: Jüdische Frauen, die von der SS zur Zwangsarbeit ›selektiert‹ wurden, unmittelbar nach dem entwürdigenden ›Entlausungsprozess‹.

Abb. 13: Gelsenkirchen, Frühherbst 1944: Das Gelände des Gelsenberglagers kurz nach dem Bombenangriff vom 11. September, bei dem mindestens 150 jüdische Zwangsarbeiterinnen umkamen, darunter Judiths Schwester Esther.

Abb. 14: Gelsenkirchen, 2012: Denkmal in Erinnerung an die jüdischen Opfer des Bombenangriffs im September 1944.

831.	11785	Rath	Matilda	23. 6.06	Körösmező
832.	11711	Reiner	Margit	22. 3.09	Maramarossziget
833.	12582	Reinfeld	Rozsi	11. 6.12	Szatmarnemeti
834.	12149	Reismann	Fanni	5. 7.19	Alsovise
835.	11501	Revesz	Margit	15. 5.14	Ungvar
836.	12146	Rexmüves	Bella	24. 5.28	Maramarossziget
837.	11359	Rexmüves	Ilona	5.11.24	Aranyosmegyes
838.	11660	Rexmüves	Manci	10. 8.20	Maramarossziget
839.	11661	Rexmüves	Sari	18. 6.26	Maramarossziget
840.	12147	Rexmüves	Szeren	5.10.36	Maramarossziget
841.	12043	Richter	Szerena	18.11.02	Munkacs
842.	12321	Riedermann	Iren	17. 6.19	Petrova
843.	11387	Riszel	Bella	11. 5.24	Maramarossziget
844.	11388	Riszel	Olla	15. 6.29	Kabolasarda
845.	11385	Riszel	Rosalia	16. 1.22	Kabolasarda
846.	11386	Riszel /e	Rozsi	18. 6.14	Kabolasarda
847.	11384	Riszel	Sari	30. 1.23	Kabolasarda
848.	11792	Rindenau	Eszter	5. 4.14	Körösmező
849.	11794	Rindenau	Pepi	2. 1.19	Körösmező
850.	11793	Rindeanu	Rozsi	15. 5.15	Körösmező
851.	11013	Ring	Gyöngyi	22. 7.29	Maramarossziget
852.	12255	Rose	Rozsi	24. 5.15	Kismadoszi
853.	12173	Roza	Fanni	4. 6.25	Beregszasz
854.	12219	Rosenbaum	Edith	22. 5.27	Beregszasz
855.	12220	Rosenbaum	Eva	2. 9.25	Beregszasz
856.	11595	Rosenbaum	Ilonka	5. 5.27	Tiszasalka
857.	11596	Rosenbaum	Iren	4. 5.00	Tiszasalka
858.	11594	Rosenbaum	Margit	5. 5.28	Tiszasalka
859.	12570	Rosenbaum	Maria	25.11.23	Szatmarnemeti
860.	12105	Rosenberg	Frida	24. 2.27	Rahe
861.	12104	Rosenberg	Gisella	7. 5.24	Rahe
862.	11430	Rosenberg	Helen	25. 5.24	Maramarossziget
863.	12102	Rosenberg	Judith	21. 6.28	Rahe
864.	11015	Rosenberg	Szeren	2. 5.25	Maramarossziget
865.	11450	Rosenberg	Zseni	5.10.29	Visograd
866.	11203	Rosenblat	Frida	14. 5.21	Maramarossziget
867.	11202	Rosenblat	Szeren	29.11.14	Maramarossziget
868.	11353	Rosenfeld	Stella	22. 5.18	Nikola
869.	12586	Rosenfeld	Ida	13. 5.07	Szatmarnemeti
870.	11354	Rosenfeld	Iren	25. 5.25	Nikola
871.	11357	Rosenfeld	Lolla	4. 5.24	Szatmarnemeti
872.	11355	Rosenfeld	Olga	20. 5.26	Nikola
873.	11814	Rosenkranz	Ilona	28.12.23	Körösmező
874.	11828	Rosenstein	Cecillia	15. 5.24	Maramarossziget
875.	11533	Rosenthal	Janka	25. 5.14	Körösmező
876.	11176	Rosner	Karola	15.10.24	Bereguifalu
877.	11843	Rosner	Ibolya	2.11.26	Maramarossziget
878.	11899	Rosner	Iren	25. 4.25	Kexles
879.	11842	Rosner	Magdelna	27.10.30	Maramarossziget
880.	11169	Rosner	Rozsi	1. 5.20	Bereguifalu
881.	12385	Roth	Stella	16. 5.18	Rahmeg
882.	17058	Roth	Eva	24. 5.26	Nyirbator
883.	11818	Roth	Hanni	4. 1.06	Maramarossziget
884.	12386	Roth	Helen	18.12.21	Rahmeg
885.	11288	Roth	Ilonka	24. 1.23	Nagykaroly
886.	12554	Roth	Magdalna	10. 5.27	Kisvarda
887.	12221	Roth	Magdalna	6. 5.28	Beregszasz
888.	12626	Roth	Margit	25. 7.00	Nagykaroly
889.	11819	Roth	Kato	6. 5.27	Maramarossziget
890.	12033	Roth	Roza	10.12.24	Majszin

Abb. 15: Auszug aus der Liste jüdischer Frauen, die im Herbst 1944 aus dem Gelsenberglager nach Sömmerda verlegt wurden, darunter die Rosenberg-Schwestern.

Abb. 16: Sömmerda, um 1944: Baracken des Frauenlagers Sömmerda. In diesem Außenlager des KZ Buchenwald musste Judith gegen Ende des Krieges in einer Munitionsfabrik Zwangsarbeit leisten.

Abb. 17: Budapest, 1945. In der zerstörten ungarischen Hauptstadt suchte Judith wochenlang nach ihren Angehörigen.

Abb. 18: Kazimierz Dolny, um 1930: Jüdische Einwohner in der Heimatstadt Paul Schneidermans.

Abb. 19: Kazimierz Dolny, 1935: Der 15-jährige Pinek Schneiderman (2. v. r.) mit seinen Brüdern.

Abb. 20: Kazimierz Dolny, Oktober 1940: Appell des Reichsarbeitsdienstes auf dem Markplatz während der deutschen Besatzung.

Abb. 21: Nordhausen, Sommer 1944: die getarnte Einfahrt in den Fahrstollen *A* im Konzentrationslager Mittelbau-Dora, wo Pinek Häftling war.

Abb. 22: Budapest, 1945: Die Schwestern Frieda und Judith mit einem Bekannten. Kurze Zeit später brachen die Schwestern nach Deutschland auf.

Abb. 23: Landsberg am Lech, 1946: Judith und Frieda nach dem Wiedersehen mit ihrem Bruder Bumi.

Abb. 24: Landsberg am Lech, 1946: Judith mit dem Pianisten Kuba Garfinkel, der sie im ›DP‹-Camp auf die Bühne holte.

Abb. 25: Landsberg am Lech, 1946: Pinek Schneiderman war zu diesem Zeitpunkt 26 Jahre alt.

Abb. 26: Landsberg am Lech, um 1946: Eingang zum ›DP‹-Lager mit dem hebräischen Spruchband »Erinnere Dich, den Sabbat zu heiligen!«

Abb. 27: Landsberg am Lech, um 1946: Holocaustüberlebende betrachten Aushänge, den *Landsberger Szpigel*, im ›DP‹-Lager.

Abb. 28: Landsberg am Lech, 1946: Judith (2. v. l.) und Pinek (oben 2. v..r.) als Mitglieder der Theatergruppe *Hazomir* auf der Bühne.

Abb. 29: Landsberg am Lech, 1946: Judith und Pinek bei Theaterproben.

Abb. 30: Landsberg am Lech, 1946: Die 17-jährige Judith kurz nach ihrer Verlobung mit Pinek.

Abb. 31: Landsberg am Lech, 1946: Hochzeit von Pinek Schneiderman und Judith Rosenberg.

Abb. 32: Landsberg am Lech, 1946: Hochzeitsfoto.

Abb. 33: Landsberg am Lech, 1946: Pinek und sein Onkel, der US-amerikanische Journalist S. L. Shneiderman. Dieser Kontakt sollte für Pineks Entscheidung, in die USA auszuwandern, ausschlaggebend sein.

Abb. 34: New York, 1947: Pinek und Judith Schneiderman kommen an Bord der USS *Ernie Pyle* in Amerika an. Dieses Foto wurde damals in mehreren Zeitungen veröffentlicht.

Abb. 35: New Jersey, um 1962: Aus dem Familienalbum. Pinek, nunmehr Paul, und Judith, genannt Judy, mit ihren Kindern (v. l. n. r.) Helene, David, Mark und Norman.

Abb. 36: New Jersey, Mitte der 1960er Jahre: Judith und ihre Tochter Helene Schneiderman.

Abb. 37: New Jersey, um 2006: Das Haus auf der Farm, in dem die Familie Schneiderman jahrzehntelang lebte.

Abb. 38: New Jersey, 1960er Jahre: Pinek (Paul) Schneiderman auf seiner Farm.

Abb. 39: Wiedersehen in Israel, 1964: Judith (l.) mit ihren Schwestern Chaichu (2. v. l.) und Suri (r.) sowie zwei weiteren Verwandten.

Abb. 40: Die Schwestern Frieda und Judith im Jahre 2009.

Abb. 41: New Jersey, 2012: Judith und Pinek (Paul) im Jahr ihres 66. Hochzeitstages mit ihrer Tochter, der Opernsängerin Helene Schneiderman.

Abb. 42: Pinek (Paul) und die Enkelin Jennifer Schneiderman, die bei der Niederschrift der Erinnerungen ihrer Großeltern half.

Abb. 43 und 44: Berlin, 2. Mai 2013: Buchpremiere in der US-Botschaft am Pariser Platz mit S. E. Phillip Murphy, Judith und Helene Schneiderman mit Verwandtschaft sowie Claudia Michelsen als deutscher Stimme der Autorin.

Bremerhaven

Berlin

Gelsenkirchen

Mittelbau-Dora Nordhausen

Sömmerda

Buchenwald

Deutschland

Tüppelsgrün

Prag

Tschecho-

Stuttgart

Dachau Freising
Allach
Landsberg am Lech München

Wien
Pressbur

Österreich

Abb. 45: Mitteleuropa nach 1947.
Gestrichelte Linie: Innerdeutsche Grenze.
Gepunktete Linie: Grenzen des Deutschen Reiches,
der Tschechoslowakei und Polens 1937.